AF240724

QUATRE ANS EN EXIL

A travers l'Espagne

SOUVENIRS, RÉCITS, VOYAGES

ET

ANECDOTES

PAR G. BERNARD

Société de St-Augustin,

DESCLÉE, DE BROUWER ET Cie

LILLE-PARIS

Maison de la Bonne Presse

DU NORD

5, rue des Poissonceaux, 5

LILLE

Quatre ans en Exil.

388

QUATRE ANS EN EXIL.

À travers l'Espagne

SOUVENIRS, RÉCITS, VOYAGES

ET

ANECDOTES,

par G. BERNARD.

Société de St-Augustin, DESCLÉE, DE BROUWER ET Cie. LILLE-PARIS.

Maison de la Bonne Presse DU NORD 5, rue des Poissonceaux, 5 LILLE.

INTRODUCTION.

L'ESPAGNE ! qui n'a eu le désir d'aller, au moins une fois en sa vie, dans ce pays poétique et pittoresque entre tous, qu'on aime avant de l'avoir vu, qu'on admire lorsque l'on s'y trouve, et dont on garde, après l'avoir visité, un impérissable souvenir ? L'Espagne, c'est une terre de saints et de héros ; pendant plus de 700 ans, elle fut le champ de bataille des luttes gigantesques entre le Christianisme et l'Islamisme : que de sang versé dans les plaines et dans les vallées de la Castille, de l'Aragon, et dans les royaumes de Léon ou de Valence ! Il y eut une époque terrible où la sainte Église de Dieu sembla succomber sous les coups des Musulmans vainqueurs : réfugié dans les montagnes des Asturies, un brave, dont le nom est immortel, Pélage, se met à la tête d'une poignée de vieux soldats dont il enflamme le courage, et reprend pied à pied le terrain perdu. Le Maure repoussé est obligé de passer en Afrique, d'où il était venu.

L'Espagne ! c'est la patrie de sainte Thérèse, de saint Jean de la Croix, de saint Dominique, de saint Ignace, et d'une multitude d'autres saints et saintes qui font la gloire de la catholicité.

L'Espagne ! c'est le peuple évangélisé par l'apôtre saint Jacques, dont Compostelle garde le tombeau. De toutes parts, on venait jadis en pèlerinage à Saint-Jacques de Compostelle, dont le sanctuaire a été mis sur le même rang que ceux de Jérusalem et de Rome.

Bref, l'Espagne est un pays qui a des attraits tout particuliers, et il ne sera pas sans intérêt d'y conduire par la pensée le lecteur qui aura ce livre dans les mains.

Quatre ans passés dans la péninsule ibérique ont été, pour celui qui écrit ces lignes, féconds en observations instructives et en enseignements multipliés, et ont fait naître en lui des sentiments de respect et de sympathique admiration, pour cette illustre nation.

Plus d'une fois il m'est arrivé de pleurer en étant témoin de marques éclatantes de foi ou de spectacles véritablement chrétiens, faisant un pénible contraste avec ce qui se passe dans nos pays déchristianisés. J'aurai l'occasion de noter dans cet ouvrage quelques circonstances intéressantes qui, je l'espère, feront comprendre, à ceux qui me liront, mes émotions personnelles, et les leur feront peut-être partager à leur tour.

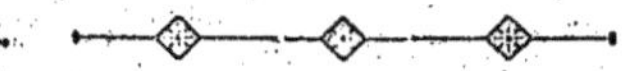

Chapitre Premier.

IL Y A DES PYRÉNÉES. — LA DOUANE A IRUN.
— LES COMPAGNONS DE VOYAGE. — SAINT-
SÉBASTIEN.

Algré le mot célèbre du grand roi, *il y a toujours des Pyrénées*. Pour s'en convaincre, il suffit de passer la frontière, soit par Bayonne, soit par Perpignan, et d'affronter, avec le service des Douanes, le transbordement nécessité par la différence de réseau des chemins de fer espagnols et des chemins de fer français. L'Espagne, en effet, qui veut rester elle-même en toutes choses et garder une physionomie à part, a un système de voies ferrées qui ne permet pas à ses wagons d'emprunter les rails français, et *vice versa*, en sorte que le train français s'arrête forcément à Irun et le train espagnol à Hendaye.

Partons de Paris par Orléans, Poitiers, Bordeaux, Bayonne; nous traversons la Bidassoa, petite rivière intéressante, parce qu'elle trace une partie de la limite de la France et de l'Espagne et qu'elle renferme l'*Ile des Faisans* ou *de la Conférence*, où fut conclu le fameux traité de 1659 entre les deux royaumes. Aussitôt notre train est entouré et presque escorté d'une armée de carabiniers, de douaniers et d'employés, dont la tenue est superbe, mais dont le regard inquisiteur ressemble singulièrement à celui de geôliers dans une prison.

Nous sommes donc à Irun. Entre deux haies de fonctionnaires divers, nous avançons, un peu surpris de tant d'apparat et nous demandant quelles mesures de sévérité l'on va bien prendre contre nous. Nous passons à l'inspection des agents douaniers. Il est difficile de la concevoir plus minutieuse et plus arrogante. La proverbiale fierté castillane, dont nous ne songeons point à médire au point de vue historique, semble s'être réfugiée tout entière sous l'uniforme des douaniers.

Ici, figure honnête ne sert point de passeport. Tous les voyageurs sans distinction, en dépit de leurs déclarations, voient bouleverser de fond en comble, avec une véritable sauvagerie, aussi bien leur bagage de mains que leurs plus gros colis. On fouille, on tourne, on retourne tout pour trouver des cigares, du sel, des étoffes, que sais-je ? jusqu'à de l'eau pure, de l'eau de Lourdes, qui paie des droits de douane !

— *Pero, señor, si es agua.* (Mais, monsieur, ce n'est que de l'eau.)

Et le douanier de répondre fièrement en relevant la tête :

— *Se paga por el cristal !* (Vous paierez pour le verre de la bouteille !)

Une femme de chambre, dont on mettait les pantoufles à jour, saisit vivement l'une d'elles et, la portant sous le nez de l'inspecteur :

— Eh bien, sentez-la donc au moins, vous verrez mieux si elle ne renferme rien de suspect.

Si vous voulez être traité avec un peu d'humanité et ne pas vous voir tout à fait dévalisé, vous n'avez qu'un moyen : glisser adroitement un pourboire dans la main de l'employé, qui vous en saura gré.

En revanche, les douaniers entre eux savent fort bien boire

à la santé des voyageurs en s'octroyant libéralement de larges rasades de bon bordeaux trouvé dans les valises. Et, quand ils auront vidé vos gourdes et vos flacons, ils diront :

— Le vin d'Espagne est bien meilleur !

Toujours le mot pour rire, en façon de merci.

Avant de quitter la gare d'Irun, il faut profiter des quelques minutes qui restent pour changer, en monnaie du pays, l'argent et l'or français que vous avez.

Dans un coin de la salle d'attente, un juif montre sa tête à travers les barreaux d'une sorte de guérite. C'est là le *Cambio* (le Change). Vous présentez de l'or, on vous rend des billets de banque espagnols, avec la meilleure grâce du monde. Si vous n'avez pas soin de réclamer le bénéfice des 12 o/o que gagne l'argent français au change, soyez sûr, candide lecteur, que ce bénéfice passera tout entier dans le gousset du juif qui vous a souri si loyalement.

Muni de vos billets de banque, vous irez ensuite au guichet pour votre coupon de chemin de fer ; vous voulez payer :

— *No se admiten billetes.* (Nous n'acceptons pas de billets.)

Vous avez beau dire que ce sont des billets espagnols, que c'est tout ce qu'on vous a donné en échange de votre or français, l'employé, impassible, répondra toujours :

— Vous pouvez payer en monnaie française, ou bien il faut changer votre billet espagnol.

Si vous vous résignez à changer le billet que vous venez de recevoir, l'honnête juif exigera 1 o/o. C'est son petit bénéfice !

Et n'allez pas croire que ce soit une histoire inventée à plaisir. Tout ce qui précède est l'exacte vérité. Que de naïfs

dépouillés de la sorte, et que de vols commis sans pudeur par
les changeurs de la gare d'Irun !

Enfin, nous sommes libres, et nous entendons crier :

— *Senores viajeros, al tren !* (Messieurs les voyageurs, en
voiture !)

C'est le signal du départ. On se hâte, on s'empresse, chacun
craint de ne point trouver place. Car si, en Espagne, les trains
sont rares et, par conséquent, les voyageurs nombreux à chaque
départ, par contre les compartiments sont comptés avec parci-
monie ; il en est même qui sont fermés à clé et qui ne s'ouvrent
qu'en cas de nécessité absolue.

Nous voilà casés ! Sommes-nous en route ? Non, non ! Par
trois ou quatre fois encore, nous entendons le langoureux
Senores viajeros, al tren ! et cela à de longs intervalles.

Si l'on n'attend qu'une demi-heure, tout va bien : mais ne
vous étonnez pas si l'on vous fait faire le pied de grue une
heure entière, et même davantage, à certaines stations intermédiaires. Ceci soit dit en passant, et d'une manière générale,
car tous les chemins de fer d'Espagne sont organisés de la
sorte. J'ai fait, un jour, 22 kilomètres en deux heures, soit une
vitesse de 11 kilomètres à l'heure !

Tout Espagnol voyage avec ses provisions, car les distances
sont grandes et s'allongent outre mesure par la lenteur du train,
les buffets sont rares et l'heure de l'arrivée très incertaine.

Mais passons sur ces petits inconvénients de route et admirons les mœurs simples et chrétiennes de cette nation catholique. A peine installé, je suis salué comme si j'étais intimement
connu ; tous mes compagnons lient conversation avec moi ;
nous nous assistons mutuellement ; l'heure du repas arrivée,

tout est en commun : la *tortilla* (omelette au lard ou au poisson),
le saucisson pimenté et poivré, des fruits, etc., et jusqu'à l'outre

ALPHONSE XIII, ROI D'ESPAGNE.

en peau de chèvre, appelée *bota*, qui circule à la ronde et qui
recèle en ses flancs un vin généreux, mais d'un goût peu agréa-

ble. Puis on vous offre une cigarette, et enfin on vous charme les oreilles des chansons les plus douces, voire même parfois d'un air de guitare ou de mandoline.

Nous voilà à *Saint-Sébastien*, capitale de la province de Guipuzcoa. Rien de plus délicieux que ce petit port de mer naturel, avec ses jolies falaises et les roches découpées qui l'entourent en formant un cercle régulier.

Toutes les constructions sont neuves, les rues se coupent à angle droit ; le mont Orgullo, qui domine la ville et que couronne le château-fort de la Mota, offre d'intéressants points de vue.

Sans parler des palais et des édifices civils, je citerai surtout, comme curiosité à Saint-Sébastien, la demeure royale, où la cour vient passer une partie de l'été, ce qui, outre les attraits que la plage offre aux baigneurs, attire une foule considérable de visiteurs dans la capitale du Guipuzcoa. Justement, on me montre le petit roi Alphonse qui joue sur le sable avec ses sœurs : il est chétif et malingre, et je me demande s'il sera capable de porter un jour le sceptre de son père, et comment il le portera. En attendant, tous les actes administratifs, tous les décrets, toutes les lois sont publiés en son nom, au nom de cette petite Majesté de six ans.

Un des plus beaux monuments de la ville, c'est l'église de *Santa-Maria*, du style de la Renaissance. J'aurai l'occasion de parler plus en détail de la disposition particulière des églises espagnoles. Qu'il me suffise de noter ici que presque toutes les cathédrales ou églises importantes appartiennent à l'art gothique, qui a déployé en Espagne ses splendeurs et ses richesses les plus variées et les plus éclatantes.

Je remarque sur les promenades et dans les rues de la ville beaucoup de Français, des Bretons, des Parisiens, des Normands, des Provençaux et surtout des Gascons, accourus pour assister à un combat de taureaux. Et l'on me fait remarquer l'immense cirque, ou *plaza de toros*, qui se dresse près de la gare, et qui, tout à l'heure, sera rempli par une foule compacte d'hommes et de femmes, avides de voir couler le sang de taureaux sauvages et d'applaudir aux tours d'adresse et d'audace de ceux qui se mettront en scène contre ces bêtes féroces.

Un combat de taureaux mérite d'être vu et rapporté dans un chapitre spécial. C'est ce que nous allons faire.

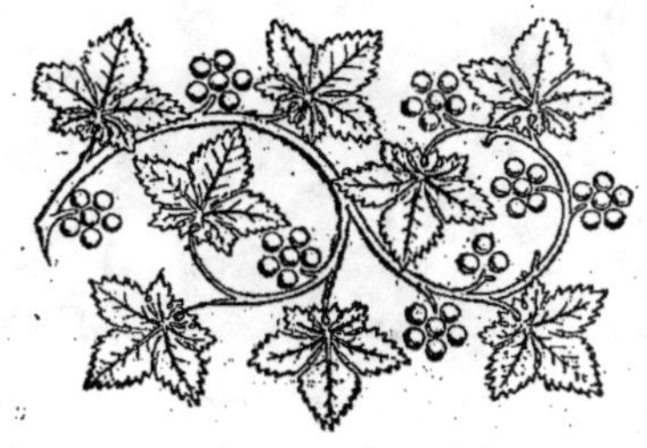

Chapitre Deuxième

UN COMBAT DE TAUREAUX.

L y a longtemps qu'on a décrit en toutes les langues l'indescriptible spectacle d'un combat de taureaux. Puisque nous sommes en Espagne, il faut absolument pouvoir parler *de visu* de ce qui est le divertissement

RECRUTEMENT DES TAUREAUX POUR LE COMBAT.

favori et caractéristique du peuple espagnol. Dans toute fête d'une ville de la Péninsule, la *corrida* est ce qu'on appellerait en France le *clou* des attractions et des jeux.

Des affiches et des prospectus font connaître d'avance les héros du drame qui va se jouer : d'abord tant de taureaux, ordinairement six par course, provenant des plus fameux pâtu-

rages, beaux, vigoureux, musculeux, sauvages ; puis les toréadors, les chefs, qu'on désigne par des surnoms populaires, et
leur suite, *picadores, banderilleros, chulos, cacheteros.* Autrefois
ces fonctions étaient réservées à la noblesse. Les combats de
taureaux étaient alors en Espagne ce qu'étaient les tour-
nois en France, et ç'a été une gloire pour *Le Cid* de s'être
signalé dans une de ces courses à Madrid. De nos jours le
premier venu, pourvu qu'il soit exercé, remplit le métier, fort

INTÉRIEUR DU CIRQUE.

lucratif d'ailleurs, de toréador, et les plus goûtés sont ceux
qui portent sur le visage des balafres et des cicatrices, espèce
de certificat de leur dangereuse profession.

Nous entrons dans le cirque. Il peut contenir près de quinze
mille personnes. Il y en a de plus grands. La foule remplit les
gradins ; elle bruit, elle fourmille. Des milliers d'éventails
s'agitent et font scintiller aux rayons du soleil leurs couleurs
éblouissantes. Vous êtes bien cette fois sous une autre latitude,

et vous assistez à des choses que vous n'avez point vûes. Un frémissement immense s'élève dans les airs. Quel tableau !

Tout à coup, le silence se fait. Les fanfares résonnent, le cortège des lutteurs défile dans l'arène, lentement, solennellement, répondant aux mille saluts et aux mille acclamations du public.

Voici les *picadores*, à cheval ; ils sont coiffés d'un large *sombrero* (chapeau), armés d'une longue pique qu'ils dressent fièrement, et tout bardés de fer pour être à l'abri des coups du taureau.

Puis viennent les *chulos*, jeunes, sveltes, agiles, au costume fort coquet, de soie tendre et de satin, coiffés d'une toque *(montera)* et portant sous le bras un manteau de pourpre.

A leur suite s'avancent les *banderilleros*, habillés à peu près comme les précédents. Leur rôle consiste à planter adroitement sur les épaules du taureau des flèches à la pointe recourbée, de façon à exaspérer davantage la bête que va immoler l'*espada*.

Ce dernier marche à la queue du cortège ; c'est l'artiste, le chef, le favori de la foule de curieux qui l'applaudira avec frénésie, s'il est adroit, qui le sifflera et le huera, s'il est malheureux. Le cortège s'arrête devant la loge du représentant de l'autorité civile ; l'*espada* prononce un petit compliment, un *brindis*, comme on dit ; les clefs du toril sont remises à un alguazil, chacun prend son poste de combat, le moment solennel est venu, le monstre va s'élancer...

Après un instant d'anxieuse attente, soudain les deux battants d'une porte s'ouvrent : le taureau s'élance dans l'arène.

Il s'arrête, comme saisi, ébahi et aveuglé par la lumière, par la foule, par les hourrahs vibrants et prolongés des spectateurs.

Il a faim, on l'a tenu dans l'ombre, sans lui rien jeter depuis des heures.

Il est furieux et fou ; il frappe du pied la terre, il baisse son front puissant, roule des yeux féroces, renifle l'air avec bruit, et s'élance bientôt sur un picador qui l'agace. Mais celui-ci attend son terrible adversaire; de sa lance, il le blesse à l'épaule et l'oblige à reculer. L'animal pousse un mugissement, et son sang coule aux applaudissements de la foule qui hurle :

— *Bravo, picador ! bien ! muy bien !*

Un moment indécis, le taureau fond sur un second picador, évite son arme et plonge ses deux longues cornes dans le poitrail du cheval. Monture et cavalier sont renversés ; le monstre s'acharne sur le coursier, dont il laboure les flancs avec rage, tandis qu'on délivre et qu'on remet sur pied le pauvre picador embarrassé dans sa chute, et qui bientôt reparaît dans l'arène, monté sur un nouveau cheval qui ne va pas tarder à être immolé à son tour.

Il y a des moments hideux. Certains chevaux s'échappent, traînant leurs entrailles sur le sable... S'il en est temps encore, on les panse sommairement, c'est-à-dire qu'on recoud les lèvres béantes de leur ventre déchiré, et on les oblige à fournir une dernière passe, jusqu'à ce qu'ils expirent atrocement.

On voit aussi des agonies lugubres d'animaux. Ces taureaux, criblés de blessures, penchent vers la terre un mufle ouvert, d'où sortent, avec des bruits de gargouille, le sang et des hoquets de douleur. Ils regardent le sable d'un œil fixe, mort. Parfois aussi, sous le *cachete*, ils se redressent légèrement, comme par un suprême effort ; mais leur tête s'abat aussitôt, et le noble animal n'est plus qu'une charogne qu'on emportera tout à l'heure au grand trot.des mules.

Attention ! voici un coup de maître !... Le taureau furibond s'élance sur un dernier cheval valide et le soulève tout entier sur ses cornes. Le cavalier tient bon ; il lutte avec courage, malgré sa position critique, et force la bête à lâcher prise. L'enthousiasme est indescriptible, on crie, on applaudit, on frappe des pieds, on jette des chapeaux, des cigares, des oranges au

MONTURE ET CAVALIER SONT RENVERSÉS...

milieu de l'amphithéâtre en signe de joie et d'approbation.

Il est temps de mettre un terme au premier acte du drame. *Picadores* et *chulos* évacuent la place, laissant le taureau seul, comme un vainqueur, en face de ses victimes ; il roule ses gros yeux dans leurs orbites, les promène sur l'assemblée, circule fièrement, remue, du pied ou des cornes, quelque cadavre, et enfin se couche sur l'arène, les naseaux écumants, les épaules sanglantes.

Mais la fanfare a donné un nouveau signal. De toutes parts, légers et nombreux, les *chulos* s'élancent par-dessus la balustrade et mettent le taureau en fureur par leur mille folies. Partout on l'agace, on lui présente des *capas*, manteaux écarlates, sur lesquels il se jette pour tomber tête baissée dans le vide.

Un *chulo* le prend par la queue, et tandis que l'animal agacé se retourne, il lui accroche aux cornes sa *capa* rouge et disparaît comme l'éclair. Un autre vient lui enlever ce voile importun

IL LUI ACCROCHE AUX CORNES SA CAPA ROUGE...

et l'agite gracieusement devant lui, tantôt à droite, tantôt à gauche, évitant toujours, par un habile mouvement de corps, ses redoutables cornes ensanglantées. Enfin il s'échappe aux poursuites de son adversaire en sautant au-dessus de la barrière.

Il arrive que le taureau franchit, lui aussi, la première balustrade. Alors les *chulos* rentrent habilement dans l'arène, tandis que lui, renfermé dans un étroit couloir, est repoussé dans l'enceinte par une porte ménagée à dessein.

Le moment est venu pour l'apparition de *banderilleros*. L'un d'eux vient se planter au milieu de la place. Il est debout, sans défense aucune ; dans chaque main il porte une flèche enrubannée, qu'il agite avec grâce devant l'animal étonné.

Bientôt, faisant semblant de reculer, il se précipite sur le monstre, lui passe les deux bras entre les cornes, plante les flèches dans le cou de son adversaire et s'esquive.

D'autres *banderilleros* succèdent au premier, tandis que les *chulos* remplissent les entr'actes de leurs tours de voltige. Lorsque le taureau a trois ou quatre paires de flèches suspendues à ses flancs qui ruissellent, la fanfare retentit pour appeler l'*espada*.

Voici venir dans l'arène un homme aux allures martiales, aux formes élégantes, au costume étincelant de richesse (1) : c'est le roi de la fête, l'*espada*, l'épée.

Il s'avance gravement vers la tribune du président et demande la permission de tuer le taureau. Un frisson s'empare de vous : le duel terrible, duel à mort, va commencer.

L'*espada* s'avance résolument ; il cache son épée sous sa *muleta ;* il s'amuse quelques instants à se jouer de la bête, dont il trompe les élans furieux par un simple mouvement de corps ; enfin, quand le moment favorable est venu, il se place en face de son adversaire, le fascine de son regard flamboyant, le tient ainsi immobile devant lui comme une statue, le fixe... Un silence de mort se fait dans l'amphithéâtre.

L'homme lève son épée horizontalement, la pointe à la hauteur des yeux de l'animal. Quelle émotion ! quelle anxiété pour tous ! Si le taureau s'élance, avec sa force unie à sa rage, c'en

---

(1) Certains toréadors ont un costume qui coûte plusieurs milliers de francs.

est fait de ce toréador qui est habillé comme pour un bal, et dont la poitrine est à quelques pouces des cornes du terrible animal.

Mais un éclair d'argent passe avec la rapidité de la pensée entre ces deux cornes menaçantes, et le taureau tombe à genoux en poussant un beuglement douloureux d'agonie.

Un tonnerre d'applaudissements accueille sa chute et la victoire de l'*espada*. Les *palcos* de la noblesse, les *gradas cubiertas* de la bourgeoisie, le *tendido* du peuple, crient et vocifèrent :

— *Bueno ! bueno ! bravo ! viva !*

Si le taureau n'est pas mort sur le coup, un *cachetero* l'achève en lui coupant, avec un poignard, la moelle épinière derrière la tête.

La musique sonne la mort du taureau. Une porte s'ouvre ; quatre mules harnachées magnifiquement, ornées de plumets et de sonnettes, enlèvent au galop les cadavres, un à un. Un garçon de service vient répandre de la terre sur les mares de sang.

Un second taureau apparaît ; la même scène, les mêmes émotions recommencent, sans que la foule se lasse de voir et d'applaudir.

J'ai essayé de rendre aussi complet que possible le tableau d'une *corrida* espagnole, avec toutes ses atroces scènes, tous ces rouges incidents du drame, comme s'exprime Jules Claretie.

Ce qu'on ne saurait rendre ni sur le papier, ni sur une toile, c'est l'atmosphère du cirque, le bruit, la passion, la joie rauque, la fureur, les cris, les interruptions, les injures, les sifflements, tout ce qui est l'effet de ce que Dante appelle *lascivia di sangue*, la luxure du sang.

Des trépignements, des bravos, des appels stridents, des

L'UN D'EUX VIENT SE PLANTER AU MILIEU DE LA PLACE.

tempêtes, des jurons et des imprécations, les coudes qui se

IL PLANTE LES FLÈCHES DANS LE COU DE SON ADVERSAIRE ET S'ESQUIVE.

poussent, les mains qui se tendent, les visages qui se cris-
pent, la bordée de sifflets qui suit le taureau lâche ou le

toréador malheureux, tous ces propos qui se croisent, se

MAIS UN ÉCLAIR D'ARGENT PASSE AVEC LA RAPIDITÉ DE LA PENSÉE
ENTRE CES DEUX CORNES MENAÇANTES...

heurtent, se confondent : voilà ce qu'il faut voir et entendre

LE CACHETERO L'ACHÈVE...

pour en avoir l'idée, et ce qu'aucune langue, aucune plume,
aucun pinceau ne saurait faire revivre ou reproduire.

Le cheval, troué de coups de cornes, ne sait plus avancer, il chancelle. On rit.

— Regardez-le ! il est ivre, *està borracho !*

Une fusée de sang jaillit du cou du pauvre coursier blessé à mort :

— Ah ! le bon taureau ! et quelle belle fontaine vermeille ! voyez !

Et quand un de ces chevaux sacrifiés est poussé, les yeux bandés, vers le monstre qui va le broyer, vous entendez parfois près de vous :

— Allons, cheval blanc, va te faire peindre en rouge !

Quelle sinistre et sauvage éloquence ! Ces milliers de gens sont là, secoués par l'appétit du farouche et du sanglant, par cet appât qui pousse les curieux au pied des échafauds.

On se sent troublé, écœuré, devant cet ignoble spectacle, indigne de gens civilisés, reste de la barbarie païenne, et l'on oublie vite le grandiose de la mise en scène et l'adresse des lutteurs, pour ne plus sentir qu'un profond dégoût et pour se détourner avec horreur de ce tableau inhumain.

Chapitre Troisième.

PAYSAGES DE LA NAVARRE. — PAMPELUNE.

A ligne de chemin de fer de Bordeaux à Madrid, après avoir quitté Saint-Sébastien, se bifurque à Alsasua du côté de la Navarre, en remontant un peu vers le nord-est jusqu'à Pampelune, pour de là redescendre à Tudela et à Saragosse.

Rien de plus curieux, de plus riant tout ensemble, et, en certains points, de plus grandiose que la route que nous suivons. La voie ferrée fait d'immenses circuits pour contourner les montagnes ; tantôt nous avons sous les yeux toute une forêt de pommiers ou de châtaigniers remplissant de leur feuillage touffu toute une vallée, tandis que les flancs des gigantesques rochers qui la surplombent tranchent avec leur nudité sur le fond bleu de l'azur du ciel ; puis, sans transition, nous sommes transportés au milieu des vignobles, et quels vignobles ! Il est à peine besoin de remuer la terre, en Espagne, pour faire produire à la vigne des récoltes incomparables. Les ceps et leurs rameaux se traînent librement sur le sol, parmi le sable et les cailloux ; point n'est besoin d'employer des engrais coûteux ni de passer un long temps à tailler, creuser, sarcler. La fertilité est telle que, d'après les statistiques officielles, l'Espagne produit annuellement près de 29.000.000 d'hectolitres de vin avec une culture de 1.605.500 hectares. L'Italie, qui cultive 3.470.000 hectares de vignes, ne récolte que 30 millions et demi d'hectolitres de vin ; la France, qui a vu ses vignobles ravagés par le phylloxéra, vient seulement en troisième lieu, avec 20.043.000 hectolitres de vin représentant une culture de 1.837.000 hectares.

Malheureusement le transport des vins espagnols est difficile, tant à cause du petit nombre de voies ferrées et de routes carrossables, qu'à cause du manque de tonneaux et de bouteilles dans la plupart des localités.

En général, le vin est fabriqué grossièrement à la campagne. Dans un pressoir commun, on écrase le raisin de tous les habitants du village, et chacun emporte, dans de grandes peaux de chèvre goudronnées, le moût qui lui revient en proportion de la quantité de raisin qu'il a livrée.

C'est un curieux spectacle que celui de la vendange en Espagne. Barbouillés de lie et de jus de raisin, les hommes coupent en chantant les grosses grappes qui pendent au cep, et invitent les passants à venir goûter un *racemo* avec eux. Les paniers s'emplissent et on charge les ânes, qui rapportent leur cargaison jusqu'au pressoir.

Le moût coule dans une vaste citerne, où l'on puise avec de grandes cruches pour remplir les outres que des hommes, couverts de grelots, emportent dans des caves souterraines, appelées *bodegas*, et, en Castille, *basilicas*.

On me demandera peut-être pourquoi ces grelots à la ceinture de ceux qui font le transport du vin. C'est parce que, en pénétrant dans la cave où a lieu la fermentation, il pourrait arriver une asphyxie par le dégagement de l'acide carbonique qui y est condensé. Le bruit produit par les grelots fait connaître à l'extérieur que l'homme est en marche dans la cave, qu'il n'y a donc rien à craindre pour lui.

Mais revenons à notre voyage. Tandis que mes compagnons de route sont en train de deviser gaiement ensemble, les feux d'un magnifique soleil couchant ont fini d'embraser les montagnes, tour à tour boisées et dénudées, qui se prolongent jusqu'à Pampelune. Au fond de la vallée de plus en plus élargie, les bergers poussent vers la ville leurs troupeaux, qui partout animent le paysage.

Bientôt, à la descente du train, nous voici emportés au grand trot de mules vigoureuses sur la rude montée qui mène à l'ancienne ville royale, devenue capitainerie générale de la Navarre.

A la lueur des lampes nocturnes, dit A. Roussel, ses fortifications se dressent gigantesques et fantastiques ; ses promenades, plantées de vieux arbres, s'allongent à perte de vue ; ses vastes places s'élargissent encore. Au souvenir de ce que fut le royaume de Navarre, nos pensées iraient aux aventures d'un autre âge, si nous n'étions ramenés au réel sentiment des choses modernes en nous trouvant au seuil de l'hôtel qui, comme pour résumer les grâces de Pampelune, a pris le nom de *La Perla*.

Ici, je cède volontiers la plume à M. Roussel, qui a relaté, il y a quelques années, ses impressions de voyage dans la Navarre.

Ce qui suit est emprunté au feuilleton du journal *L'Univers*, numéro du lundi 10 octobre 1892.

On dit que la place de la *Constitucion* est l'une des plus grandes, sinon la plus vaste de la péninsule, et je n'ai nulle peine à le croire. Son aspect est vraiment monumental, si bien que, de ses extrémités, la vaste fontaine qui en occupe le centre semble de proportions très amoindries. L'ensemble forme un grand quadrilatère borné au sud par le théâtre et le palais de la Députation provinciale, et sur les autres faces par de beaux édifices privés, à plusieurs rangs de balcons. Ces balcons, que l'on retrouve à toutes les autres maisons dans toutes les rues de la ville, sont des plus pittoresques et n'ont rien de commun avec la banalité de nos balcons de France. En Espagne, c'est là, peut-on dire, que se résume toute la vie des habitants, ou du moins de la femme espagnole. C'est là qu'on travaille dans le jour, et que le soir on respire le frais tout en se donnant au jeu de l'éventail. Pour se protéger contre la chaleur et le soleil, on a imaginé tout un système de jalousies intérieures et de rideaux blancs extérieurs, qui, parfois, font un singulier effet. Si d'aventure vous arpentez les rues par le soleil et que ces rideaux soient tous tirés aux balcons de tous les étages, il semble qu'on ait sous les yeux comme une immense penderie de linge. Il faut bien dire qu'à ce moment l'aspect des rues n'a rien de trop séduisant.

Si la majorité des habitants restent chez eux à toute heure et même le soir, il est pourtant des promeneuses et des promeneurs qui, le soir, font les cent pas en long et en large sous les belles galeries de la place de la Constitucion, devant les cafés luxueux où l'on sert en abondance, et pour des prix fort modestes, les meilleurs rafraîchissements. Hélas ! il est bien peu d'hommes à qui l'on voie porter le costume espagnol. Quant aux élégantes, presque toutes en toilette outrageusement claire, la plupart ont gardé la mantille, qui leur sied si bien, et dont elles ne peuvent ignorer la grâce. Cependant on voit déjà se faufiler quelques-uns de ces chapeaux de Paris que la mantille fait paraître si affreux. C'est un commencement. La mode gagnera, et, comme elle défigure en France toutes les paysannes qui abandonnent leur costume, elle aura bientôt fait, sans doute, de défigurer en Espagne les jeunes filles et les femmes, dont la mantille encadre si joliment la tête. Qui sait si, avant dix ans, les mantilles, aujourd'hui plus nombreuses encore, ne seront pas en minorité ? Or, on sait que le mouvement des mœurs suit presque toujours le mouvement de la mode. Qu'en sera-t-il de la grande piété des femmes et du peuple espagnol ?

Cette grande piété nous apparaît dans toutes les églises, où, genoux par terre, soit isolément, soit par petits groupes, hommes et femmes ne se laissent distraire par rien de leur supplication vers Dieu. Dans une de ces églises, dès sept heures du matin, j'aperçois un jeune couple, gravement vêtu de noir, agenouillé dans le sanctuaire, sur le degré même de l'autel. Ce sont deux fiancés qui viennent, à cette heure matinale, recevoir le sacrement de mariage. On sait qu'en Espagne le mariage civil, grâce à Dieu, n'est pas encore obligatoire. Avant ces dernières années, il n'y avait même aucune trace d'élément civil dans la cérémonie du mariage religieux, seul en usage dans les traditions catholiques du pays. Plus récemment, à la suite d'une convention avec le Saint-Siège, il a été décidé que le délégué de l'*ayuntamiento* ou mairie assisterait au mariage religieux ; mais il faut croire que cette nouveauté n'est pas encore entrée dans les mœurs, car, si le délégué est présent, il n'est pas en lieu d'apparat. A côté des jeunes fiancés, deux cierges brûlent, symboles de la chaste flamme qui alimente leur tendresse mutuelle ; mais ils sont seuls en présence de DIEU et du prêtre qui célèbre à leur intention le Saint Sacrifice. L'absence de fleurs, de musique, de décorations, de brillants cavaliers et de jeunes quêteuses aux toilettes éclatantes, est un signe de la gravité des promesses qu'ils sont venus échanger au pied de l'autel. Seuls quelques amis et parents, à genoux en dehors de la grille du sanctuaire, sont les témoins de cet acte solennel. A un moment de la Messe, un servant s'approche et, sur leur tête, étend un voile, qui signifie que leur vie désormais n'aura qu'un même abri et que tout entière elle devra se consommer dans l'unité d'un lien conjugal indissoluble. Rien ne saurait rendre l'émouvante simplicité de cette scène, qui forme un si grand contraste avec la turbulence et la pompe qui se remarquent dans la plupart de nos mariages français. Un peintre qui saurait s'inspirer de ce tableau et l'offrir vivant aux yeux, ferait un vrai chef-d'œuvre.

Avec plus de pompe extérieure, c'est la même gravité qui s'observe dans les cérémonies religieuses à la cathédrale. Dans cet édifice, dont la façade moderne constraste avec la belle ordonnance gothique de l'intérieur, il nous est donné d'assister à la Messe du Chapitre, et il est impossible de ne pas se sentir pénétré jusqu'au fond de l'âme en suivant les cérémonies qui se déroulent au maître-autel, pendant que les chanoines, assis aux stalles dans le magnifique chœur qui leur appartient, font entendre les chants de la plus belle mélodie. Les voix argentines des enfants de chœur s'y mêlent pour faire un concert vraiment céleste. A l'entrée du chœur, une figure attire plus spécialement les regards. C'est celle du massier du Chapitre, tenant en mains une sorte de crosse et un chapeau blanc aux insignes du Chapitre. La perruque blanche aux longs cheveux

✠ —— Église bâtie à Pampelune sur le lieu où S. Ignace fut blessé. —— ✠

ondulés qu'il porte sur la tête achève de lui donner une physionomie tout à fait antique, qui nous reporte en arrière, aux siècles où fut bâtie la majestueuse église. Ajoutons qu'en dépit de la Révolution, qui, en Espagne aussi, a détruit tant de choses, le Chapitre est pourvu de revenus qui lui permettent de faire grande figure. La chapelle est richement ornée ; les stalles sont des merveilles de sculpture sur bois de chêne ; la galerie qui rattache le chœur du Chapitre au chœur du maître-autel est tout en cuivre, et elle reluit aux yeux avec un grand éclat.

Mais que dire des splendeurs architecturales des cloîtres gothiques dont les superbes arceaux font voûte à l'extérieur de la cathédrale, de la magnifique chapelle la *Barbazana* qui s'ouvre sur l'un de ces cloîtres, des chapiteaux et des tombeaux qui en sont l'ornement, et enfin de la chapelle de la *Santa-Cruz*, dont la grille, œuvre d'art admirable, a été forgée avec les chaînes conquises au célèbre combat de las Navas de Tolosa, qui entouraient la tente de Mohammed-al-Naso ! Pour mieux fixer les souvenirs qu'on garde de cette ville mémorable, on voudrait emporter quelqu'une de ces photographies artistiques dont ne manquent pas de se pourvoir la plupart des villes dignes d'être visitées par les pèlerins ou les touristes. Mais, après les plus minutieuses recherches, j'ai dû constater que, ni à Pampelune ni ailleurs, il n'existait aucune photographie de ces merveilles. Jusqu'ici, du moins, l'art moderne n'a pas été admis à publier la représentation de ces chefs-d'œuvre de l'art ancien. Et, pour la première fois, je me prends à regretter les produits de la photographie.

Chapitre Quatrième.

TUDELA. — TARRAZONA. — LA VIEILLE CASTILLE. — UNE VENTA. — AGRÉDA.

E dis adieu à Pampelune et, tandis que j'attends le train de deux heures, qui doit m'emporter dans la direction de Saragosse, je m'amuse à faire une étude de mœurs parmi cette foule de voyageurs et de curieux qui remplit toutes les salles de la gare.

Il y a là une bascule automatique, et bon nombre de jeunes gens y vont de leurs deux sous pour connaître leur poids exact. Là-dessus des éclats de rire sonores et des réflexions pittoresques. Une petite fille, une charmante blondine de quatre ans, se fait expliquer par son papa à quoi sert cette machine, et le papa complaisant en explique à l'innocente créature le mécanisme et le fonctionnement.

Alors l'enfant va se mettre à son tour sur la bascule ; de ses yeux grands ouverts elle fixe l'aiguille du cadran, qui reste immobile puisqu'on n'a pas glissé à la place voulue la pièce de dix centimes, et, avec une conviction naïve, ma blondine s'écrie :

— *Padre, no peso nada.* (Père, je ne pèse rien du tout !)

Cependant le train arrive en gare et nous nous empressons de choisir chacun notre compartiment. Et comme nous ne partirons pas avant une demi-heure, après avoir marqué ma place sur la banquette en y laissant mon chapeau et des paquets, je me mets à examiner tous les détails de ce fameux train-poste qui vient de faire 50 kilomètres en deux heures. Un vieux matériel de rebut, emprunté ou plutôt racheté à des compagnies françaises, belges et anglaises, forme le convoi des voitures de toutes classes. C'est en vain que je cherche des traces de freins quelconques : je n'en vois nulle part. Aussi ne faut-il pas s'étonner de la lenteur et de l'hésitation que met le machiniste pour arrêter à une station.

L'heure du départ régulier était passée depuis quelques minutes ; à plusieurs reprises les employés avaient invité les voyageurs à monter en voiture, et cependant nous ne partions pas. Que se passait-il ?

J'eus bientôt l'explication de ce mystère. Le mécanicien était à la buvette, où l'avait conduit un ami, et vidait maint bon verre de vin d'Aragon à notre santé... et à notre patience.

Personne ne s'étonnait ; on n'est pas si pressé de voyager ni de conclure une affaire en Espagne, et puis, grande et sublime excuse, c'est l'habitude !

Il était huit heures quand nous arrivâmes à Tudela, petite ville bâtie sur l'Èbre, au sud de la Navarre et presque aux confins de l'Aragon. Deux stations balnéaires assez fréquentées se trouvent non loin de Tudela : l'une, d'eaux salines, à Fitero, l'autre, d'eaux sulfureuses, à Gravalos.

Mais ce n'est pour aller, ni à Fitero, ni à Gravalos, que je me suis arrêté à Tudela ; tandis que je fais transporter mes bagages par un commissionnaire jusqu'à la gare de la petite ligne d'intérêt local qui va à Tarrazona, je parcours un peu la ville, j'entre dans un restaurant, et je suis assez surpris de voir des gens attablés parlant négoce et affaires dans un bon langage français, qui ne me permet pas de douter un instant de leur nationalité : ce sont des compatriotes. Établis à Tudela, ils ont des usines, des entrepôts de vins, des magasins et des maisons de commerce de toutes sortes.

Grâce à eux, j'obtiens les renseignements les plus complets et les plus variés sur la ville et sur les environs. Il se fait à

VUE DE BARCELONE.

Tudela assez bien de marchés, d'importations et d'exportations. Le chemin de fer, l'Èbre et le canal la relient à la France, à Saragosse, à Barcelone, à la Galice, à Madrid et à la Nouvelle Castille par la petite voie ferrée que je vais suivre.

En effet, me voici bientôt dans ce que j'appellerai le tramway à vapeur de Tudela à Tarrazona. Nous traversons des champs, des jardins, des villages, et une petite brise nous apporte les parfums des fleurs avec les derniers rayons du soleil couchant.

Il faisait nuit quand nous descendîmes à la gare de Tarrazona. Je me fis indiquer la *fonda* (hôtel) la plus proche du bureau des diligences, et je ne tardai pas à m'endormir d'un sommeil réparateur.

Le lendemain, on vient m'éveiller de bonne heure, et le *coche* m'emporte bientôt au trot de quatre mules magnifiques, ornées de cocardes, chargées de grelots, regimbant parfois sous les coups de fouet que ne ménage pas leur conducteur, mais ne faisant aucun cas des apostrophes et des jurons que celui-ci se croit le devoir de multiplier.

Je ne dis rien de la route, toujours jolie, ravissante, délicieuse, du moins pour commencer ; à mesure que le soleil montait, la chaleur se concentrait dans la diligence, où nous étions entassés les uns sur les autres ; la poussière volait sur la route et nous ôtait la respiration. Et les mules galopaient, galopaient.

— *Hasta arriba !* (Jusqu'en haut !) criait le postillon en gravissant une côte.

Et l'attelage ruait, se cabrait, en nous faisant éprouver des secousses et des cahots, dont nous nous serions passés fort volontiers.

Voici le relais de midi ; nous sommes à une *venta*, sorte d'auberge isolée au milieu de la campagne. Je faillis y mourir... de faim. Non pas que les aliments manquassent ; mais c'était vendredi, et je n'avais pas de bulle.

— Vous n'avez pas de bulle ? me dit un brave Castillan. Il faut la prendre, et alors vous pourrez manger de la viande tous les jours de l'année.

Et, de fait, on peut être dispensé du maigre pendant toute l'année, excepté les vendredis de Carême, le mercredi des Cendres et les trois derniers jours de la Semaine Sainte, en vertu de la bulle de la Sainte-Croisade. J'ai lu à ce sujet bien des erreurs et bien des inexactitudes dans les livres qui traitent de l'Espagne. Je crois bon d'insister un peu afin de donner le véritable sens de ce privilège. Un coup d'œil sur l'exemplaire que j'ai en mains suffira pour bien comprendre la chose.

Lors des guerres que les catholiques espagnols eurent à soutenir contre les Maures, non seulement pour défendre leur patrie, mais leur foi et celle de l'Europe entière menacée d'une invasion, les rois d'Espagne obtinrent des Souverains-Pontifes des indults successifs qui accordaient de nombreux avantages spirituels et temporels à ceux qui contribueraient à ces croisades par leurs prières ou par leurs aumônes.

Ces avantages consistent en indulgences précieuses et nombreuses, dans certaines facilités pour les dispenses, pour la confession et pour l'abstinence.

Nobles et glorieux privilèges, que ceux qui ont été conquis au prix du sang, pour la plus belle des causes et à travers sept siècles !

La bulle de la Sainte-Croisade fut renouvelée d'âge en âge par les Papes, même après la défaite des Maures. Pie IX la promulgua de nouveau pendant ce siècle. Elle est personnelle et valable pour un an seulement ; les aumônes que donnent aujourd'hui les fidèles en la prenant sont employées, selon l'avis de l'évêque, pour subvenir aux besoins des églises spoliées de leurs revenus.

L'archevêque de Tolède, primat de l'Espagne, porte encore

le titre de *Commissaire de la Sainte-Croisade*, et c'est en son nom que se délivrent les bulles.

Qu'on me pardonne cette digression en vue de l'intérêt historique qu'elle comporte. Maintenant je reprends mon voyage.

Depuis quelque temps déjà, le paysage avait changé ; la route faisait d'immenses circuits, contournait des montagnes, longeait des précipices. A notre gauche, se dressait fièrement le *Moncayo*, un des plus hauts pics de l'Espagne.

Nicolas Rabal, professeur de rhétorique à l'Institut de Soria et l'un de mes meilleurs amis, dit que c'est dans une caverne située dans le flanc de cette montagne que se serait passée l'aventure de Cacus, voleur des bœufs d'Hercule.

Sans nous arrêter à des fables ou à des traditions plus ou moins romanesques, disons un mot d'Agréda, ville de 3.000 âmes, et où je dois séjourner quelques heures.

Agréda a conservé des vestiges de la domination romaine et du passage des Maures, entre autres une porte, ou espèce d'arc de triomphe, où il est facile de distinguer les deux époques et les deux styles dans la construction primitive et les modifications qu'elle a subies dans la suite.

Les nombreuses églises d'Agréda sont anciennes et solidement bâties ; un peu sombres, selon la mode du pays, elles ne sont pas remarquables par la richesse des ornements ou de l'architecture. Un gigantesque retable en bois sculpté et doré à tous les autels, mais principalement au maître-autel, attire surtout l'attention des visiteurs.

Entrons à la chapelle du couvent de l'Immaculée-Conception. La fondatrice de ce monastère, c'est la Vénérable Marie d'Agréda, qui, n'ayant pas de dot suffisante pour entrer dans un autre monastère, forma, avec sa mère et sa sœur, comme une petite communauté, à laquelle ne tardèrent pas à venir s'adjoindre un grand nombre de personnes riches et pieuses.

La Vénérable Mère Marie de Jésus d'Agréda est morte en odeur de sainteté. Entre autres écrits qu'elle a laissés, il faut citer surtout la *Vie de la Vierge* et la *Cité mystique de Dieu*, ainsi que quatre cents lettres au roi Philippe IV, contenant des conseils remarquables et des réponses judicieuses aux questions que lui posait le monarque à propos du gouvernement de son État.

Le départ un peu précipité de la diligence ne me permit pas de visiter plus longtemps la petite ville d'Agréda ; bientôt j'avais perdu de vue les tours et les clochers des églises que je venais de visiter ; je me retrouvais dans une espèce de désert aride, rocailleux, sauvage, et les mules continuaient à faire voler la poussière du chemin en épaisses nuées, tandis que le *mayoral* (cocher) reprenait son sempiternel refrain :

— *Hasta arriba !*

Chapitre Cinquième.

Ous voici arrivés dans la capitale de la province de Soria. Jolie petite ville, coquettement assise sur les bords du Duero et entourée de montagnes qui semblent la protéger contre une attaque belliqueuse, Soria montre avec fierté ses antiques édifices, ses églises, son Institut ou Lycée provincial, ses promenades vastes et ombragées, et l'ermitage de son patron *San Saturio*.

Si les modestes proportions de ce livre me le permettaient, je voudrais citer ici tout le chapitre que Nicolas Rabal consacre, dans l'ouvrage cité plus haut (1), à l'histoire et à la description de la moderne Soria. Le voyageur admire en passant le palais des Comtes de *Gomara*, vulgairement désigné sous le nom de *Balcon rond*, la tour de Doña Urraca, la maison de Castejon, ou des *Clous*, le palais des Comtes de Lérida, reliques vénérables du moyen âge, ainsi que les restes d'un couvent de Templiers et d'un autre couvent des Chevaliers de Saint-Jean.

Entrons dans la Collégiale de Saint-Pierre. C'est un monument retouché, réparé à diverses époques, et qui garde la trace des différents styles roman, ogival, renaissance, qu'on a tâché

---

1. *España. Sus monumentos y artes, su naturaleza é historia.* — *Soria,* par Don Nicolas Rabal.

d'harmoniser aussi bien que possible. Dans son ensemble, cette église offre un coup d'œil majestueux et grandiose, avec ses trois nefs, ses autels épars de tous côtés, le chœur des chanoines, le sanctuaire et son gigantesque retable doré, sculpté et enrichi d'un tableau original du Titien qui représente la Mise au tombeau.

Çà et là j'aperçois des armoires étroites, ne fermant qu'à moitié, dans la partie inférieure, et je me demande ce que cela peut bien être, lorsque, dans une de ces armoires, je vois un prêtre en surplis et en étole violette, et devant lui, debout, mais accoudé sur la porte basse, un homme causant à voix basse...

— Plus de doute ! c'est un confessionnal !

Et, en effet, les confessionnaux espagnols ont un genre tout à fait spécial ; trois simples planches surmontées d'une corniche forment une caisse étroite et assez basse ; en avant, une petite porte, et, sur chaque côté, un treillis ou grillage toujours ouvert. Les hommes se confessent en avant, nez à nez avec le prêtre ; les femmes seules se présentent à la grille ; quand la confession est terminée, le pénitent se retire à quelques mètres et fait son acte de contrition, la face tournée vers l'autel ; après quoi il vient baiser la main du confesseur qui vient de l'absoudre.

Sans parler des autres églises, qui sont situées à l'intérieur de la ville, allons tout droit à la chapelle, ou *ermitage*, du patron de Soria, saint Satur. Sa position est des plus pittoresques ; à mi-hauteur du mont Sainte-Anne, sur un rocher qui surplombe le Duero, elle semble bâtie dans l'air, et s'élève audacieusement avec les dépendances qui lui sont contiguës, bravant les efforts de la tempête, des ouragans et des siècles.

Une grotte, vaste et profonde, s'étend au-dessous de l'église ; on y voit plusieurs autels sur lesquels on célèbre aussi le Saint Sacrifice de la Messe à certaines époques de l'année.

La grande fête de saint Satur, qui est aussi la fête de Soria, a lieu le 2 octobre. Ce jour-là on célèbre solennellement la Messe dans la chapelle de l'ermitage ; l'après-midi se fait une grande procession triomphale à travers les rues de la ville, pendant laquelle le carillon des cloches, les chants du peuple, les joyeuses notes de la fanfare municipale, se mêlent au bruit des pétards et des fusées qui éclatent de toutes parts.

Jusque dans ces dernières années on avait conservé une antique coutume que les goûts modernes ont malheureusement fait disparaître. Une confrérie, composée d'une cinquantaine de membres, venait en grande cérémonie, avec des costumes bizarres et de toutes couleurs, précédée d'un immense drapeau de damas auquel un homme faisait adrôitement décrire diverses courbes et voltiges dans les airs, aux applaudissements de la multitude.

Il a paru plus intéressant de remplacer ces naïves et traditionnelles démonstrations par l'exhibition sauvage de combats de taureaux et par des séances théâtrales d'une moralité douteuse.

A ce propos, je crois bon de parler d'autres fêtes populaires en usage dans la province de Soria.

Parmi celles-ci, il en est une, tout à fait originale, qui a lieu chaque année dans le village de Vinuesa, et qu'on appelle la *Pinochada*, c'est-à-dire : la bataille à coups de branches de pin.

L'origine de cette fête remonte à un fait historique fort

curieux. A propos d'une forêt de pins, d'un *pinar*, dont les habitants de Vinuesa et ceux de Covaleda se disputaient la possession, il y eut autrefois une lutte en règle, qui devint sanglante. La victoire demeura à ceux de Vinuesa, grâce au concours des femmes, qui accoururent sur le champ de bataille pour défendre leurs maris.

Depuis cette époque, quand vient la Saint-Roch, les jeunes gens de Vinuesa vont de bon matin couper des branches de pin et en arment les jeunes filles du village, leur permettant de poursuivre et de frapper, à un signal donné, les hommes qu'elles rencontrent sur leur passage, et particulièrement ceux de Covaleda.

Rien de curieux encore comme de voir les bals champêtres organisés en plein jour à l'occasion d'une noce, ou d'une fête patronale, ou encore par des *gitanos* (bohémiens) ou des musiciens de passage.

Aux accords de la guitare, de la mandoline ou de la *gaïta* (sorte de flageolet rudimentaire), les hommes et les femmes, quelquefois un sexe séparément, se mettent à tourner en cercle, les mains levées, imitant les castagnettes avec les doigts, avec ou sans accompagnement de chansons rustiques.

Et puisque nous en sommes à parler de chansons, disons que par toute l'Espagne, à la ville comme au village, on entend les mêmes ritournelles adaptées à des paroles connues ou à des phrases improvisées.

Que de fois, en passant le long d'une rivière, j'ai rencontré des centaines de femmes accroupies au bord de l'eau, me saluant poétiquement de leurs chants nasillards, rappelant les *romances* du moyen âge, ou mieux les airs modernes des

Arabes ! Il suffit que l'une d'entre elles, plus téméraire ou plus inspirée que ses compagnes, entonne et compose tout à la fois : les autres répètent à l'envi en traînant sur les finales : caquetage harmonieux, quoique un peu étourdissant et toujours monotone.

De pareilles improvisations se font même à l'église, au pied d'un statue, d'une image, à laquelle on veut rendre un culte qui sort de l'ordinaire.

Après cette digression, que le lecteur ne trouvera pas sans intérêt, revenons à notre voyage.

Soria fait penser à l'antique Numance, immortelle et héroïque, comme on l'appelle encore, et très célèbre dans l'histoire romaine. On fait une petite excursion de Soria au village de Garray, et l'on se trouve à portée des ruines de cette fameuse cité.

Numance, comme on le sait, résista longtemps aux efforts des Romains, et, plutôt que de se rendre quand ses défenseurs furent vaincus, elle voulut n'offrir à ses ennemis qu'un monceau de ruines fumantes, puisqu'elle alluma elle-même l'incendie qui la détruisit entièrement.

Je recommande aux amateurs de poésie espagnole une élégie, pleine de sentiment et de patriotisme, sur les ruines de Numance, *A las Ruinas de Numancia*, que le Père Conrad Muiñoz, originaire de Soria, a insérée dans la *Revue Augustinienne* de Valladolid.

Mais nous n'avons pas le temps de nous arrêter davantage sur ces souvenirs de l'histoire lointaine. Reprenons la route de Soria : le *coche* va partir, et il faut arriver ce soir à Burgo de Osma, évêché de la province.

— *Arre !* (En avant !) *Hasta arriba !*

Après avoir fait environ 25 kilomètres, nous passons près de Calatañazor, que nous saluons avec émotion. C'est là que, quelques années avant l'an 1000, les Maures furent vaincus dans une lutte qui dura toute une journée. « Il y avait, dit Ferreras, cette différence entre les deux armées, que, dans celle d'Almanzor, chaque combattant qui succombait était remplacé par un autre, tandis que, du côté des Espagnols, chaque homme qui périssait ne pouvait être suppléé que par la valeur de tous.

La victoire resta aux chrétiens, et Almanzor fut si désespéré de la voir infidèle à ses drapeaux, qu'il se laissa mourir de faim à Médina-celi, où il s'était retiré. Ce grand capitaine, un des plus intrépides qu'ait eus l'islamisme en Espagne, avait gagné plus de cinquante batailles contre ceux qui venaient de lui faire éprouver la défaite à laquelle il ne voulut pas survivre.

Nous sommes ici tout entourés de souvenirs mauresques. Partout des châteaux-forts, *castillos*, des tours, *atalayas*, servant jadis de stations pour les signaux ou télégraphes aériens, des ruines, des inscriptions qui rappellent la domination sept fois séculaire des musulmans et les glorieuses victoires des chrétiens de la Péninsule.

OSMA ET BURGO DE OSMA. — LES AUGUSTINS DE L'ASSOMPTION EN ESPAGNE.

Harassés, couverts de poussière, la gorge desséchée, mourants de faim et surtout de soif, nous faisons notre entrée en coche vers le soir dans la ville de Burgo. Je ne sais pas pourquoi, lorsque vous arrivez au terme d'un voyage, la pensée que vous allez pouvoir enfin vous reposer vous fait sentir davantage vos fatigues.

Si j'avais dû continuer ma route le lendemain, je me serais cru encore relativement frais et dispos, mais j'avais devant les yeux la perspective de longues semaines de calme et de tranquillité : oh ! comme je me plaignais des ennuis et des lassitudes du voyage accompli !

Ce coin de la Vieille Castille est fort peu connu des touristes français ou étrangers ; à peine se doute-t-on, en regardant une carte géographique d'Espagne, qu'il y a une ville qui porte le nom d'Osma et qui est le siège d'un des plus anciens évêchés de la Péninsule.

De la ville primitive, il n'est rien resté ; les Maures ont tout saccagé et, dans les champs cultivés sur son emplacement, il n'est pas rare de trouver des débris de poteries et de mosaïques ; j'en ai recueilli pour ma part une assez grande quantité.

Osma est aujourd'hui un misérable amas de cabanes sales et mal bâties ne méritant même pas d'être vu. L'ancienne ville était située au sommet d'un plateau, dominant l'étroit défilé que forme la rivière de l'Ucero. L'Osma moderne est tout au bas de la montagne, et s'étend dans une plaine vers le Nord qui a l'avantage d'être un peu moins sèche et plus fertile que la *sierra* rocailleuse.

Seulement, sur la rive gauche de l'Ucero, s'élève une jolie bourgade avec sa cathédrale gothique, ses couvents, ses hôpitaux. Elle ne porte que le nom de faubourg d'Osma, *El Burgo de Osma;* mais, de fait, c'est la vraie ville, une ville qui a été illustrée par saint Pierre de Bourges, devenu son évêque, par saint Dominique de Guzman, qui fut chanoine avant d'être fondateur d'Ordre, par le Vénérable Palafox et par les savants distingués qui, au moyen âge, illustrèrent son Université.

Je retrouve à Burgo de Osma des frères et des compatriotes dans le couvent du Carmel, devenu le refuge des Augustins de l'Assomption après les expulsions de 1881. Le Père Emmanuel Bailly, fils du fondateur des Conférences de Saint-Vincent de Paul et frère du vaillant *Moine* de *La Croix*, y dirige le noviciat de sa Congrégation, et je suis reçu par lui avec une sympathie qui me touche.

Ici, nous nous trouvons en plein moyen âge. A 130 kilomètres de tout chemin de fer, loin de tout commerce, de toute propagande moderne et de tout contact avec les idées corruptrices du jour, le peuple a gardé sa vieille foi, ses traditions séculaires dans toute leur pureté, ses coutumes naïves, son genre de vie simple et primitif, ses habitudes patriarcales, sa piété franche et sincère.

L'arrivée des religieux français à Osma a été une vraie fête, leur réception, un triomphe. On les regardait comme des confesseurs, mieux encore, comme des martyrs ayant souffert pour le Seigneur, et c'était à qui procurerait avec le plus d'empressement quelques secours, quelques douceurs aux pauvres moines exilés. Les riches apportaient de la literie, des aliments, des aumônes en nature ou en espèces ; les pauvres venaient offrir un morceau de pain ou des légumes ; les artisans proposaient généreusement l'aide de leurs bras pour les réparations nécessaires et pour l'aménagement des cellules et des salles.

Un courant admirable de sympathie circulait dans ce peuple chrétien en faveur des *frailes* (religieux) qui venaient relever le couvent en ruines, rendre au culte de la Vierge du Carmel sa splendeur d'autrefois et protéger par leurs prières la ville et le diocèse.

Notre couvent est bâti un peu en dehors d'Osma, sur les bords du *rio Ucero*, le long d'une promenade plantée de hauts arbres qui nous donne ombre et fraîcheur. A deux pas de là, et tout à l'entrée de la ville, s'élève la cathédrale gothique, avec sa tour carrée et ses huit cloches.

Pour y arriver, il nous faut traverser une nuée d'enfants qui se précipitent sur nous pour baiser notre main et caqueter sans crainte :

— *Padre, deme una medalla ó un santito, una estampa.* (Père, donnez-moi une médaille ou une image.)

Pénétrons dans le saint temple, qui est à trois nefs, et notons rapidement les choses les plus remarquables qui en font l'ornementation.

Le retable du maître-autel est un chef-d'œuvre du commencement du XVIe siècle. Comme tous les retables espagnols, il est immense, tout doré et surchargé de sculptures. Ici on voit onze groupes ou tableaux, parmi lesquels la mort de la Sainte Vierge et sa glorieuse Assomption.

La chaire, adossée à un pilier, est en marbre de grande valeur et remonte à 1478 ; j'y ai remarqué l'inscription suivante :

« *Annuntia populo meo scelera eorum.* » (Fais connaître à mon peuple ses crimes.)

Les stalles du chœur sont en noyer ; celle qu'occupa saint Dominique de Guzman se distingue des autres, elle est comme encadrée de moulures dorées et ornée du portrait du saint. Aucun chanoine ne s'y assied par respect pour la mémoire de l'illustre apôtre.

Parmi les 13 chapelles secondaires, citons celle du *Santo Cristo*, c'est-à-dire du Crucifix. Ce Christ miraculeux remonterait, paraît-il, aux premiers âges de l'Église en Espagne, et, comme le rapporte une inscription placée sur l'autel, il laissa couler du sang en abondance le 21 décembre 1273 : un bandeau imprégné de ce sang ceint le front de la sainte image, et j'ai vu également des fioles scellées que l'on conserve dans le reliquaire, et qui contiennent des quantités considérables de ce sang précieux.

Nous voici devant une sorte de palais somptueux ; deux escaliers, richement sculptés, nous conduisent à un parvis que ferme une grille en fer doré. Une porte s'ouvre, et nous entrons dans une vaste chapelle lambrissée et tapissée avec luxe. Des fresques, des ornements hors de prix en complètent l'ornementation. C'est la chapelle de saint Pierre, évêque d'Osma. Elle a été achevée en 1541, et elle redit aux générations qui se succèdent la piété, le zèle et l'amour de ceux qui ont élevé, sur le tombeau du glorieux prélat, ce monument superbe, digne de l'Espagne et d'Osma. Saint Pierre était français d'origine ; de Bourges, il vint à Sahagun ; il y acquit, au couvent des Bénédictins, la science et la vertu, et fut appelé par DIEU à relever de ses ruines la chrétienté d'Osma que les Maures avaient dévastée. Nous retrouvons donc un compatriote dans la Vieille Castille, et c'est sans doute à sa protection que nous devons l'asile et la sympathique hospitalité que l'évêque actuel nous a donnés en sa ville épiscopale. L'exil est moins dur en ces conditions, et l'Espagne nous paraît plutôt être une seconde patrie.

Il nous reste à signaler, comme méritant plus particulièrement l'attention, deux autres chapelles à l'intérieur de la cathédrale : celle de Notre-Dame de l'*Espino*, et celle du Vénérable Palafox.

Nuestra Señora del Espino est une antique Madone très aimée des Oxomiens. Elle ne sort en procession dans les rues que dans des circonstances exceptionnelles, et, dans ce cas, il faut que d'un village voisin on apporte une autre statue de la Vierge pour faire honneur et cortège à *sa sœur del Espino*.

On me permettra à ce sujet de raconter un fait absolument authentique. Une grande sécheresse désolait la contrée depuis bien des mois. Sur les instances du peuple, l'évêque permit de faire une procession solennelle avec la Madone de la cathédrale.

Quels cris, quels vivats enthousiastes, quelle émotion et que de larmes, lorsque (j'en fus témoin) la statue apparut sur le perron, à la foule massée pour la voir ! Eh bien ! cette foi et cet amour devaient avoir leur récompense. Le ciel, jusque-là de feu et de bronze, se couvrit de nuages, et la pluie tomba en plein sermon d'un chanoine qui eut la parole coupée par le peuple, tant la joie devint bruyante et tapageuse.

La chapelle du Vénérable Palafox, qui sert de chapelle paroissiale, est ornée de riches colonnes en marbre précieux et de fresques du plus rare mérite. La statue de la Mère de Dieu, qui orne cette chapelle, est un cadeau du roi Charles III.

Je ne dis rien des tapisseries, des peintures et autres ornements accessoires de la cathédrale d'Osma ; je signalerai seulement une statuette de saint François d'Assise, d'un effet frappant, qui se trouve à la sacristie, et j'invite le lecteur, qui en aurait l'occasion, à visiter le cloître et la bibliothèque du Chapitre. Malheureusement on laisse périr, dans la poussière et l'humidité, des livres et manuscrits d'un prix inestimable, ornés d'enluminures et de dessins coloriés qui sont autant de chefs-d'œuvre du moyen âge.

Tel est, dans son ensemble, la cathédrale de Burgo de Osma, que j'ai pu admirer pendant les quatre ans de mon séjour au couvent du Carmel.

Outre ce magnifique édifice, on peut visiter encore dans la ville l'Université, devenue la *Casa cuartel* ou Gendarmerie, l'Hospice et l'Hôpital dirigés par les Sœurs de Charité françaises, la Maison des Petites Sœurs des Pauvres et la *Carcel-modelo* (prison), qui vient d'être achevée et qui a coûté tant d'argent.

Chapitre Septième.

UNE VISITE AU BERCEAU DE S. DOMINIQUE DE GUZMAN.

A cathédrale d'Osma, nous l'avons déjà dit, est fière d'avoir eu parmi ses chanoines le grand fondateur de l'Ordre des Frères Prêcheurs. On voit encore dans le chœur la stalle qu'occupait saint Dominique, et qui se distingue des autres par des peintures et des dorures.

Habiter Osma, être à quelques lieues de la maison où naquit ce saint, avoir le loisir de faire cette excursion, tout nous engageait à nous mettre en marche, et c'eût été un crime de résister à tous ces puissants attraits. Nous n'eûmes garde de nous en rendre coupables.

Ce n'est pas à dire que le voyage ait été accompli par un beau soleil, ou tout au moins sous un ciel complètement propice ; au contraire, il a fallu braver le temps pour partir d'Osma, le lundi 11 septembre 1882 : de gros nuages noirs assombrissaient l'horizon et nous promettaient la pluie.

Néanmoins, nous récitâmes les prières de l'itinéraire et nous partîmes joyeux, au nombre de trente-neuf.

Le *Pèlerin* a raconté cette promenade du noviciat de l'Assomption dans son nº 326 ; je ne crois pas pouvoir mieux faire que de reproduire son récit, fait d'ailleurs par un d'entre nous.

En nous voyant passer, la croix de pèlerinage sur la poitrine et récitant le chapelet, les enfants se mettaient à genoux, les mains jointes, au bord de la route, et les bonnes gens s'arrêtaient et s'agenouillaient près de leur mule quand nous nous arrêtions devant les églises pour réciter le *Tantum ergo*. L'office fut fidèlement psalmodié en chœur sur les routes quand

SAINT DOMINIQUE.
(D'après un bas-relief de l'abbaye de Saint-Denis.)

nous ne pouvions le dire dans les églises. Enfin aucun exercice ne chôma. Le bon DIEU nous envoya deux ou trois averses assez fortes avant d'arriver à La Vid. Mais le vent qui soufflait à travers les monts, et un rayon de soleil qui perça les nuages nous séchèrent assez bien.

Les Pères de La Vid, prévenus depuis le matin seulement, nous firent une réception de pèlerins. Dès qu'ils nous aperçurent des fenêtres du couvent, ils se rendirent à l'église et vinrent nous recevoir en cérémonie avec la croix et l'eau bénite. L'orgue jouait la *Marcha real*. Quand tout le monde fut entré, le Père Recteur entonna le *Te Deum*, qui fut continué solennellement par les religieux. Puis on nous fit vénérer la relique de saint Augustin et celle du bienheureux Alphonse d'Orosco. Cette courte et vivante cérémonie fit une profonde impression à tous ; nous y avons compris saint Augustin beaucoup mieux qu'auparavant. On ne se souvenait plus des sept lieues espagnoles qui faisaient plier en gémissant nos pauvres jambes.

Après la vénération des reliques, la fanfare nous conduisit dans les cloîtres du couvent, jusqu'aux appartements du P. Recteur ; les deux communautés se fondirent en une seule qui parlait deux langues : les Espagnols s'efforçant de parler français avec les plus jeunes novices, et les Français balbutiant le plus d'espagnol qu'ils pouvaient. Les religieux sont très nombreux à La Vid en ce moment.

Notre arrivée portait à 155 le nombre des enfants de saint Augustin réunis dans le beau couvent. Il avait fallu ajouter dans le vaste réfectoire une rangée de tables pour trouver une place à tous.

La soirée se passa en musique, après quoi on alla se coucher pour se préparer à la seconde étape.

Huit religieux de La Vid nous ont accompagnés jusqu'à Caleruega, prenant comme nous la croix sur la poitrine. La distance est de quatre lieues, de ces lieues espagnoles qui ont cinq kilomètres et demi. Les Pères avaient attaché à notre caravane quatre ânes vigoureux qui, avec les quatre que nous avions amenés d'Osma pour porter les provisions et les débiles, faisaient huit *caballerias*. Quand tout cela était monté et s'avançait à travers les chemins peu frayés, on avait un coin de tableau du pèlerinage de la Samarie. A l'heure du repas, on s'asseyait sur une touffe de gazon et la compagnie de Saint-Nicolas, nommée au départ pour tenir lieu de la compagnie Cook, s'empressait de servir le dîner. Seulement, au lieu de nous donner de l'eau sans vin, elle nous donnait du vin sans eau, car les ruisseaux grossis par la pluie roulaient une eau bourbeuse et toute rouge, à cause de l'argile ferrugineuse qu'elle entraînait des montagnes.

Il était cinq heures et demie quand nous aperçûmes le petit village de Caleruega, adossé à deux collines assez sauvages, mais bien assises et aux formes nettes et harmonieuses. Celle de droite surtout porte, sur un pied large et régulièrement taillé, une arête droite qui se dessinait bien sur le ciel redevenu bleu. Le paysage n'est pas joli, mais il a le charme de la force. Il a une rudesse pittoresque qui plaît, et je ne sais quel air de fête, comme tous les lieux des *nativités* que nous avons vus en Terre-Sainte.

C'est entre ces rudes murailles de montagnes que s'élevait jadis, un peu au-dessus de la vallée, le château de Gusman où naquit saint Dominique. A sa place, s'élève aujourd'hui un vaste couvent de Dominicaines, qui gardent le berceau du saint patriarche. La belle et vaste église du couvent est la première chose qui frappa nos yeux à notre arrivée. Dès qu'on nous aperçut, les cloches sonnèrent à toute volée, et nous entrâmes avec émotion dans cet antique édifice, où toute la population nous suivit, s'unissant au rosaire que nous récitions en commun. Le curé de Caleruega et le P. Dominicain qui réside là comme aumônier des religieuses, nous reçurent admirablement.

Je ne suis pas assez fort en architecture pour vous faire la description de l'église. L'attrait, d'ailleurs, n'était point là. Un peu en avant du sanctuaire, il y a un carré environné d'une fort belle balustrade. C'est l'emplacement même de la naissance de saint Dominique. Les religieuses y ont fait dresser un autel sur lequel s'élève, au milieu, la statue du saint ; à sa droite, celle de la bienheureuse Jeanne, sa mère, et à sa gauche, celle de son frère Mannès, qui fut l'un de ses disciples et est aussi honoré comme bienheureux.

Le lieu précis de la naissance de saint Dominique a été longtemps oublié. Les religieuses se mirent en prière pour qu'il plût à DIEU de le leur faire connaître, et une des Sœurs sut, par révélation, que le saint était né à l'endroit où l'on trouverait la terre humectée. On découvrit au milieu de l'église un suintement qui ne s'était jamais produit auparavant, on creusa aussitôt, et on trouva un puits d'une eau excellente que les habitants viennent puiser avec dévotion, et que le P. Dominicain nous a fait boire dès notre arrivée. C'est autour de cette source qu'on a élevé la balustrade, et c'est là que nous nous sommes mis à genoux pour chanter le *Salve Regina,* l'invocation à saint Dominique, et réciter une dizaine du rosaire. Le P. Lopez, de La Vid, monte ensuite en chaire pour annoncer qu'il y aurait, à 7 h. 1/2, récitation du rosaire, chant du *Salve* et *platica.* Nous allâmes, en attendant, nous reposer un peu et prendre le *chocolate* que le P. Dominicain nous offrit avec une amabilité charmante.

Au couvent des religieuses est joint un bâtiment très vaste, en dehors de la clôture où sont reçus les pèlerins ; le bon Père nous y fait dresser un réfectoire et des lits. Il reste encore là une tour de l'ancien château de Guzman ; c'est un édifice carré très massif, en pierres de taille, au pied duquel est une cour et un jardin plein de fleurs dont nous avons emporté quelques semences. Nous sommes restés longtemps à jouir du bonheur de nous voir sous ces murs qui ont abrité tant de gloire humaine surpassée par les gloires de la sainteté. Là la bienheureuse Jeanne de Aza conduisait par la main deux enfants que l'on prie maintenant avec elle sur le même autel. L'un est le vaillant champion de la foi, le chien de garde de l'Église, portant le flambeau de la vérité dans sa bouche, *custos et lumen Ecclesiæ*, le *meilleur des Guzman*, comme porte en titre une vie en espagnol de saint Dominique, le patriarche apostolique qui devait terrasser l'hérésie en France et fonder l'Ordre glorieux des Docteurs, qui porta saint Thomas dans ses entrailles. L'autre était un des premiers et des plus saints disciples du premier, le B. Mannès, dont la sainteté semble appartenir en propre à ce petit coin de terre. Il est certain que les saints laissent un parfum sur la terre qu'ils ont habitée, mais plus exquis à l'endroit où ils ont humblement grandi.

A la cérémonie du soir, l'église était comble ; toute la population était accourue pour prier avec nous et aussi pour voir les religieux rangés en deux chœurs de chaque côté de la *Cuna* de leur saint compatriote.

Le lendemain nous récitâmes l'office au même endroit. Tous les prêtres eurent la joie de pouvoir dire la Messe sur l'autel même de la Naissance. Le P. Emmanuel célébra la grand'Messe, chantée au chœur par les religieuses. Le P. Vincent, de La Vid, prêcha, et après la Messe, le P. Dominicain monta à son tour en chaire pour nous exprimer sa joie de recevoir des religieux français, enfants de saint Augustin, *notre commun Père de règle*, dit-il, et de nous assurer qu'il n'oublierait jamais notre visite. Et nous non plus nous n'oublierons pas Caleruega, et le bon Père qui, après nous avoir si bien reçus, nous parlait avec tant d'émotion.

Après la Messe, les religieuses reçurent au parloir tous les pèlerins. Leur joie de nous voir était touchante et divertissante tout à la fois. Elles saluaient et parlaient toutes ensemble. Plusieurs qui savaient quelques mots de français, s'efforçaient de nous saluer dans notre langue. Le P. Emmanuel dut renoncer à tenir conversation. Les Pères de La Vid y suppléaient avec le P. Dominicain. Les bonnes Sœurs voulurent nous faire emporter à chacun un souvenir. On tire du puits de la *Cuna* une sorte de terre glaise avec laquelle elles font des rosaires et des médailles. La Supérieure nous donna quelques-uns de ces rosaires et fit distribuer à tous des médailles.

Avant de repartir pour La Vid, le curé nous conduisit visiter l'église paroissiale. C'est la même église encore debout où saint Dominique fut baptisé. Mais les fonts baptismaux ont été transportés à Madrid, dans la chapelle du palais, et servent au baptême des enfants des rois. Une chapelle, construite au bas de l'église, est le premier tombeau de la bienheureuse Jeanne. L'église est pauvre et petite ; mais on ne songe pas sans émotion que peut-être saint Dominique a gravi ces mêmes degrés en pierre grossière, où l'autel est posé, qu'il y a servi la Messe dans son enfance, et peut-être y a célébré sa première Messe.

C'est pleins de ces souvenirs que nous allâmes faire une dernière prière à l'église du couvent, et de là reprendre notre route par La Vid. Le P. Dominicain et le curé de Caleruega nous accompagnèrent jusqu'à une certaine distance, en nous donnant mille marques d'affection. C'était une vraie douleur pour tous de nous quitter.

A Peñaranda, qui est à une lieue de La Vid, le P. Recteur nous attendait avec une grande partie de ses religieux. Nous visitâmes en passant l'église des Franciscaines, qui sonnèrent leurs cloches et nous jouèrent sur l'orgue la *Marcha real*. Elles voulurent aussi nous recevoir au parloir.

Il y a dans cette ville un ancien couvent de Carmes, un peu plus ruiné que n'était le nôtre, mais dont l'église est bien conservée. C'est là, dans l'ancienne salle de la bibliothèque, que le P. Recteur avait fait apporter des provisions pour un goûter, le plus pittoresque que nous ayons jamais vu. Sur une table était un sac plein de viande, un autre rempli d'omelettes au poisson ; à côté, deux énormes paniers de fruits, une outre de vin posée sur le ventre et élargissant ses quatre pattes.

Sur une serviette par terre on découpait le pain ; le notaire et le médecin, avec d'autres notabilités de l'endroit, étaient venus nous saluer ; des pauvres avaient suivi et partageaient le repas, mêlés aux religieux. Les chiens mêmes venaient à la dérobée happer un morceau de pain. Le P. Recteur lui-même servait les pauvres et les religieux. Je n'ai jamais vu un spectacle de charité chrétienne si naïve et si cordiale. Cela manquait peut-être un peu d'atticisme, mais la charité n'est pas académicienne. Celle-ci avait bien le cœur augustinien, si elle n'avait pas le port français. Il me semble que quand saint Thomas de Villeneuve distribuait lui-même les aumônes à la porte de son palais, les choses devaient se passer à peu près ainsi.

Après cette agape, tout le monde se remit en route pour La Vid. Quelques religieux nous avaient devancés. A l'approche du couvent, le P. Recteur tira quelques fusées pour donner le signal, car il faisait déjà nuit. Aussitôt les cloches du couvent se mirent à carillonner. Arrivés sur la route, on nous fit ranger en ordre de procession, et bientôt nous vîmes apparaître un groupe de religieux qui portaient des flambeaux et chantaient les litanies des Saints.

Au milieu du groupe s'élevait majestueusement, tout illuminée par les flambeaux, la grande statue de saint Augustin, revêtue d'habits précieux qui scintillaient à travers la nuit. C'est le bienheureux Père lui-même qui venait au-devant de ses enfants. On avait les yeux pleins de larmes. Pour moi, j'avoue que rien ne m'a plus touché que cette surprise si religieuse et si délicatement ménagée. Les Pères jouissaient de notre joie, et nous de la leur. Que la charité est belle! Que diraient, s'ils pouvaient voir un tel spectacle, ceux qui croient que l'âme de l'Église n'a plus de sève, et que la vie religieuse est morte dans le monde?

Nous devions partir le lendemain jeudi pour Osma, mais une pluie battante, qui dura toute la journée, nous força de la passer à La Vid. Le bon P. Pinto disait que Dieu nous retenait comme il avait autrefois retenu saint Benoît chez sainte Scolastique.

Nous ne perdîmes rien dans ce contre-temps, car, outre que nous prîmes un peu plus de repos, nous eûmes la joie d'assister à la profession des vœux solennels de six religieux.

La cérémonie se fait dans le chœur des religieux. Les nouveaux profès se présentent vêtus de l'habit blanc en toile que portent les Pères aux Philippines. On les revêt par-dessus de l'habit noir à larges manches. Un détail particulier. Comme les vœux solennels sont reconnus en Espagne par la loi, et garantis par elle, un notaire public assiste comme témoin à la cérémonie, et c'est lui qui tient les livres sur les genoux du P. Recteur, tandis que les religieux prononcent l'acte de profession. A la formule ordinaire, qui est en espagnol, ils ajoutent le serment de se consacrer aux missions des Philippines dès qu'ils en seront requis par les supérieurs.

Le vendredi 15, un beau soleil se leva, et, après la Messe, nous nous remîmes en route bien joyeux, et avant le soir nous étions à Osma, sans trop de fatigue.

Chapitre Huitième.

EXCURSION A SILOS. — LES BÉNÉDICTINS FRANÇAIS.

IGUREZ-VOUS un vaste cirque formé par un cercle de montagnes déboisées et pierreuses, assez semblables au mont de la Quarantaine en Palestine, et dans cette solitude, au pied de ces gigantesques amas de roches grisâtres, un vallon resserré où se dresse, avec sa belle église, un vaste et antique monastère : son architecture, à la fois simple, régulière, imposante, vous fait goûter la surprise que vous causerait la vue d'un véritable monument vous apparaissant tout à coup au milieu d'un désert.

C'est là, à Silos, que nous arrivions avec tout le noviciat d'Osma, au commencement du mois d'août, après avoir parcouru à pied, par une température de feu, une bonne partie (65 kilomètres) de ce qu'on appelle en Espagne *le désert de la Vieille Castille*, quelque chose qui se rapproche des plaines désolées de notre Camargue en Provence.

La nuit commençait. Les Révérends Pères vinrent au-devant de nous en procession, et tous ensemble, à la lueur des cierges, au chant du *Te Deum*, entourés de la foule empressée des habitants, nous nous acheminâmes vers l'église. Nous étions plus de 50 religieux français unissant nos voix et nos cœurs, dans la joie de nous rencontrer sur la terre d'exil, au pied du tombeau d'un grand saint et dans la plus parfaite communauté de souvenirs et d'espérances.

La réception se fit à l'église, selon le rit liturgique ; le curé nous adressa quelques paroles de bienvenue, et, après la bénédiction du Très-Saint Sacrement, les Pères nous offrirent la plus large hospitalité avec une charité toute bénédictine.

Nous pûmes bientôt nous rendre compte de l'importance des différentes œuvres accomplies par les religieux depuis leur arrivée en ce pays.

La première, celle qui nous frappe d'abord, c'est la restauration matérielle d'un des monuments religieux les plus remarquables entre tous ceux que nous ont légués les âges de foi. L'abbaye de *Santo Domingo* de Silos était classée parmi les trois ou quatre principaux monastères de la grande famille de saint Benoît en Espagne. Son cloître à double étage, un des plus beaux et des mieux conservés qu'il y ait au monde, ses constructions considérables, et dont l'appareil principal a défié le temps, ses escaliers princiers, ses vastes salles et ses cellules aux proportions presque excessives, tout respire l'esprit austère, simple et magnifique qui présida à l'exécution de ce grand et bel ouvrage.

Mais, hélas ! que de ruines à relever à l'intérieur ! quel travail gigantesque se présentait dans l'ensemble et dans le détail aux restaurateurs de ce vaste édifice ! Le R. P. dom Guépin se mit à l'œuvre. Les travaux furent conduits avec intelligence, zèle, économie, persévérance. En moins de trois ans, l'antique monastère reprenait, au grand étonnement des gens du pays, sa splendeur d'autrefois. Un ingénieur français, devenu fils de Saint-Benoît, sut tirer parti de tout, et les ouvriers de la contrée, ébahis de leur propre ouvrage, apprirent des moines, comme nos artisans jadis, à se perfectionner dans leur métier.

La restauration emprunta à la sagacité active et industrieuse du génie monastique et du bon goût français un fini que, dans un langage pittoresque, un vieux Castillan, serviteur du monastère sous les anciens et sous les nouveaux moines, nous exprimait en disant :

— *Antes no habia tanta grandeza de cristales !* (Autrefois il n'y avait pas une telle magnificence de vitres !)

Une autre œuvre, plus importante encore, s'est accomplie à Silos : c'est la restauration des souvenirs religieux et des traditions historiques.

Saint Dominique de Silos est un saint dont toute l'Espagne est justement fière. Mais c'est un saint à qui la France, qui ne s'en doute guère, doit beaucoup aussi. C'est sur sa tombe que la bienheureuse Jeanne de Aza obtint de concevoir l'apôtre que la France salue comme un sauveur, saint Dominique de Guzman, le vainqueur des Manichéens du XIIe siècle, le patriarche des Frères Prêcheurs, et l'ange chargé par Marie d'annoncer le Rosaire à la terre. Son nom lui fut donné en mémoire du saint abbé bénédictin. Le petit Dominique de Guzman naquit à quelques lieues de Silos ; élève des moines, il étudia, pria, joua autour du tombeau sur lequel se décida sa naissance ; il fut souvent l'hôte de l'antique abbaye, tout embaumée encore de son souvenir, en attendant que plus tard, devenu chanoine de Saint-Augustin, il vînt à Osma se préparer, par une prière presque incessante de neuf ans, à ses hautes destinées.

Tous ces souvenirs sont remis en honneur : le corps de saint Dominique de Silos, son calice, la chambre où il mourut, appelée *la chambre du saint,* les chaînes des captifs délivrés miraculeusement par sa protection, le lieu où Jeanne obtint son enfant, le cloître et ses inscriptions, l'église et ses autels, le trésor et son riche reliquaire, tout cela est l'objet d'un culte attentif et d'un soin jaloux.

C'est encore l'histoire que le R. P. dom Guépin s'applique à rétablir avec goût et intelligence, en relevant des traditions et des monuments précieux. Secondé par un paléographe capable et actif, dom Ferrotin, il prépare, à l'aide de recherches et d'acquisitions remarquables, un cartulaire qui nous restituera une des plus belles pages de l'histoire de l'Église et des Ordres religieux, et qui montrera, avec des documents inédits et importants, à quels travaux utiles et honorables pour la France et pour la science chrétienne les moines exilés savent s'adonner, en dépit de toutes les difficultés de la persécution.

Mais à côté de cette restauration, que j'appellerai intime et domestique, selon le grand sens de ce mot, et par laquelle la famille bénédictine fait revivre ses illustres ancêtres, relève leurs tombeaux et leurs demeures, ressuscite son passé et sa gloire, qui sont après tout une grande portion du passé et de la gloire du peuple chrétien, il y a une œuvre sociale et plus générale qui nous a frappés.

L'influence morale exercée par le spectacle de ces résurrections, la vie monastique réhabilitée et prêchée, non plus avec des éloges ou des plaintes stériles sur les siècles passés, mais renaissant d'une manière réelle et effective au milieu de populations qui la croyaient à tout jamais éteinte : c'est une œuvre dont on ne peut encore mesurer toute la portée au sein des événements qui s'accomplissent étrangement çà et là parmi les nations catholiques, où les institutions de l'Église et les sociétés secrètes se disputent si rudement un avenir prochain.

Le P. Emmanuel nous fait remarquer qu'il y a là une preuve nouvelle de la vitalité toujours croissante de l'Église, et un fait intéressant à toucher du doigt, à savoir la réversibilité merveilleuse de gloire légitime, de grâces, de mérites, de bénédictions. C'est ainsi, par exemple, que saint Pierre d'Osma est venu de France pour relever la chrétienté d'Osma ruinée par les Maures, et Osma à son tour a envoyé à la France saint Dominique armé du Rosaire pour vaincre les Albigeois.

Si les Bénédictins de France, fils fervents de Solesmes et de Ligugé, restaurent la vie monastique en Espagne et, de concert avec tous les religieux expulsés, exercent déjà, comme nous l'avons constaté en divers endroits, sur le clergé et les fidèles de ce pays, une influence profonde et salutaire, pouvons-nous croire qu'il n'en rejaillira pas tôt ou tard des grâces de vie et de résurrection sur l'Église de France?

D'ailleurs, et j'arrive ici à une autre œuvre des Bénédictins à Silos, les RR. PP. se préparent dans la solitude par des travaux utiles à continuer, dès que se lèveront des temps meilleurs, la grande mission de restauration chrétienne que dom Guéranger leur a léguée. L'histoire, l'hagiographie, la liturgie, l'art chrétien remplissent les heures laissées libres par la louange de Dieu et la prière.

Une bibliothèque déjà riche en livres et en manuscrits, un *archivium* précieux, des ateliers simples mais actifs, nous montrent ici dom Plaine, type du savant aimable, restaurant la mémoire des saints de l'Armorique ; là, le Prieur lui-même, le sympathique dom Guépin, préparant une nouvelle édition et un nouveau succès à sa belle vie de saint Josaphat ; plus loin le vénérable Père Jean, un des quatre survivants de la fondation de Solesmes, donnant à ses statues de la Vierge un fini et une expression qui semblent redire toutes les victoires et toutes les peines du siècle présent et toutes les espérances de l'avenir.

Qu'il est doux de retrouver en exil cette atmosphère de travail, cette soif de la restauration du règne de JÉSUS-CHRIST, cette pure école de la vraie liturgie et de la prière des âges de foi, avec le chant grégorien tel que dom Pothier nous l'a rendu !

Comment les plus jeunes fils du T. R. P. d'Alzon ne se seraient-ils pas réjouis de se retrouver avec les plus jeunes fils de dom Guéranger, dans cette communauté d'idées et de but qui, sur tant de points, caractérisa leur origine et réunit leurs fondateurs, tous deux tendrement aimés de Pie IX, dans un même sentiment de dévouement absolu à l'Église romaine ?

Rien ne manque à l'antique monastère de Silos pour y reproduire la vie des siècles bénis dans lesquels les Bénédictins élevaient, dès l'enfance, des *Dominique de Guzman* et des *Thomas d'Aquin*, pour l'illumination et le relèvement des sociétés chrétiennes. L'abbaye a son école monastique avec ses petits écolâtres, l'espoir du noviciat et du monastère, l'avenir de l'œuvre et la garantie de ses résultats. C'est la tradition bénédictine reprise dans toute son ampleur bienfaisante et féconde.

Le moment de nous arracher aux joies saintes et à la cordialité d'une si bonne hospitalité était venu. Nous devions retourner à Osma, en complétant notre pèlerinage par celui de Caleruega, berceau de saint Dominique de Guzman. Quelle ne fut pas notre joie de voir venir au-devant de nous un Père dominicain français, le R. P. Innocent, expulsé lui aussi, et d'apprendre que dom Guépin, dom Édouard et les novices de Silos voulaient bien nous accompagner !

Nous allâmes donc à travers monts et vallées, croix en tête, chantant les Litanies, récitant l'Office et le Rosaire, enfants de

SAINT DOMINIQUE COMBAT L'HÉRÉSIE DES ALBIGEOIS.
(Peinture de Fra Angelico, XVe siècle.)

saint Benoît, de saint Dominique et de saint Augustin, prier au berceau du grand apôtre.

Je ne reviens pas ici sur la description du village de Caleruega, ayant déjà raconté en détail le pèlerinage accompli auparavant au lieu de naissance du patriarche des Dominicains. Je clos ce chapitre en reconnaissant une fois de plus que Dieu sait ménager des joies et des consolations sur la terre d'exil à ceux qui l'aiment, et qui veulent le servir en dépit des persécutions et des difficultés qui les entourent. Les quelques jours

SAINT THOMAS D'AQUIN.
(D'après une ancienne gravure.)

passés à Silos en étaient pour nous une vivante démonstration.

Chapitre Neuvième.

AUTOUR D'OSMA. — GORMAZ, BERLANGA,
ALMAZAN, ESPEJA, LES SOURCES DE L'UCERO.

L serait trop long de conduire le lecteur sur toutes les routes et à travers toutes les montagnes de la contrée dont Osma est le centre. Et pourtant que d'excursions intéressantes ! que de souvenirs historiques, que de sites charmants !

Obligé de me restreindre, je choisirai, parmi les buts de promenade aux environs d'Osma, quelques points spécialement attrayants, tels que les endroits où les Maures ont passé et combattu, et ceux que des saints ont sanctifiés par leur vie, leurs vertus et leurs miracles.

En descendant le cours de l'Ucero, saluons d'abord le corps de sainte Christine, vierge et martyre, conservé dans la vieille église du vieil Osma. La châsse précieuse qui renfermait cette relique sacrée a été volée par les soldats de *Napoléon*, par des Français, il faut bien le reconnaître à la honte de notre pays : le saint corps est resté intact, c'est le principal.

Traversons ensuite l'étroite gorge dans laquelle coule le *rio* Ucero. On dirait que la montagne a été coupée profondément pour laisser passer ce ruisseau, tant les rochers y sont à pic et escarpés. A droite, se dressait l'ancienne ville; il ne reste qu'une tour et quelques pans de murailles avec les débris d'une citerne romaine.

Voici, un peu plus avant, *la Table du Maure, la Mesa del Moro;* c'est un bloc de rocher qui s'avance au-dessus de la route, taillé en forme de table ; on dit qu'Almanzor se donnait l'atroce plaisir, après avoir dîné, d'y faire conduire les chrétiens pour les précipiter de là au bas de la montagne. A certains jours, l'Ucero roula des cadavres et des flots de sang.

A l'issue de cet étroit défilé, le terrain s'élargit en forme de plaine assez peu accidentée, et le regard peut s'étendre sur une partie de la vallée du Duero. Au fond de l'horizon, les montagnes d'Ayllon et la *sierra* de Cabras dressent leurs hauts sommets noirs qui se détachent sur le bleu du ciel. Çà et là une vieille tour, ou *atalaya*, qui a dû servir de poste pour les télégraphes aériens.

Nous marchons dans le sable et nous côtoyons de riches vignobles, auxquels succèdent bientôt de vastes champs incultes. Si ce pays était plus peuplé, ou s'il y avait plus de moyens de transport, quelle fertilité l'on verrait dans la plaine et dans la montagne !

Nous entrons maintenant dans une forêt de pins et de genévriers, et quelqu'un veut bien dire que c'est ici que s'est passée l'histoire suivante :

Charles d'Espagne, un an à peu près avant de devenir l'empereur Charles-Quint, chassait dans une forêt de la Vieille Castille.

Un violent orage, qui éclata subitement, le sépara de sa suite, chacun cherchant un abri. Il aperçut une caverne formée par la saillie d'un énorme rocher ; il mit pied à terre et s'y jeta. Mais bientôt, à la lueur d'un éclair, il aperçoit, tout près de lui, quatre hommes de mauvaise mine, tous bien armés, et qui semblent plongés dans un profond sommeil. Il les considérait, lorsqu'un effroyable coup de tonnerre les éveilla subitement. C'étaient quatre bandits, qui avaient là leur refuge. Dès qu'ils

CHARLES-QUINT.
(D'après une gravure de la *Vie des Hommes illustres*, de Thevet.)

aperçurent Charles, dont ils étaient loin de soupçonner l'importance, l'un des dormeurs s'éveillant lui dit :

— Vous ne vous douteriez jamais, seigneur cavalier, du rêve étonnant que je viens de faire. Il me semblait que votre manteau de velours passait sur mes épaules.

En disant ces mots, le voleur détacha le manteau du jeune roi, qui laissait faire, et il s'en empara.

— Et moi, seigneur cavalier, dit le second dormeur en prenant le même ton *gracioso*, j'ai rêvé que j'échangeais ma résille contre votre brillante toque à plumes et à boutons d'or.

L'action accompagnait les paroles.

— Moi, poursuivit le troisième bandit en prenant la bride de l'élégant coursier du prince, resté à l'entrée, j'ai rêvé que je trouvais sous ma main un cheval magnifique.

— Par saint Jacques, ajouta le dernier, vous êtes des braves, car vous me laissez cette chaîne d'or et ce riche sifflet d'argent.

Il allongeait la main pour saisir ces objets, qui étaient au cou du prince.

— C'est au mieux, mes amis, dit Charles ; mais avant de vous livrer ce bijou, je dois vous en montrer l'usage.

Et aussitôt, prenant le sifflet, il en tira trois fois un son aigu et prolongé. L'orage se calmait. A cet appel connu, plusieurs seigneurs, accourant de tous côtés, arrivèrent à la caverne ; serviteurs, piqueurs, valets, gardes, en un moment, cent personnes entourent le monarque. Il se tourna alors vers les quatre bandits, qui étaient stupéfaits :

— Mes camarades, leur dit-il, je faisais aussi un rêve, où je voyais qu'avant une heure vous alliez être tous pendus.

Pendant qu'on les accrochait aux arbres voisins, le dernier dit tristement :

— Tous les rêves ne s'accomplissent pas, mais il y en a qui s'accomplissent.

Assis à l'ombre d'un bouquet de pins, au pied desquels jaillit une source limpide, nous nous contons cette histoire et d'autres encore, tout en nous désaltérant et en prenant un peu de repos ; puis nous traversons la forêt et nous arrivons bientôt en présence du château de Gormaz : c'est la seconde place forte élevée par les Arabes en Castille.

Des trois enceintes de pierre qui défendaient l'entrée du château, une seule est debout, la supérieure ; quelques tours, des restes d'escaliers, voilà ce qui subsiste de la partie réservée à l'habitation ; des ouvertures dans le sol laissent voir également de profonds souterrains. Mais, sur une longueur de près d'un kilomètre, l'intérieur de cette antique forteresse est couvert d'un fin gazon qui sert de pâturage aux troupeaux qu'on y amène.

A remarquer, vers le sud, une porte mauresque et une inscription latine. Le château-fort de Gormaz occupe toute la cime d'une montagne baignée par le Duero ; à sa base est bâti le village de Gormaz, qui fut si riche et si célèbre du temps du Cid.

Remontons le cours du fleuve, et nous ne tarderons pas à arriver à la pittoresque ville de Berlanga, d'origine romaine, prise et reprise par les Maures et par les Chrétiens, pleine de souvenirs historiques, mais n'ayant à montrer que des monuments en ruines.

Il y eut, à une certaine époque, jusqu'à dix paroisses à Berlanga ; aujourd'hui il n'y en a plus qu'une, Sainte-Marie *del Mercado*, que le Pape Léon X érigea en Collégiale. Cette église est si belle, que l'architecte Sabatini émerveillé s'écria en la voyant :

— Où a-t-on pu rencontrer le modèle d'un si bel édifice ?

A lui seul, ce monument honorerait la capitale d'un royaume.

Je ne m'arrêterai pas à décrire les trois nefs, le chœur, les chapelles latérales de la Collégiale de Berlanga ; je me contente de signaler au maître-autel un *Portement de Croix* attribué au pinceau du Titien. L'édifice fut consacré en 1530 et coûta trente mille ducats.

A visiter encore, à Berlanga, le palais des marquis de Berlanga, dans lequel ont habité saint François de Borgia, Isabelle de Valois, femme de Philippe II, et enfin le prince Philippe V.

A trois lieues et demie de Berlanga, on rencontre une autre ville, appelée à de plus grands développements, à cause de sa situation près d'un fleuve et près d'une ligne de chemin de fer, je veux parler d'Almazan. Ce n'est pas qu'il y ait beaucoup de curiosités à voir à Almazan ; une église dédiée à saint Michel, très originale, le palais des comtes d'Altamira, un beau pont en pierre sur le Duero, une vaste grand'place, des portes monumentales, et c'est tout. La ville est coquette, bien propre et bien entretenue.

La diligence nous ramènera d'Almazan à Osma, en suivant une route agréable qui traverse les villages de Barca, Rebollo, Hortezuela, etc.

De l'autre côté d'Osma, en remontant vers le nord, nous arriverons aux sources de l'Ucero au sein de montagnes sauvages, abruptes, incultes. Les Templiers y avaient autrefois un couvent, et l'on vient de découvrir les restes d'une magnifique et vaste mosaïque qui ornait leur église. Les amateurs de pêche vont souvent passer la journée aux sources de l'Ucero, où l'on prend à foison des truites saumonées superbes et délicieuses. Les touristes visitent les grottes sans fond que la nature a creusées dans le flanc de la montagne.

LÉON X.
(D'après Raphaël.)

En tournant à l'ouest, nous arrivons à un autre couvent ruiné, celui des Hyéronymites d'Espeja, aux proportions grandioses et qui conserve encore, dans ses débris majestueux, des vestiges éclatants de sa première splendeur. L'église du monastère est debout tout entière, quoique ne servant plus au culte, et renferme de magnifiques tombeaux sculptés dans le marbre, entre autres ceux de la famille d'Avellaneda.

Le marbre n'est pas rare à Espeja ; on en trouve de riches carrières, exploitées jadis pour les constructions ou le décor de

LA DILIGENCE NOUS RAMÈNE D'ALMAZAN.

la cathédrale d'Osma et d'autres édifices. Encore ici quel dommage, devons-nous dire, que l'absence de tout moyen de communication empêche l'exploitation sur une grande échelle de ces riches carrières !

Revenant au sud vers la route de Valladolid, nous traversons la ville de Langa, qui a un souterrain capable de renfermer toute une garnison, et nous arrivons à Saint-Étienne, *San*

Esteban de Gormaz, une des plus anciennes villes de la Péninsule, la première des forteresses que les Arabes avaient construites et dont l'ensemble formait ce qu'ils appelaient la *Porte de Castille.*

Un pont en pierre, de dix-huit arches, a été jeté par les Romains sur le Duero à *San Esteban de Gormaz*, et deux châteaux-forts dressent leurs ruines audacieuses sur la montagne à laquelle est adossée la ville.

Des cinq monastères qu'il y avait au moyen-âge, aucun ne subsiste aujourd'hui, du moins comme tel. Seul, celui de Saint-François a conservé son église, devenue paroisse, et une partie du couvent a été convertie en maison particulière.

Une foule d'inscriptions anciennes, de blasons, etc., ornent les murailles et l'intérieur des habitations. Dans l'église ou ermitage de Sainte-Eulalie, on admire cinq beaux sarcophages avec des sculptures du plus rare mérite. Enfin l'église de *Nuestra Señora del Ribero* possède des spécimens d'architecture romane que les connaisseurs savent apprécier à leur juste valeur.

Chapitre Dixième.

EN ROUTE POUR SAINT-JACQUES-DE-COMPOSTELLE.

'AI eu l'insigne bonheur de faire partie de cette fameuse caravane de religieux français allant à pied à Santiago de Galice, après avoir traversé quelque chose comme 1500 kilomètres en dépit des chaleurs de juin, de juillet et d'août.

« Voilà un pèlerinage qui restera fameux dans les Annales assomptionnistes, » disait le vieux Père Laurent. Et, en effet, c'est une nouveauté au XIXe siècle, qu'un long et pénible voyage accompli dans ces conditions, sans le sou, à travers un pays inconnu et souvent pauvre, malgré des marches forcées, malgré les objections et les critiques de la prudence humaine et de la sagesse naturelle.

Préparé par des neuvaines innombrables et en dernier lieu par une neuvaine de messes et de communions au sanctuaire de Notre-Dame des Vallées, à trois quarts d'heure d'Osma, ce pèlerinage fut encore béni de N. T. S. Père le Pape Léon XIII, encouragé par Nos Seigneurs les Archevêques et Évêques d'Espagne, soutenu par une foule de prêtres et de fidèles qui ont prié pour son succès.

Depuis longtemps, les novices demandaient à cor et à cri qu'on leur permît d'aller à Saint-Jacques de Compostelle. On avait employé tous les moyens ; enfin on voulut faire violence au T. R. P. Picard, et, un soir qu'il était avec nous, il ne put refuser son consentement au charmant petit Frère Bernard (1), qui, se faisant notre interprète à tous, vint chanter à brûle-pourpoint, sur l'air du carillon d'Arras :

Partons, que rien ne nous arrête,
Ni vent, ni grêle, ni tempête :
Saint Jacques nous attend.

J'ai rêvé que saint Jacques
A Compostelle mécontent
Nous attend tous depuis longtemps :
Partons tambour battant !

De Nazareth Marie
Vint consoler Jacques pleurant,
Et le rendre Jacques espérant,
Plus tard Jacques-le-Grand.

Imitons notre Mère,
Nous qui nous disons ses enfants,
Et courons tous, l'air triomphant,
A Saint-Jacques-le-Grand.

Autrefois de la France
Ils s'exilaient, nos bons aïeux,
Pour courir tous, jeunes et vieux,
A Saint-Jacques joyeux.

Nous sommes en Espagne :
Attendrons-nous donc pour partir
Que d'Espagne on nous fasse sortir ?
Alors quel repentir !

Quel bonheur, lorsqu'en route,
Tels que les anciens pèlerins,
Nous chanterons, soirs et matins,
Les offices divins !

Debout sur la montagne,
Nous verrons lever le soleil
Et la nature à son réveil :
Quel spectacle pareil ?

Mais lorsque Compostelle
Se dressera devant nous tous,
Alors tombant tous à genoux :
« Saint Jacques, priez pour nous !

» Et priez que la France
Qui vous envoyait autrefois
Tant de pèlerins pleins de foi
Revienne à DIEU, son Roi ! »

Pauvre cher petit Bernard ! il n'a pas vu sur la terre se réaliser son rêve ; il est mort à Rome, d'une mort douce et suave comme sa vie, et, bien sûr, il a été pour nous un protecteur et un ange gardien pendant notre voyage. Que de fois nous avons pensé à lui ! que de fois nous avons chanté, tout en marchant, les couplets qu'il avait composés et chantés le premier !

---

1. Le jeune Frère Bernard est mort à Rome quelques mois avant le départ du noviciat pour Santiago.

Voici dans quel esprit le Père Picard avait voulu que nous accomplissions ce pèlerinage :

« Vivre au jour le jour du pain de la charité, n'avoir jamais un centime sur soi, ne pas empiéter sur le lendemain, être en un mot de vrais pauvres de Notre-Seigneur JÉSUS-CHRIST, qui n'ont *neque peram, neque calceamenta, neque duas tunicas*, tel doit être le rêve des vrais fils de l'Assomption qui entreprennent un pèlerinage de pénitence à Saint-Jacques. Alors leur prière sera plus fervente, leur exemple plus efficace, et lorsqu'ils prêcheront la foi, le sacrifice et le dépouillement, la vraie pauvreté, ils mériteront d'être écoutés.

» Si les novices ne se sentent pas de taille à entreprendre cette folie, qu'ils y renoncent. S'il faut, comme Gédéon, choisir les vaillants, qu'on les choisisse. Mais, avant tout, qu'on fasse une œuvre de pénitence et de foi. Quel mérite y aurait-il à quêter de l'argent ? C'est le pain quotidien qu'il faut demander, et rien que cela. Encore faut-il le gagner, en traversant les villages qui offrent l'hospitalité, par la récitation de l'office public, par la prédication de la parole du Bon DIEU, par le chant de la messe, par le sacrifice dont vous donnerez l'exemple. »

Sous cette impulsion énergique et cette direction sainte, nous préparâmes nos bâtons et nos gourdes, et, le lundi 4 juin 1883, à quatre heures du soir, nous étions tous réunis à la chapelle pour les prières de l'itinéraire et la cérémonie des adieux.

Voici en quels termes un des Pères restés à Osma raconte notre départ :

Burgo de Osma, 5 juin 1883.

La cérémonie de la *Despedida* s'est faite hier, lundi, à quatre heures du soir. Depuis quelques jours, les préparatifs nécessaires au départ préoccupaient le Burgo. Dimanche, on mit aux Annonces quelques mots pour convoquer les fidèles et indiquer le caractère du pèlerinage, à pied, en priant, en mendiant.

Ce fut un émoi sans pareil. Hier matin, les aumônes arrivaient : un jambon splendide et plusieurs brasses de saucisse, sans compter d'autres menues provisions.

A trois heures un quart, le P. Emmanuel réunit une dernière fois la Communauté à la Salle du Chapitre, pour lire les divers avis sur l'esprit et le mode du pèlerinage, dont on a fait un recueil qu'on emporte pour le relire de temps en temps en route.

Les sacs, en forme de sacs militaires, revêtus de toile cirée, étaient prêts depuis le matin. On donna un dernier coup de main au bagage et à la toilette, le tout réduit à l'indispensable le plus strict, et, le bâton à la main, le sac au dos, on se rendit à l'église.

Les religieux se rangèrent autour de l'autel dans l'enceinte étroite du sanctuaire. Au-dessus des têtes dominait la belle croix du pèlerinage, peinte par le Frère Benoît en style moyen-âge, et qui porte tant de choses, qu'à elle seule elle est tout un livre choisi. Le bâton que chacun portait à la main, est aussi surmonté d'une petite croix plantée dans une boule.

Le P. Emmanuel bénit d'abord la croix du pèlerinage, puis les croix rouges que chacun devait fixer sur sa poitrine, et les distribua.

Il dit ensuite quelques mots dans l'espagnol le plus authentique possible, mais sentis et énergiques, où il expliqua que la Communauté partait à Saint-Jacques en priant et en faisant pénitence pour l'Église, pour la France, pour l'Espagne.

Il assura les fidèles d'Osma qu'ils auraient une large part dans les prières des pèlerins, et leur demanda de s'unir aux intentions par quelques prières quotidiennes que nous ferons au Rosaire.

Il y avait dans la foule plus d'émotion encore que de curiosité. Après les adieux, le P. Emmanuel alla lui-même revêtir son costume de pèlerin ; on chanta les prières de l'itinéraire, et les religieux se mirent en route, deux à deux, après avoir baisé la marche de l'autel.

Monseigneur l'évêque d'Osma nous attendait chez lui pour nous bénir. Nous y arrivâmes en récitant le Rosaire, la croix en tête. La foule tout entière nous suivait depuis le couvent, et resta à nous attendre dans la cour du palais ou dans la rue. Monseigneur se revêtit des ornements pontificaux et, en chape et en mitre, donna une bénédiction plus haute aux croix portées sur la poitrine de chacun. Il a été très bon, dans sa simplicité si digne et si noble. Une émotion profonde perçait malgré lui.

Chacun vint à son tour baiser son anneau et demander sa bénédiction, et la procession reprit son cours.

Avant de sortir d'Osma, tous les pèlerins allèrent faire une prière devant le tombeau de saint Pierre d'Osma, et l'on se mit définitivement en route, au chant du *Miserere*. Le peuple nous suivait encore, ou plutôt nous entourait de toutes parts, avec recueillement et presque en silence.

Le chant entonné sur un air triste, ou le chapelet qu'on reprit ensuite, les longs bâtons qui s'inclinaient ou se redressaient en cadence, ces deux files de religieux chargés de leurs sacs, la belle croix qui marchait tête haute en avant, tout formait un spectacle d'un caractère tout particulier, moins ample que les pèlerinages de Lourdes, de la Salette, moins pittoresque et moins éclatant que ceux de Jérusalem, mais net et décidé. Je ne crois pas avoir jamais rien vu de semblable. Ceux d'entre nous qui, comme moi, ne partaient que pour une heure, pouvaient moins que les autres se rendre compte du coup d'œil. Nous étions peut-être plus touchés que les partants, en appréciant de sang-froid les redoutables fatigues qu'ils allaient essuyer.

Les gens qui suivaient se pliaient à tous les mouvements des pèlerins. En face de l'église du vieil Osma, les religieux se mirent à genoux au milieu de la grande rue pour réciter le *Tantum ergo ;* tous les fidèles se mirent pieusement à genoux à côté d'eux.

Peu à peu leur nombre diminuait. On retourna surtout en grand nombre quand il fallut interrompre les prières pour ne pas fatiguer les Frères à l'excès.

A une lieue d'Osma à peu près, nous embrassâmes nos frères et nous demandâmes la bénédiction du P. Emmanuel.

Ils s'en allaient vingt-cinq, nous revenions tristement huit, semblables aux soldats de Gédéon qui n'avaient pas su boire sans plier le genou.

En ce moment, de gros nuages venaient d'apparaître à l'horizon, dissimulés auparavant par une montagne que nous venions de gravir. Tout semblait annoncer une grosse pluie.

Monseigneur avait voulu voir les pèlerins en route. Pendant que nous faisions les adieux, on apercevait sa voiture qui gravissait la côte. Il passa en silence, traversa les deux lignes qui s'avançaient, et donna une dernière bénédiction.

Peu après il revenait. Il tombait un peu de pluie et le temps menaçait de plus en plus. Il eut la bonté de m'inviter à monter dans sa voiture. Nous parlâmes du pèlerinage. Je lui racontai comment le bon Frère Bernard, qui vient de mourir à Rome, avait le plus contribué à le mettre en train, à quelles conditions il avait été permis. — C'est juste, dit-il, ce sont là les vrais pèlerinages. — Aussi, répondis-je, les Frères qui s'en vont plaisantent les pèlerins de Jérusalem en leur disant : « Vous allez en coche, en chemin de fer, en bateau, à cheval, vous n'êtes pas des pèlerins. » — *Pues claro*, (Bien sûr,) dit Monseigneur en riant. — C'est l'honneur de l'Espagne, repris-je alors, qu'on y puisse faire encore de telles choses.

Cette remarque parut lui faire grand plaisir. Il était heureux et touché. Son dernier adieu au P. Emmanuel à l'évêché a été très tendre. Sa figure a pris un air de compassion, quand je lui ai dit que chacun portait environ vingt livres sur les épaules.

Quand je suis descendu de voiture et que je rentrai seul au couvent, les rues étaient encore tout en émoi ; je n'ai jamais été tant regardé. — *Un fraile, nada màs!* (Un religieux, pas davantage !) criait un enfant.

Je rencontrai alors M. Marquez, qui revenait après nous avoir accompagnés assez loin. Il ne pouvait plus parler et me serrait convulsivement la main.

Chapitre Onzième.

LE PÈLERINAGE A SAINT-JACQUES DE COM-
POSTELLE. — D'OSMA A PALENCIA.

INGT-CINQ pèlerins allant à pied, sans le sou, pendant plus de deux mois et à l'époque des grandes chaleurs dans un pays étranger, inconnu pour eux, voilà certes de quoi frapper l'esprit d'un romancier et exciter l'attention d'un lecteur !

Ajoutez à cela que cette course, déjà si extraordinaire par elle-même, se fait à travers l'Espagne, le pays des aventures, au milieu de circonstances absolument imprévues, et vous serez bien aise, ami lecteur, d'avoir entre les mains ce récit nouveau, inédit, et, je vous le jure, parfaitement historique.

Voulez-vous avoir une idée générale de l'itinéraire suivi par notre pieuse caravane? Prenez une carte d'Espagne : de Soria ou d'Osma, tracez une ligne qui rencontre Palencia, Léon, Astorga, pour aboutir à Santiago ou Saint-Jacques de Compostelle ; puis descendez sur Orense, Zamora, Salamanque, Avila, Ségovie, et rejoignez le point de départ à Osma : vous aurez ainsi une sorte de triangle très allongé, qui vous représentera le chemin parcouru en deux mois à peu près, avec les étapes principales de cette magnifique et pittoresque excursion.

Et maintenant essayons de raconter la chose en détail.

Partis d'Osma à cinq heures, nous arrivâmes sur les neuf heures à *San Esteban de Gormaz*, où l'hospitalité nous fut donnée par les curés des deux paroisses. Les Messes du lendemain furent célébrées dans l'ermitage consacré à la Madone miraculeuse, dont la puissante protection accorda jadis aux héros chrétiens d'Espagne la glorieuse victoire de Calatañazor.

Notre pèlerinage se faisant en union avec l'Œuvre Générale de Notre-Dame du Salut à Paris, c'était une première indul-

OSMA. — MONASTÈRE DES PP. AUGUSTINS DE L'ASSOMPTION.

gence plénière que nous récoltions dans ce vénérable sanctuaire.

A sept heures, nous sommes en route, nous chantons l'Office divin, nous récitons le Rosaire, et comme nous n'avons rien pour dîner, nous quêtons du pain en passant dans un village, et nous goûtons la joie des pauvres de JÉSUS-CHRIST en nous asseyant dans la hutte d'un cantonnier pour prendre notre frugal repas.

Le soir à cinq heures, nous entrons au superbe couvent des Augustins de *la Vid*. Faut-il le dire? Ces bons moines espagnols ne comprennent pas notre folie : à leurs yeux, nous sommes des imprudents de premier ordre, nous allons sûrement à la mort, et l'un d'eux nous demande même avec une cruelle malice :

— Combien êtes-vous?

— Vingt-cinq, mon Père.

— Oh ! alors, c'est vingt-cinq cercueils qu'il faut préparer !

Mais ce ne sont pas les objections d'aucune sorte qui peuvent nous faire renoncer à notre voyage. Nous laissons les Augustins de la Vid navrés, peut-être scandalisés, et nous partons, après avoir fait toutefois le vœu à Notre-Dame de Consolation de dire trois messes ou d'offrir trois Communions en son honneur, si nous revenions tous sains et saufs de Santiago.

Vraie folie ! En ce siècle de progrès et de lumière, ose-t-on croire qu'il y ait des hommes sensés pour concevoir et accomplir des projets tels que le nôtre?

Nous partons donc, et une nouvelle épreuve vient nous assaillir en chemin : une pluie torrentielle nous mouille jusqu'au os :

— Chantons le *Magnificat* de Lourdes, nous dit le Père Emmanuel.

Le Magnificat retentit, sonore, majestueux, comme un défi, ou mieux comme une action de grâces qui monte au Ciel. Mais la pluie ne discontinue pas, et notre Magnificat est achevé.

— Chantons-en un second !

Et de plus belle nous chantons le même cantique, tandis que de plus belle aussi la pluie tombe sur nous. De vrai, on dirait que les cataractes du ciel sont ouvertes toutes grandes et qu'un nouveau déluge va submerger la terre. Notre second Magnificat est terminé, et nous en entonnons un troisième, pour bien prouver à Dieu que l'abondance des eaux n'a pas éteint en nous son divin amour : *Aquæ multæ non potuerunt extinguere caritatem.*

Cette fois, l'orage cesse; nous nous secouons sans ralentir le pas, et, sur les huit heures, nous faisons notre entrée à *Aranda de Duero.*

Assurément nous ne songeons pas à cette heure à parcourir inutilement les rues de la ville : nous sécher auprès d'un bon feu, nous restaurer et nous reposer jusqu'au lendemain est chose beaucoup plus pratique.

D'ailleurs Aranda de Duero, cette ancienne résidence royale, n'a vraiment rien de curieux ni de bien propre à nous montrer. Avec ses rues tortueuses et mal entretenues, ses maisons mal bâties, elle semble devenue le quartier général des mendiants du royaume. Et faut-il dépeindre en passant ces malheureux à longue barbe, aux cheveux demi-rasés, au manteau crasseux, qui vous tendent la main en disant : — *Por Dios, una limosna, señor, un cuarto !* (Au nom de Dieu, une aumône, monsieur, un sou !)

Pourtant Aranda, située sur le croisement de plusieurs grandes routes, expédie du côté de Madrid, de Valladolid, de Burgos, de Soria, une assez grande quantité de vins, et il n'est pas rare d'y rencontrer des commerçants français qui sont venus y faire des achats parfois très considérables.

A partir d'Aranda, nous allons à travers la campagne, en suivant des sentiers à peine tracés, et le premier village que nous rencontrons c'est *Aguilera*, où se trouve un couvent de Franciscains, illustré autrefois par saint Pierre Regalado, et aujourd'hui tout à fait abandonné (1). L'église possède une très riche collection de reliques que nous avons le bonheur de vénérer à notre aise.

J'ai relevé sur un tableau qui représente trois têtes de princes l'inscription suivante :

> « *Post hominem vermis.*
> *Post vermem fœtor et horror.*
> *Sic in non hominem*
> *Vertitur omnis homo.*
> *Mors ipsa, dum venerit,*
> *Vincitur, si prius meditetur.* »

« Après l'homme, les vers. Après les vers, la corruption et l'horreur. C'est ainsi que tout homme se change en non-homme. Mais on peut triompher de la mort même, quand elle viendra, si on la médite auparavant. »

Vers le soir, nous arrivons en vue du village de *Gumiel del Mercado*. Et ici quelle surprise ! Des troupes d'enfants suivis de femmes, puis des hommes, enfin toute la population, viennent à notre rencontre, font la haie sur notre passage, nous escortent en triomphe et font retentir sans discontinuer les cris de : *Vive le Père Emmanuel et toute sa compagnie ! Vive la religion ! Vivent les religieux !* etc.

Nous sommes confus d'une telle réception, et pourtant ce n'est qu'un commencement. Lorsqu'après le souper nous nous dirigeons vers l'église principale pour y chanter un *salut*, toute

---

1. Il y a quelques années, des Pères Passionnistes italiens sont venus occuper ce monastère et l'ont restauré.

la foule nous accompagne, et à travers les rues des milliers de voix entonnent l'*Ave Maria* de Lourdes. La nuit était venue, et les *faroles* ou flambeaux que portaient la plupart des habitants nous faisaient penser à la procession à travers les lacets de la grotte Massabielle.

A une telle réception devait correspondre une scène touchante d'adieux le lendemain matin. La population tout entière pleurait à notre départ, et dans les termes les plus touchants nous faisait des souhaits de bon voyage au milieu de *vivats* bien nourris et enthousiastes.

Nous traversons le petit village d'*Ormelillo* et nous logeons le soir à *Tortolès*, diocèse de Burgos. Le clergé de l'endroit, précédé de la croix, de drapeaux, etc., était venu nous recevoir en procession solennelle et nous conduire dans le couvent des Bénédictines, où nous trouvâmes une hospitalité parfaite.

L'*Ayuntamiento* (Conseil municipal) avait eu de son côté des attentions délicates pour nous. Elle avait d'abord fait ouvrir à notre occasion le tombeau d'un ancien amiral, Pedro Gonzalez, mort depuis sept siècles, et dont le corps, quoique desséché, nous parut bien conservé dans son urne de pierre. De plus, elle nous avait voté, en séance extraordinaire, un déjeuner, que nous allâmes prendre à la mairie, en compagnie des autorités du village et des nombreux mendiants de l'endroit ou des environs.

Après avoir visité toutes les églises, nous partîmes, bien reposés et vaillants, dans la direction de *Palencia*, dont nous ne sommes plus séparés que par deux journées de marche.

Nous passons à *Cevico-Navero*, où nous sommes reçus encore en grande pompe par le curé, qui avait fait faire des neuvaines à ses paroissiens pour l'heureux succès de notre voyage, et qui, en nous quittant le lendemain matin, baisait nos ceintures en pleurant.

Puis nous traversons un petit village dont le curé, vénérable vieillard, nous demande, comme une grâce, d'entrer dans son église pour y faire une prière.

Nous logeons à *Cevico de la Torre*, et, le 11 juin, nous arrivons en vue de Palencia.

Chapitre Douzième.

PALENCIA. — LÉON. — ASTORGA.

Partout ce sont « des enthousiasmes, des prières, des larmes, des actes de foi, que la seule présence ou arrivée du pèlerinage provoque.

» On n'a pas le temps de suffire aux *fonctions*, aux prédications, à la marche, à l'organisation et au repos indispensable. Le bien se fait surtout par les grandes manifestations que le passage des pèlerins provoque. Quelle foi, quelle charité, quelle vie chrétienne dans ces bonnes populations de la Vieille Castille !

» Ici, à Palencia, la ville tout entière avec le clergé, les autorités, les *guardias civiles*, sont venus nous recevoir en dehors des portes. L'évêque nous attendait dans une église principale. La foule ne nous laisse pas marcher : on se précipite sur la *correa* (ceinture de cuir) et sur l'habit pour les baiser. On n'avait pas vu de moines par ici depuis tant d'années !

» L'évêque est venu nous voir deux fois au séminaire, où nous avons notre logement. Il a été d'une bonté, d'une joie sans égale, ainsi que tous ses prêtres.

» Que de détails touchants, consolants, édifiants, que je ne puis vous donner !

» Les bénédictions sont grandes ; qu'on prie bien pour les pèlerins, qui ne font guère que prier en marchant et marcher en

priant pour se reposer en dehors de leurs lits, en processionnant
et en faisant des cérémonies religieuses. »

Ainsi s'exprime le P. Emmanuel dans une lettre datée du
11 juin, et qu'a reproduite *Le Pèlerin.* Je me garderai bien d'y
rien changer ; je n'ai au contraire qu'à ajouter au récit un peu
bref du Père, certains menus détails qui montreront jusqu'où
allait l'enthousiasme excité par notre passage.

Chez les *Augustines récollettes,* où nous allâmes presque en
arrivant, nous fûmes reçus au chant harmonieux d'une cantate
composée pour la circonstance et dont je citerai le refrain :

> « *A nuestros hermanos*
> *Alegres cantemos*
> *Su feliz llegada*
> *A este convento.* »

« Pleines de joie, chantons en l'honneur de nos frères, chantons leur heureuse arrivée en ce moment. »

Monseigneur l'évêque nous prodiguait ses bénédictions, et
la population nous entourait de sa meilleure sympathie ; ce
fut une explosion de larmes au moment des adieux, et nous
avons eu la preuve de ce que disait sainte Thérèse : *No nay*
gente tan buena como la de Palencia. (Il n'y a pas de peuple
aussi bon que celui de Palencia.)

Le gouverneur de la province avait écrit à tous les *alcades*
(maires) des villes et villages que nous devions traverser, d'a-
voir à mettre en réquisition la gendarmerie sur notre passage.
Aussi rien ne nous manqua, et nous n'eûmes qu'à nous féliciter
de l'accueil reçu partout, jusque dans les plus petites bourgades,
où les ovations se multipliaient, d'une façon parfois originale,
mais toujours sincèrement pieuse et sympathique.

Je cite encore différentes lettres qui racontent, au jour le jour, notre voyage avec ses incidents.

Léon, 18 juin 83.

Nous voici à Léon depuis hier soir. Nous pouvons suivre notre programme à un ou deux jours près, et nous avons partout des fêtes splendides. La réception à *Sahagun* a été cordiale, généreuse. Le souvenir de notre Frère de règle et de *correa*, saint Jean de Saint-Facond, nous y fait accueillir avec une sympathie inconcevable. Nous avons chanté la Messe dans l'église bâtie à la place même de la maison du saint augustinien, et on nous a logés à l'hôpital, où nous avions nos dortoirs et notre réfectoire, le tout très bien préparé.

Nous avons fait là un pèlerinage pieux, en vrais religieux, et prié beaucoup pour la sanctification de nos frères. Sahagun rappelle et renferme tant de souvenirs : Saint-Facond, le fameux couvent des Bénédictins où ont été élevés tant de saints (entre autres saint Pierre, évêque d'Osma), Notre-Dame la Pèlerine, ou Madone des Pèlerins, *la Peregrina*, Saint-Jean de Sahagun, etc., etc. Les enfants, consacrés souvent dès l'âge le plus tendre à saint Jean de Sahagun, portent jusqu'à dix ou douze ans l'habit du saint. On s'explique comment les Augustins sont tant aimés dans cette ville.

Entre Palencia et Sahagun, c'était partout un empressement, une bonté, des manifestations de foi, accompagnés de larmes, de vivats, d'obstination à nous suivre pendant une et deux lieues, et des marques les plus vives d'enthousiasme.

A *Paredes*, la fête a été d'un éclat sans pareil. Au départ, à la séparation sur la grand'route, c'étaient des sanglots et des cris à fendre l'âme.

Nous faisons toujours une fonction solennelle dans les églises; le plus souvent c'est une grand'Messe avec sermon, et il y a vraiment foule.

Les prêtres, les alcades, les enfants des écoles avec leurs maîtres, les notables, etc., viennent au-devant de nous et nous suivent à notre départ. On bénit l'œuvre, et les curés nous disent qu'elle remue les populations d'une manière heureuse.

Si nous arrivons dans un *pueblo* (village) non averti, en moins de deux heures on nous donne de quoi pouvoir coucher.

Au sortir de *Mansilla*, nous avons été surpris en route par un arc de triomphe porté par les Enfants de Marie d'un village voisin : un arceau formé de rubans et de fleurs nous précédait en tête de la procession; un autre, semblable, suivait, et l'on nous chantait, tout en marchant avec nous, des couplets espagnols.

Quant à la réception de Léon, elle a été d'un éclat extraordinaire. Le gouverneur de la province est venu lui-même nous recevoir à deux kilomètres de la ville, après avoir fait mettre dans les journaux un avis à tous les alcades d'avoir à nous aider le mieux possible à notre passage.

Le vicaire capitulaire, *sede vacante*, est venu en chape avec une procession composée de plus de trois cents séminaristes, de tous les chanoines, curés, confréries, avec croix, bannières, etc., nous recevoir à un grand kilomètre de la ville. La foule couvrait la route et les *guardias civiles* avaient peine à frayer un passage.

Nous chantions l'*Ave Maria* de Lourdes, que la population reprenait avec entrain. Mais l'encombrement faisait qu'on avançait si lentement, que nous arrivâmes seulement à neuf heures et demie à l'église désignée pour nous recevoir, la cathédrale étant en réparation.

On fit monter le P. Emmanuel en chaire, son bâton de pèlerin à la main, et il dut remercier ainsi le peuple de Léon de sa foi enthousiaste et de ses marques de sympathie.

Dieu bénit visiblement ce petit pèlerinage, qui prend les proportions d'un véritable événement religieux et d'un mouvement de foi et de piété extraordinaires dans les contrées que nous traversons. Il a ses fatigues, ses moments rudes pour le corps, mais ses joies et ses consolations ineffables pour l'âme. Je me demande parfois si je rêve.

Astorga, 20 juin.

Même réception à Astorga qu'à Léon, qu'à Palencia et que dans tous les *pueblos* grands ou petits. Le pèlerinage est vraiment l'occasion de grands mouvements et de manifestations publiques et ardentes de foi et d'enthousiasme religieux ; nous sommes confus de toutes ces ovations.

Les alcades et gouverneurs nous offrent partout leurs services. Le clergé surtout est admirable de bonté, de déférence, de simplicité, de dévouement.

Nous ne nous arrêtons un jour entier que dans les grands centres. Ailleurs, nous ne faisons que prendre un repos de quelques heures ou d'une nuit. En route, on récite soit l'office, soit les prières du Rosaire, soit les litanies. On salue toute église aperçue, en baisant la terre et en récitant le *Tantum ergo* les bras en croix.

Villafranca, 24 juin.

Nous voici à Villafranca depuis hier soir ; nous logeons au

couvent qui garde le corps de saint Laurent de Brindes, et, ce matin, nous avons chanté la Messe devant ses précieuses reliques.

On nous a reçus ici, comme partout, avec un empressement et une foi qui nous confondent.

Nous partons demain de grand matin pour affronter les chemins difficiles des pauvres montagnes de la Galice. Tout le monde en est effrayé. Nous redoublerons de prières. Puisse Notre-Seigneur, la Sainte Vierge et saint Jacques avoir pour agréables nos quelques efforts, la foi des populations et les prières qu'on fait en union avec nous !

J'ai cité sans interruption les extraits de lettres qu'on vient de lire. Je m'arrête ici pour parler un peu des curiosités que renferment les villes de Palencia, de Léon et d'Astorga.

La première possède une cathédrale qui date du XIVe siècle, et qui est un monument gothique remarquable, tant par la pureté de son style que par l'élégance de ses formes, la hardiesse de ses voûtes et la richesse de son ornementation. Les boiseries de la grille du chœur, des tapis de Flandre de toute beauté, de magnifiques retables, des tableaux de maîtres, notamment les *Épousailles de sainte Catherine*, le chef-d'œuvre de *Mateo Cerezo*, des vases sacrés d'un travail exquis : tout attire le regard et provoque l'admiration.

Cette église est placée sous le vocable de saint Antolin, cénobite qui vivait dans une grotte que l'on visite pieusement et au-dessus de laquelle le temple a été édifié.

Mais la cathédrale de Léon est bien supérieure à celle de Palencia ; n'en déplaise même à Burgos et à Tolède, elle me semble digne d'être citée comme le modèle par excellence de l'art ogival en Espagne.

Il nous est agréable de constater aussi que les travaux de restauration, commencés il y a vingt ans par Juan de Madrazo et continués par Demetrio de los Rios, conservent à l'édifice toute sa majesté et toute sa pureté.

Quatre-vingts mètres de longueur, quarante de largeur, soixante d'élévation ; un grand portail surmonté de trois tours différentes de forme et d'âge ; des façades latérales sculptées

Épousailles de sainte Catherine.

comme la façade principale ; des baies de fenêtres encastrant des vitraux peints ; des chapelles d'une construction soignée, d'une richesse d'ornementation remarquable ; des piliers fusiformes, d'immenses cloîtres, de magnifiques dépendances :

voilà l'ensemble de la cathédrale de Léon, dont l'architecture vaillante semble, dit un auteur, avoir été échafaudée sur des pointes de lances.

Le vieil édifice, bâti en 1119, a ses habitants vieux comme lui, contemporains de toutes les époques qu'il résume, et qui dorment là leur dernier sommeil. Mais la population de l'église la plus animée, la plus resplendissante, celle qui nuit et jour assiste debout aux saints Mystères, qui emprunte aux rayons du soleil sa couleur et sa vie, ce sont les anges, les saints, les vierges, les apôtres, les rois, les évêques et les martyrs, qui figurent, d'une manière si distinguée, si solennelle, sur les vitraux. Rien ne manque à ce sanctuaire vénérable pour exciter tous les genres d'intérêt.

N'oublions pas de visiter encore, à Léon, l'église collégiale de *San Isidor*, temple roman, surmonté d'une tour carrée et entouré d'un cloître parfaitement entretenu. C'est le roi Ferdinand Ier qui en décida la construction, au XIe siècle, et qui en fit dresser le plan. Malheureusement la restauration de cet antique édifice s'est faite sans intelligence : des couches de chaux y masquent entièrement les assises de pierre.

Le corps de saint Isidore, le grand docteur de Séville, est placé sur le maître-autel, dans une urne d'argent soutenue par des lions.

Enfin on admire dans cette église quatorze tombeaux des rois de Léon, rangés à la file dans un panthéon magnifique au-dessous du chœur, qui rappelle la crypte de Saint-Denis. J'ai rarement vu des peintures murales du XIe siècle dans un état de conservation aussi parfait que celles qui décorent le panthéon de Saint-Isidore.

L'église que nous visitons jouit d'un privilège qui ne lui est commun qu'avec la cathérale de Lugo, à savoir l'exposition perpétuelle du Très-Saint Sacrement, qui a pour origine la tenue d'un concile en ce lieu.

Mais, hélas ! il faut le dire, que de ravages n'ont pas faits ici, en 1809, Soult et son armée d'iconoclastes ! Dans tout le nord de l'Espagne, on retrouve les traces de ces barbares et sacri-lèges destructions. La hache, l'in-cendie ont mutilé ou anéanti quantité de merveilles, de telle sorte que ce que nous voyons n'est qu'un reste des splendeurs d'autrefois.

Astorga cependant a pu garder intacte sa cathédrale gothique en granit rouge, avec ses deux tours, qui semblent couvrir la ville de leur ombre tutélaire. Cet édifice grandiose date du XVe siècle. Il possède une collection de reliques peut-être unique, des vases sacrés de la plus haute antiquité, ainsi

que des ornements précieux et des souvenirs de Terre Sainte ; on nous y a montré jusqu'à *un fragment de la verge d'Aaron.*

Je n'oublierai jamais le *chocolate* d'Astorga, le plus fameux et le le plus renommé des chocolats espagnols, *la consolation des femmes,* comme dit l'inscription qui se lit sur l'enveloppe du paquet ; ni les *mantecadas,* sorte de massepain grossière-ment logé dans des carrés de papier, qu'on dirait de carton, en raison de leur épaisseur, et qui furent blancs peut-être avant d'avoir passé par les mains du pâtissier.

Et maintenant, nous allons pénétrer dans une province toute nouvelle pour nous; on nous a dit que nous y mourrions de faim et de froid, au milieu de ces rudes montagnes de la Galice ! Affrontons bravement tant de dangers !

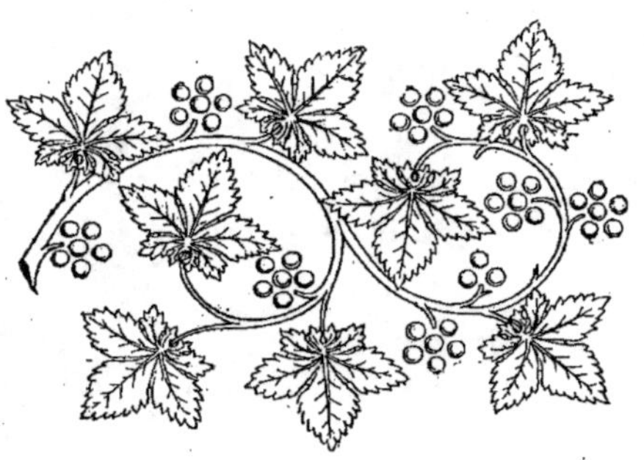

Chapitre Treizième.

LA GALICE. — SAINT-JACQUES.

Our descendre des hauts plateaux de la Castille dans le royaume de Galice, il faut franchir cette partie de la chaîne cantabrique que l'on désigne sous le nom de *Montañas de Leon*, passer à *Combarros* et traverser le col de *Manzanal* élevé de onze cents mètres au-dessus du niveau de la mer. Le trajet en chemin de fer est d'un intérêt saisissant : vingt-trois tunnels, des viaducs perdus dans les espaces, à des hauteurs vertigineuses, des murs de soutènement de plus de cent mètres de long et de trente de haut, des ponts d'une hardiesse inouïe sur douze rivières, des cours d'eau déviés, des routes déplacées, et un lacet à peu près unique en son genre, *el lazo*, au moyen duquel la voie passe en tunnel sous elle-même, comme dans le chemin de la Forêt-Noire : tels sont les travaux accumulés pour vaincre les difficultés de la nature.

Quand on a descendu ces montagnes, le paysage change d'aspect. Voici des bois, des champs verts, des maisons blanches, des produits variés. Nous sommes dans la vallée de *Vierzo*, et ce sont là, en face de nous, les ruines du château de *Bembibre*, qui fut, au temps jadis, l'une des plus formidables citadelles des ducs de Benavente.

A *Manzanal*, nous avions été reçus dans le luxe de la pauvreté par un curé charmant, venu à notre rencontre avec son sacristain au chant des Litanies des Saints. Manzanal était une riche bourgade que Napoléon Ier a brûlée deux fois !

En passant à *Monte Alegre*, le vieux pasteur nous obligea à accepter le pain et le sel de l'hospitalité, et ne voulut pas nous quitter avant d'avoir fait bénir par le P. Emmanuel le lit sur lequel, disait-il, « *je vais bientôt mourir.* »

A *Bembibre*, nous logeâmes dans l'école communale. Le Crucifix n'a pas encore été arraché de ces asiles de l'enfance, et notre cœur s'est serré en pensant à l'apostasie de la France.

Nous voici à *Villafranca*, qui garde, comme nous l'avons dit, dans un couvent de Franciscaines, le corps de S. Laurent de Brindes. L'horizon se resserre ; des rochers énormes ferment la route, la marche devient pénible et difficile ; nous voyons un pont oblique, jeté d'une montagne à l'autre pour le chemin de fer, et nous entrons en Galice.

La Galice est appelée, non sans raison, l'Auvergne de l'Espagne. La population qui l'habite est rude, agile, vigoureuse, grossière, douée d'une portée d'esprit médiocre, d'une expression de physionomie commune, vieillissant avant l'âge, et dont la pauvreté contraste avec les magnificences de la nature.

Comme en Auvergne ou en Savoie, les Galiciens *(Gallegos)*, dénués de ressources, sont obligés d'exiler leurs enfants. Dès que ces derniers ont atteint leur dixième année, ils leur donnent une musette, *zampñoa*, un morceau de pain noir, une paire de sabots, qu'ils leur recommandent de ne porter qu'en ville, afin de les ménager, puis ils les envoient courir le pays. La plupart se répandent dans la péninsule ; ainsi à Madrid, à Barcelone, à Valence, etc., les commissionnaires du coin, les porteurs d'eau, les veilleurs de nuit, qu'on appelle *mozos de cordel, aguadores, serenos*, sont presque toujours des Galiciens. Ce sont des *ganapanes*, c'est-à-dire des hommes sachant gagner leur pain, supportant avec patience toutes les moqueries et toutes les fatigues, et faisant leur petit pécule, sou à sou, à la faveur de ceux qui emploient leurs services.

A la chaussure près, car ils marchent pieds nus, les Galiciens sont costumés d'une façon qui se rapproche des habitudes auvergnates. Leurs culottes de bure ne sont point attachées au-dessous du genou, ce qui fait dire aux Castillans qu'un Galicien ne saurait être étranglé par le cou, mais par les jarrets. Les femmes portent une jupe de bure écourtée, une

NAPOLÉON Ier. (D'après le tableau de Gérard.)

chemise à longues manches qui fait justaucorps ; elles ne se coiffent presque jamais.

En général les *Gallegos*, dont le langage se rapproche encore plus du portugais que de l'espagnol, sont doux, hospitaliers, et d'une probité proverbiale. Nous avons pu en avoir la preuve pendant les quinze jours que nous avons passés en Galice.

Il y eut certains jours où nous arrivions à l'improviste dans de petites bourgades où nos lettres ne nous avaient point prévenus ; (la poste espagnole est si bien faite !) et pourtant le logement et les repas, improvisés nécessairement, ne laissèrent rien à désirer.

Par exemple, à *Palaz-del-Rey*, nous faillîmes coucher à la belle étoile. Notre guide nous ayant égarés, nous entrâmes à minuit et demi dans cette localité, qui, on le comprend, était ensevelie dans le sommeil. Pas une étoile au ciel ; aucun signe de vie dans les rues.

Nous frappons à la porte du curé de la paroisse principale. Celui-ci apparaît à son balcon. Notre guide parlemente pour nous, mais inutilement. Le prêtre ne nous connaissait pas, et il nous envoie à un de ses confrères, qui déclare n'avoir pas de place pour nous recevoir.

Nous allons demander l'hospitalité chez un marchand de grains et de fromage. Ce dernier se montre à son balcon, nous prend pour des bandits et nous menace de son fusil, si nous ne nous retirons pas immédiatement.

Quel moment terrible pour tous ! Fatigués, épuisés, nous ne tenions presque plus debout. Repoussés de porte en porte, comme la Sainte Vierge à Bethléem, nous nous recommandons à Dieu, et, sur l'incitation du P. Emmanuel, nous tombons à genoux au milieu de la rue, les bras en croix, et nous récitons le chapelet.

Et à peine avions-nous entamé une première dizaine, que le marchand, qui venait de nous recevoir si mal, vient à nous, nous fait des excuses, et nous introduit chez lui, où nous ne tardons pas à nous endormir, qui dans un coin, qui dans un autre, sur la paille, sur la dure, et n'importe où nous pouvions étendre nos membres harassés.

Je ne ferai que citer les principales étapes de notre itinéraire : *Rustelan, Cebrero, Tria - Castella, Sarria, Puerto Marin, Palaz, Mellid, Arzoa Arca.* Le 29 juin, nous étions en vue de *Santiago.* Voici la lettre qui annonçait notre heureuse arrivée.

Compostelle, 30 juin.

Vive saint Jacques ! Nous sommes enfin arrivés au tombeau du grand apôtre.

C'est hier, fête des saints apôtres Pierre et Paul, à une heure de l'après-midi, que du haut d'une colline nous avons aperçu les tours de Saint-Jacques.

— Vive saint Jacques ! s'écria le P. Emmanuel.

Et tous, avec enthousiasme et bonheur, nous répétâmes :

— Vive saint Jacques !

Alors on entonna le *Lætatus,* puis, les bras en croix, nous récitâmes un *Pater* et un *Ave* avec l'invocation *Sancte Jacobe,* et nous baisâmes cette terre où se sont agenouillés avant nous tant de saints pèlerins : *Illuc enim ascenderunt tribus, tribus Domini ;* ils forment des tribus, les saints qui sont allés vénérer le sépulcre de Santiago.

Une foule très sympathique vint à notre rencontre. Ici je laisse raconter par un journal local, *El Libredon,* la réception inouïe qui nous fut faite à Compostelle. Je traduis littéralement le texte espagnol :

Pèlerinage augustinien.

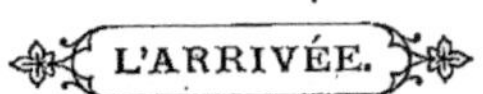

IL pouvait être deux heures et demie de l'après-midi, moment où la plupart des habitants commençaient à dîner ou à faire la sieste, lorsqu'un carillon général des cloches de toutes les églises annonça que les religieux augustins français, qui vivent à Burgo de Osma, arrivaient aux portes de Compostelle.

Au même instant, malgré l'heure intempestive, la population se mit à remplir les rues, et de nombreux groupes se massèrent sur la place Saint-Martin, où devaient passer les pèlerins pour entrer à la cathédrale.

Au bout de la longue rue Saint-Pierre, et dans le quartier des *Concheiros*, les enthousiastes et fervents fils de saint Augustin étaient attendus par la Commission de l'Excellentissime Chapitre, celle de Messieurs les Curés et Vicaires, celle de *l'Union de la Jeunesse catholique*, celle des Conférences de Saint-Vincent de Paul, l'Illustrissime Recteur du Séminaire, Messieurs les professeurs Perez Sandar, Callon et Carrero, à qui vinrent ensuite se joindre les religieux franciscains de la ville.

Le tableau qu'offrait la rue Saint-Pierre était magnifique : une multitude d'hommes, de femmes et d'enfants couraient dans toutes les directions ; les fenêtres et les balcons s'ouvraient avec bruit et l'on y voyait une infinité de têtes avides de contempler les religieux exilés, avec le respect qu'inspirent les fils du cloître, avec la piété et la sympathie qui s'attachent à des expatriés.

Sur la figure des pauvres religieux, nous avons vu peinte la plus sainte joie avec des traits indéfinissables de mélancolique tristesse et de légères nuances de surprise et d'admiration. Leurs voix suaves, qui entonnèrent une hymne avec une grande perfection, se taisaient parfois au milieu du murmure et du bruissement de la foule.

Un religieux portait en avant une croix de l'Ordre, et sur deux files marchaient ensuite, au nombre de vingt et un, les autres pèlerins, présidés par le Supérieur du couvent, qui est fils de l'illustre fondateur des Conférences de Saint-Vincent de Paul.

En entrant dans la grande basilique du Fils du Tonnerre, les échos de l'orgue remplirent, graves et solennels, les imposantes arcades.

Un peuple immense remplissait les nefs, se coudoyant, se bousculant, se poussant pour mieux voir les pèlerins. Ceux-ci se couvrirent de leur noir capuchon et s'avancèrent à pas lents vers le maître-autel. L'orgue se tut. Les pèlerins, debout, chantèrent avec émotion un superbe *Te Deum*, entonné par le Supérieur et écouté de tous les fidèles qui remplissaient le temple, dans un profond silence.

Puis, déposant à terre leurs bâtons, ils se mirent à genoux, levèrent les bras vers le ciel et récitèrent une station (1), accompagnés en cela par l'immense multitude qui les entourait.

Ensuite ils montèrent derrière l'image du saint Apôtre, qu'ils embrassèrent avec effusion, et descendirent enfin à la crypte, où

---

1. Les Espagnols appellent *station* une prière complète, par exemple, cinq *Pater* et *Ave* récités devant un autel.

ils se prosternèrent, prièrent quelque temps très émus et couvrirent de baisers cette terre bénie.

Alors ils se dirigèrent processionnellement vers la porte de Saint-Martin et sortirent de la basilique, traversant la place au milieu d'une incroyable multitude.

AU SÉMINAIRE CENTRAL.

Sous le vestibule du grand édifice de notre Séminaire, les pèlerins augustins étaient attendus par Messieurs les professeurs, parmi lesquels nous avons distingué don Isolino Suarez, don Augustin Corral, Riveira, Rodriguez Sabona, etc.

Les portes principales avaient été ouvertes toutes grandes, et tandis que les pèlerins s'en approchaient, la foule se poussait pour entrer aussi, afin de ne pas abandonner un seul instant ceux qui avaient, d'une façon si inusitée, mis en mouvement les fidèles de Santiago.

Mais voici le moment de la séparation.

La Croix vénérée franchissait le seuil du séminaire. D'innombrables personnes remplirent l'escalier de pierre pour faire leurs adieux aux pieux voyageurs.

Alors éclata dans toutes les poitrines la tempête de l'enthousiasme religieux devant ce superbe spectacle.

S'entendant acclamés, les pèlerins se retournèrent.

Une voix sortant du peuple cria :

— Vivent les invincibles fils de saint Augustin !

— Vive la France catholique !

— Vive l'Espagne catholique !

— Vive l'apôtre saint Jacques !

A chaque vivat répondaient des milliers de voix sans laisser de temps ni d'intervalle.

Pour nous, cachés derrière la porte, nous contemplions la figure des pauvres religieux. Émus, le regard triste, les mains appuyées et croisées sur leurs bâtons, ils nous remplissaient l'âme de sympathie.

Au cri de : « *Vive la France catholique !* » deux d'entre eux levèrent leurs yeux humides et, sur leurs joues fatiguées, des larmes amères coulèrent.

Le souvenir de la patrie perdue est un souvenir horrible. Pourtant ils ne pouvaient pas dire comme Lamennais : « L'exilé partout est seul, » car la vive affection des Espagnols les accompagnait, surtout en ce moment.

Après cette démonstration de sincère sympathie, les pèlerins allèrent chanter le *Salve* à l'église Saint-Martin et se retirèrent ensuite pour se reposer.

Bienvenus soient les religieux exilés du pays classique de l'infâme libéralisme qui couvre le siècle de boue !

Bienvenus soient-ils ! Ils trouveront parmi nous paix, bonheur, amour ! Vive le pèlerinage augustinien ! Vive mille fois !

Il était quatre heures lorsque tout fut terminé. Une heure après, nous étions à la porte du séminaire pour attendre Monseigneur le Cardinal, qui venait y présider une cérémonie et faire un sermon auquel nous devions assister.

— *Vamos, vamos, los peregrinitos !* dit-il en nous souriant ; *vamos, me alegro mucho.* (Bien, bien, mes chers petits pèlerins, je suis bien content.)

Il nous bénit avec une grande bienveillance. Quand il sut

que nous avions l'intention d'entendre son sermon, il nous dit :

— No, no, ahora à comer y despues à descansar, que no se cansen màs. (Non, non, allez manger maintenant, puis vous reposer, et ne vous fatiguez pas davantage.) Et, se tournant vers un prêtre du séminaire, il lui recommanda de bien nous soigner.

Je laisse encore la plume au journal de Santiago déjà cité plus haut, pour raconter la cérémonie religieuse officielle et solennelle qui eut lieu en notre honneur, le dimanche 1er juillet, à la basilique, sur l'ordre exprès de son Éminence Monseigneur l'Archevêque Paya.

— ❈ — ❈ — ❈ —

En l'honneur du pèlerinage augustinien.

LA CÉRÉMONIE D'HIER A LA CATHÉDRALE.

LA cérémonie solennelle qui a eu lieu hier à la basilique pour fêter l'heureuse arrivée du pèlerinage des religieux augustins français établis à Osma, ne pouvait être plus brillante ni mieux suivie.

Les vastes nefs de la cathédrale étaient pleines d'une assistance considérable, avide d'entendre le Père Supérieur de ces religieux qui devait monter en chaire.

La procession se fit à l'intérieur du saint temple, comme aux fêtes de première classe, sous la présidence de son Éminence Monseigneur le Cardinal, et aux chants de beaux motets exécutés par le chœur et la musique de la chapelle dans la nef de la *Soledad.* Durant la procession, on fit marcher le grand encensoir, le célèbre et traditionnel *bota-fumeiro* (1), qui ne paraît que dans un petit nombre de solennités.

Les religieux augustins marchaient en tête sur deux files. Vint le moment où le R. P. Emmanuel Bailly monta en chaire : le recueillement fut général et le silence très profond.

Le Révérend Père, d'une voix émue, commença par exprimer sa reconnaissance pour le pieux accueil dont il avait été l'objet partout, même dans les plus petits villages, regrettant, dans ces moments d'immense joie qui remplissaient son âme, de ne pas assez bien posséder la belle langue espagnole pour parler comme il aurait voulu. Il expliqua qui étaient, d'où venaient, où allaient ces pèlerins religieux, et pourquoi ils avaient entrepris un tel voyage. En développant chacun de ces points, il eut des moments d'inimitable éloquence, et plus d'une fois il fit couler les larmes des yeux de ses auditeurs lorsqu'il rappela les malheurs de la France, sa patrie, et qu'il loua la foi pure, grande, admirable de cette chère Espagne qui avait été sa seconde patrie et qu'il n'oubliera jamais jusqu'à son dernier soupir.

Il dit que l'Espagne lui avait apparu comme un miracle étonnant devant l'état actuel des autres nations ; miracle que seul avait pu accomplir l'apôtre qui la protège sans cesse. Dans la prière à l'apôtre saint Jacques, devant le sépulcre duquel il se trouvait, il s'éleva à une hauteur sublime. Il termina en remerciant le savant prélat qui gouverne avec tant de zèle le diocèse, des soins affectueux qu'il témoigne aux pèlerins,

---

1. On désigne ainsi un encensoir monumental, tout en argent massif, qu'on suspend sous le grand dôme et que quatre hommes mettent en mouvement au moyen de cordes et de poulies. Il décrit, dans sa marche, des arcs de cercle de cinquante mètres et plus.

de la bonté douce et paternelle qu'il leur montre, des efforts touchants qu'il déploie pour leur procurer le repos et le bien-être dans cette cité bénie du grand Apôtre.

Après la Messe solennelle, les pèlerins conduisirent son Éminence au palais archiépiscopal. Au sortir de la basilique, ils étaient attendus par une foule massée sur leur passage, qui voulait de la sorte faire une garde d'honneur aux pauvres religieux, jusqu'à ce qu'ils eussent franchi le seuil du séminaire.

SON ÉMINENCE LE CARDINAL PAYA Y RICO,
ARCHÉVÊQUE DE COMPOSTELLE.

A SAINT-MARTIN.

LE soir, dans la vaste chapelle du séminaire, eurent lieu les exercices du dimanche, auxquels assistèrent son Éminence Révérendissime et les religieux augustins.

Le Supérieur P. Emmanuel Bailly était assis dans une stalle du chœur, à droite de Monseigneur, et, en face, on voyait la croix de saint Augustin des fervents pèlerins à côté de la croix archiépiscopale.

Les pèlerins chantèrent, du haut de la tribune, avec accompagnement de l'orgue, le *Salve Regina*, ainsi que l'hymne si belle qu'ils avaient déjà chantée le jour de leur arrivée.

Son Éminence monta ensuite dans la chaire sacrée et prononça un très beau sermon, dans lequel il fit l'éloge des pèlerinages en général, mais surtout de celui que les religieux français de Burgo de Osma venaient accomplir avec un véritable esprit de prière et de pénitence. L'illustre prélat, éloquent comme toujours, de cette éloquence persuasive et sans pareille qui le distingue, tint suspendu à ses lèvres pendant longtemps l'auditoire d'élite et nombreux réuni au pied de la chaire.

Pour clore ces exercices, son Éminence, accompagnée des pèlerins, se dirigea vers la chapelle du Rosaire, et tous ensemble y chantèrent le *Salve* en l'honneur de la Reine des Cieux.

Chapitre Quatorzième.

COMPOSTELLE.

AINT Jacques continue à nous combler de ses faveurs. Depuis notre arrivée, nous avons toujours eu le bonheur de communier à l'autel dédié au grand Apôtre, où les trois Pères disent tous les jours la sainte Messe.

Lundi, jour de la Visitation, nous sommes allés, en union avec la Sainte Vierge, visiter les Pères Franciscains de Terre Sainte, qui ont à Compostelle un magnifique couvent où le scolasticat, le noviciat et l'alumnat sont réunis. Il y a là près de deux cents religieux, et tous, jusqu'aux petits alumnistes de douze ou quinze ans, portent la tonsure monastique.

Après les offices du matin, que les Pères Franciscains laissèrent aimablement à notre charge, l'on nous invita à prendre part à la récréation et au repas de la communauté. L'union la plus cordiale et la plus fraternelle s'établit entre tous avec une aisance et une simplicité vraiment religieuses.

Pendant la soirée, M. Fernandez, président des Conférences de Saint-Vincent de Paul, nous fit visiter l'Université, la Faculté de Médecine, l'Hôpital Royal et la Basilique de Saint-Jacques dans ses détails.

Une curiosité de la Bibliothèque de l'Université, c'est une édition espagnole de *Don Quichotte*, faite d'après une traduction française qu'un ignorant enthousiasmé, l'ayant prise pour l'origi-

nal, a traduite à son tour en langage castillan. Inutile de dire
que c'est là le seul mérite de ce livre.

A l'Hôpital Royal on nous montre la chambre où a logé
saint Benoît-Joseph Labre. Il a prié devant l'autel où nous
prions aussi, et où nous vénérons le corps de saint Théodore,
rapporté de Rome.

Mais ce qui prime tout autre monument et tout autre souvenir à Santiago, c'est la grande basilique de Saint-Jacques. Le
portail est la copie de celui du Saint-Sépulcre de Jérusalem.
Toutes ces coupoles, ces dômes, qui ont été ajoutés à une époque plus moderne, rappellent le style byzantin.

Outre les restes de saint Jacques et de ses deux disciples, la
basilique possède un véritable trésor de reliques : un morceau
considérable de la Vraie Croix, une épine de la Sainte Couronne,
un bras de saint Christophe, le crâne de saint Victor, qui conserve de la chair, une infinité d'ossements et même des corps
entiers de saints.

De plus elle renferme sept autels privilégiés, dont la visite
équivaut à celle des sept Basiliques de Rome, de façon que les
trois grands pèlerinages du monde catholique sont là réunis
à Santiago, avec tous leurs privilèges et toutes leurs bénédictions.

Un mot encore sur la célèbre statue de saint Jacques qui se
trouve au-dessus du maître-autel. Elle est en argent massif, et
date de 1188. Deux escaliers y conduisent. D'après un pieux et
antique usage, les pèlerins y montent d'un côté, baisent la statue en s'appuyant sur les épaules du saint, comme pour se
décharger sur lui du poids des misères de la vie, et descendent
du côté de l'Évangile.

De vrai, on n'éprouve aucune gêne à embrasser ce bon saint, dont la figure avenante semble vous inviter en souriant à approcher et à parler.

Je ne dirai rien des autres monuments que nous avons visités pendant notre séjour à Compostelle, ni de la curieuse église romane de Sainte-Marie de Sar, dont les piliers s'écartent de façon à former par le haut de la voûte une différence de un

mètre en plus que par le bas ; ni de l'asile où sont réunis aveugles et sourds-muets ; ni de la chapelle des âmes du Purgatoire, où nous avons admiré de splendides bas-reliefs sur la Passion du Sauveur.

J'arrive tout de suite au récit des dernières solennités qui ont marqué notre passage à Saint-Jacques.

Avec la gracieuse autorisation de son Éminence le Cardinal-Archevêque, nous avions organisé un triduum à la vieille église du couvent Saint-Augustin. Le bon prélat avait accordé de nombreuses indulgences. On peut dire que toute la ville était sur pied pour assister à cette cérémonie, et pour écouter la parole ardente et éloquente du Père Emmanuel.

Voici d'ailleurs ce que dit « Le Libredon » à ce sujet, en relatant le dernier acte de cette série de prières :

A SAINT-AUGUSTIN.

AVANT hier au soir, avec la solennité des jours précédents, le triduum devant le Saint Sacrement exposé.

Jamais nous n'avons vu la spacieuse église de Saint-Augustin si remplie. Le Père Prieur des Augustins d'Osma prêchait ce soir-là le sermon d'adieux, et, comme on le comprend, l'attention et l'avidité étaient générales.

Le sermon roula principalement sur l'amour que nous devons à Notre-Seigneur, et il faut avouer que le R. P. Bailly fut des plus éloquents, admiré de tous et édifiant par sa parole chacun de ses auditeurs.

Voici le moment des adieux. Le R. P. Em. Bailly d'une voix entrecoupée annonça son départ. Il exprima son regret de quitter ce pays, pour la foi duquel il

LE P. BAILLY.

n'avait pas d'éloges assez vifs ; de quitter cette Galice qui l'avait tant ravi par sa grande religion ; de quitter Santiago, qu'il n'oubliera jamais, jamais, jusqu'à son dernier soupir, non plus que les pauvres religieux qu'il conduit.

Les cris et les sanglots étouffaient la voix de l'orateur ; les hommes les plus stoïques et les plus forts essuyaient leurs larmes, le tableau était imposant. Ils allaient partir, les pauvres exilés, les chers religieux, les fervents enfants de saint Augustin ! Cette idée était exprimée par des plaintes inconsolables.

Jamais nous n'avons été témoin d'adieux si tendres, si affectueux, si touchants.

Hier, dimanche, à la Messe de Communion, que célébra le Père Supérieur, près de deux mille personnes s'approchèrent de la sainte Table. Et c'est ainsi que s'achevèrent ces actes religieux qui formeront époque dans les Annales du culte de Compostelle.

Le mardi dix juillet, par un temps magnifique, le pèlerinage quitta le sanctuaire et la ville de Saint-Jacques. Citons une dernière fois le journal qui raconte cette « *despedida* », qu'il proclame mémorable, surprenante, émouvante, indescriptible, inoubliable.

A six heures, les religieux augustins sortirent du grand séminaire et se dirigèrent vers la cathédrale, où le Père Supérieur célébra la Messe à la chapelle de Notre-Dame del Pilar. Autour des religieux, un grand nombre de fidèles se réunirent et commencèrent à se masser.

A sept heures précises, les pèlerins sortirent de la grande basilique par la porte de la Quintana, environnés par une foule immense qui, à l'entrée de la route d'Orense, présentait un spectacle merveilleux, se groupait autour des pauvres chers religieux, profondément impressionnés de cette touchante démonstration.

Mais quand l'enthousiasme fut au comble, quand la scène changea tout à coup, ce fut à mesure qu'on approchait de l'endroit où les Commissions devaient faire leurs derniers adieux.

Chemin faisant, les femmes offraient au Père Supérieur des images avec leur nom ; d'autres se mettaient à genoux et bai-

saient ses pieds, sa ceinture, ses habits. Les hommes ne ces-
saient d'acclamer les chers pèlerins, leur demandant de revenir,
de se souvenir d'eux ; et, au milieu de cet éternel mouvement,
de cette confusion extraordinaire, les religieux pouvaient à peine
faire un pas. Sur tous les visages était peinte la douleur la
plus profonde, sur toutes les lèvres étaient des paroles de désolation, de toutes les poitrines sortaient des soupirs et de tous les
yeux des larmes.

A *Puente-Pedriña*, les Commissions se séparèrent du cortège. En ce moment les religieux et leur Supérieur étaient
entourés de Monsieur Portal, Recteur du séminaire, de Messieurs les chanoines Iglesias, Blanco y Santana, du secrétaire
de visite M. D. Jésus Béamud, qui représentait son Éminence
Révérendissime, de M. Tafall (dom Santiago), de divers professeurs du Séminaire et de l'Université, des présidents de la
Jeunesse Catholique et des Conférences de Saint-Vincent, et
d'un grand nombre de particuliers et de prêtres.

Les adieux furent imposants. Le Père Supérieur embrassa
ces Messieurs un à un ; les larmes étaient générales ; le sang
se figeait dans les veines du plus indifférent.

En embrassant dom Jésus Béamud, le R. P Bailly, les yeux
humides, le chargea de présenter à son Éminence, ange tutélaire et bienfaiteur des pèlerins, l'hommage affectueux qu'ils
garderaient, lui et ses frères, au fond de leur cœur.

L'enthousiasme déborda alors. Le Père Supérieur ému cria :

— Vive l'Espagne catholique !

A ce vivat, la multitude répondit par un autre :

— Vive la France catholique !

— Vive l'apôtre saint Jacques ! reprit le Supérieur.

— Vive saint Denys, patron de la France catholique !... Vive saint Louis !... répliqua la multitude.

Et le Père Supérieur, les yeux fixés au ciel, du fond de son âme attendrie cria encore :

— Vive notre inoubliable et catholique peuple de Santiago..! Vivent nos chers bienfaiteurs !... Vive son Éminence Révérendissime !...

Les pèlerins, la tête inclinée, pleuraient amèrement. Monsieur Iglesias, archiprêtre de l'église cathédrale, sur les instances du Supérieur, bénit les pèlerins ; puis il supplia le Père Bailly de donner à tous sa bénédiction, car ils ne voulaient pas se retirer sans cette dernière consolation.

Ah ! le tableau qui s'offrit à nos yeux, la plume est incapable de le dépeindre.

Cette immensité de fidèles, comme mue par un ressort, se prosterna à terre le long de la route, en pleurant à chaudes larmes.

Les religieux s'agenouillèrent en deux rangées, et levèrent leurs bras au ciel ainsi que leurs yeux. On aurait dit des anges, et non plus des hommes.

Dans cette attitude majestueuse, le R. P. Bailly, d'une voix claire, dit ces paroles :

— Adieu, mon peuple ! je te bénis du fond de mon âme. Apôtre saint Jacques, faites que nous revenions vous voir un jour, si c'est votre bon plaisir...

Une tempête de cris interrompit le Père :

— Oui, oüi, qu'ils reviennent ! saint Apôtre, qu'ils reviennent !... Vivent ces saints qui nous ont édifiés de leurs exemples !... Veuille le saint Apôtre qu'ils reviennent parmi nous !

— Ainsi soit-il ! répondaient les autres.

— Que le Ciel les guide en leur voyage !

— Ainsi soit-il !...

Les Commissions se retirèrent; le Père Bailly supplia les fidèles de faire de même ; mais ce fut en vain ; le peuple, ravi par la magie de la sainteté de ces religieux, continua de les suivre pendant une lieue, tout en les acclamant sans cesser un seul moment.

On arriva à un endroit où il y a une croix en pierre. Le Père Supérieur voulut y faire son dernier adieu, et il le fit en phrases si émouvantes que les scènes antérieures se renouvelèrent.

Monsieur Fernandez Sanchez, au nom de la foule, embrassa étroitement le Père Supérieur, et celui-ci, en recevant cette dernière marque de l'amour des habitants de Santiago, se mit à pleurer comme un enfant (1).

S. Louis, roi de France.

Enfin, à force de supplications, les fidèles revinrent sur leurs pas, ne cessant d'acclamer les pèlerins qu'après les avoir perdus de vue.

Que Dieu guide les pauvres pèlerins !

Que le saint Apôtre les protège et les garde !

1. On n'oubliera pas que je traduis littéralement un article de journaliste espagnol. Le Père Bailly a été plus ferme et n'a point pleuré comme un enfant.

Chapitre Quinzième.

DE SANTIAGO A ORENSE ET ZAMORA.

PRÈS le récit de tant d'ovations que produisit notre passage à Saint-Jacques de Compostelle, je pourrais en commencer un second à peu près semblable au premier, car il y aurait à raconter tous les détails du retour par Orense, Zamora, Salamanque, Avila et Ségovie. Mais il suffira de noter seulement les particularités caractéristiques de cette dernière partie de notre pèlerinage.

En quittant Santiago, nous descendîmes dans la direction du Portugal, et nous saluâmes en passant le *Mont Sacré*, lieu béni par le grand apôtre des Espagnes, et célèbre par la visite qu'y firent un grand nombre de prélats et de princes.

Nous arrivâmes à la fin de la première journée de marche au château du marquis de *Santa Cruz*, qui nous donna une hospitalité généreuse et qui voulut garder de nous un double souvenir, un autographe de chaque pèlerin et la permission d'élever un modeste monument avec une inscription commémorative de notre passage en ses domaines.

Et notre voyage se continua par *Lalin*, où la municipalité avait payé une fanfare pour nous accompagner partout ; par *Cea*, où le P. Emmanuel prêcha en plein air à la foule, trop nombreuse pour pouvoir entrer dans l'église (1) ; et enfin nous aperçûmes la ville d'Orense.

---

1. On ne se figure pas toute la poésie qu'il y a dans un sermon fait en plein air à la

Tout nous parut pauvre dans cette ville épiscopale de second ordre ; et pourtant nous y fûmes reçus avec éclat : *cohetes*, carillon des cloches de la cathédrale et de toutes les églises, procession, ovations, rien ne manque à notre triomphe. Monseigneur l'Évêque nous accueillit paternellement, se déclarant honoré de notre visite, et nous accorda tous les privilèges possibles pendant notre séjour en son diocèse.

Sans parler des eaux thermales et du pont romain d'Orense, qu'on regarde comme des curiosités remarquables de l'endroit, je ne puis passer sous silence la magnifique image du Christ que l'on vénère dans une chapelle de la cathédrale. L'expression en est frappante ; le sculpteur a dû être, non seulement un homme de talent, mais un artiste plein de foi. On verrait rarement ailleurs un Crucifix plus admirable : aussi est-il l'objet d'un culte tout particulier.

D'Orense à Zamora, on longe presque tout le temps les frontières du Portugal. Du haut des montagnes, on aperçoit même, dans le fond de l'horizon, la ville de Bragance.

En arrivant à *Allaritz*, nous rencontrâmes le juge de paix de la localité qui venait le premier au-devant de nous, et qui, se prosternant devant le P. Emmanuel, lui baisa la main et lui dit d'une voix émue : « Dieu sauve la France ! »

C'est là encore qu'on nous fit voir, dans une dépendance du couvent des Clarisses, deux géants en osier et en carton, qu'on promène par les rues les jours de fête.

---

campagne. Le prédicateur dans une chaire rustique parle à une foule massée autour de lui ; des grappes humaines sont suspendues dans les arbres, sur les murs, partout. Et quelquefois (nous sommes en Espagne) des animaux domestiques sont là dans l'auditoire, calmes et attentifs, sans que l'on songe à les éloigner.

Citons ensuite le sanctuaire de *Milagros*, où les Pères Lazaristes ont établi une école apostolique. C'est en quittant Milagros, à quatre heures du matin, que nous eûmes le spectacle vraiment féerique d'un lever de soleil incomparable. Du haut d'une colline assez élevée, nous avions devant nous une vallée à perte de vue, toute couverte par un océan de brouillard et de nuées de vapeur roulant les unes sur les autres, comme les vagues de la mer ; et par-dessus tout cela, les rayons du soleil miroitant et se reflétant avec une richesse et une variété de couleurs surprenante. C'était bien le cas de nous écrier avec le roi-prophète : « *Mirabilis in altis Dominus*. Le Seigneur est admirable sur les hauteurs ! »

Raconterai-je quelques épisodes un peu comiques qui survinrent, presque coup sur coup, pendant ces derniers jours passés en Galice ?

A *Vérin*, deux fanfares rivales nous escortaient en jouant à la fois deux airs différents, tâchant de faire le plus de bruit possible *en notre honneur :* cuivres, tambours, clairons et trompettes produisant un charivari des mieux réussis, le tout agrémenté du carillon des six ou sept cloches des églises, et au milieu d'un feu d'artifice qui mettait le comble à l'étourdissement de tous nos sens. Vrai, on n'a pas l'idée de ces choses-là.

A *Santa Maria de los Rios*, le Frère Gunfrid, qui se reposait à l'heure de midi sur un tas de foin, se vit entouré à son réveil d'une multitude de femmes et d'enfants, auxquels il dut, bon gré, mal gré, adresser un petit sermon du haut de cette chaire pittoresque. Le prédicateur eut un mouvement oratoire tellement extraordinaire que le tas de foin s'écroula, ensevelissant dans ses débris le zélé missionnaire et une partie de son auditoire.

Près de *La Gudiña*, où l'on nous avait servi *deux chevreaux* pour souper, nous fîmes la rencontre d'une bande de *Gitanos*, ou bohémiens, qui, épris d'un amour tout particulier pour la religion, se déclarèrent *catholiques, apostoliques, romains et grecs !*

A *Maïde*, la population fut pétrifiée en nous voyant ; nous eûmes toutes sortes de peines pour trouver un guide ; encore était-il ivre-mort, et ne tarda-t-il pas à nous abandonner au milieu du chemin, vociférant des menaces et des injures contre le pèlerinage français : pauvre homme ! nous ne lui en voulûmes point trop, car il avait laissé sa raison au fond d'une outre de vin.

Je ne sais plus dans quel autre village, on nous prit en telle vénération, qu'on s'arrachait des lambeaux de nos soutanes. Pour ma part, j'eus une aventure véritablement héroïque. J'étais assis au milieu de la foule, près d'un harmonium, tandis que le P. Emmanuel prêchait. Tout à coup, je sens quelque chose de froid passer sur ma tête ; je tourne la tête, et je vois... un gendarme majestueusement debout derrière moi, auquel on faisait passer des médailles et des chapelets pour les faire toucher à ma tonsure !

Mais trêve aux plaisanteries ; si la chose avait son côté risible, nous n'en fûmes pas scandalisés, et cela ne nous donna pas l'idée que nous étions devenus ni des saints, ni des fétiches.

Le 25 juillet, jour de saint Jacques, nous entrâmes solennellement à Zamora, ville historique, où les noms les plus belliqueux rappellent des souvenirs chevaleresques. Ici le Cid nous a précédés de dix siècles ; le Cid, c'est-à-dire le Roland de l'Espagne, le héros le plus populaire, le plus chanté, le plus vanté, et non sans raison, des preux du moyen-âge dans la péninsule ibérique.

La ville épiscopale de Zamora garde précieusement des sculptures et des monuments de cette époque reculée. La cathédrale et l'église de la Madeleine, du reste assez sobres d'ornementation, furent exécutées par des Normands dans le style byzantin, mais d'après leurs inspirations artistiques personnelles. On y voit des tombeaux d'un caractère hardi, noble et ferme ; des figures d'évêques qui dorment en priant ou qui semblent attendre, dans l'hospitalité de la mort, le jour de la résurrection.

Entre autres reliques remarquables, on vénère, dans la cathédrale de Zamora, *la Cruz de Carne*, la croix de chair, qui fut donnée jadis miraculeusement à un religieux bénédictin, lors d'une épidémie qui décimait la contrée. On la conserve pieusement et, chose à noter, quand les malades l'appellent auprès d'eux, elle leur accorde, dans l'espace de quatre jours, la guérison complète ou une vie meilleure en l'autre monde.

Nous visitons également la belle église de Saint-Ildefonse et de Saint-Atilan.

Dois-je faire mention aussi de la chapelle des Clarisses, dans laquelle on montre une statue miraculeuse de la Vierge Marie, Notre-Dame de la Dormition, *Nuestra Señora del Transito*, dont l'histoire est populaire à Zamora ? Une tradition rapporte que les anges auraient apporté cette statue à deux pèlerins restés sans abri pendant la nuit pour les récompenser de leur foi, et pour leur procurer par ce moyen le gîte dont ils avaient besoin.

Quand on quitte Zamora pour descendre vers le sud, on rencontre un système de fortifications anciennes auquel se liaient Salamanque et Zamora ; on y voit des mouvements de terrain d'une étendue de plusieurs kilomètres, des forteresses sur les hauteurs, des tours d'églises correspondant les unes aux autres et formant deux longues lignes de signaux.

Nous avons pu voir toutes ces particularités en détail, puisque nous faisions le voyage à pied et que l'on ne manquait jamais de nous donner toutes les indications, tous les renseignements désirables. Nous passâmes par *Morales, Corales, Cubo*, et le dimanche 29 juillet, nous étions aux portes de Salamanque. La réception qu'on nous fit en cette ville fut écrasante ; *nous mîmes trois heures pour parcourir deux kilomètres !* une foule compacte se serrait autour de nous, et quand on songe que nous étions en plein été, sous le soleil brûlant de la Castille, épuisés par des marches forcées et un long voyage, on concevra facilement combien ces ovations qu'on nous faisait devaient nous être à charge.

Mais il est temps de clore ici ce chapitre et de réserver pour Salamanque un article spécial que nous commencerons par la citation d'une lettre adressée au *Pèlerin* de Paris.

SALAMANQUE.

Salamanque, 1er août.

PRÈS Orense et Zamora, voici Salamanque. Les Pères Dominicains exilés de France, comme nous, nous ont reçus comme de vrais frères, et cette rencontre de religieux expulsés sur la terre étrangère a été très touchante.

Que de souvenirs, que de richesses, dans l'ordre de la piété, de la science, de l'art, sont accumulés ici ! Nous avons dîné avant-hier, avec les Pères Dominicains, dans la salle où Melchior Cano donnait ses leçons. Nous avons pris notre récréation au pied de la croix devant laquelle saint Vincent Ferrier ressuscita une morte. Nous nous sommes promenés sous les cloîtres et dans la salle où Christophe Colomb vint faire sa fameuse conférence sur ce Nouveau Monde qu'il allait découvrir. Nous nous sommes assis dans la chaire où enseigna le fameux Augustin Fr. Louis de Léon ; nous avons vu les bancs sur lesquels saint Thomas de Villeneuve et saint Jean de Saint-Facond ont entendu les leçons des grands maîtres de la célèbre Université ; nous nous sommes assis sur le fauteuil où ils siégeaient quand ils prirent leurs grades.

Le Recteur de l'Université nous a accompagnés en personne pour nous faire voir tous les détails de cette antique École de savants du moyen-âge, illustrée par les Soto, les Vasquez, les

Suarez, et tant d'autres célébrités de la théologie et de la science ecclésiastique.

Mais le plus attrayant pour nous, c'est le corps de saint Jean de Sahagun et celui de saint Thomas de Villeneuve, placés dans deux urnes magnifiques à droite et à gauche du maître-autel de la cathédrale.

Puis, la chambre où sainte Thérèse établit le Carmel avec la première fondation de ses filles, sur un peu de paille pour toute installation. C'est le Crucifix qui lui parla, dans une chapelle latérale de l'église des Dominicains. C'est ensuite le puits d'où, avec la *correa*, ou ceinture augustinienne, saint Jean de Sahagun retira un enfant noyé et le ressuscita, etc., etc.

Reçus à notre arrivée par Monseigneur lui-même en sa cathédrale, nous avons mis trois heures pour faire deux kilomètres, tant la foule était

CHRISTOPHE COLOMB.
(D'après le portrait original de la Bibliothèque du roi d'Espagne.)

FAC-SIMILE DE LA SIGNATURE DE CHRISTOPHE COLOMB.

compacte. C'est inouï. Conduits par le clergé, les confréries, les Dominicains, les Jésuites, etc., nous sommes entrés par la porte qui ne s'ouvre qu'aux prélats, et nous avons chanté, sous les voûtes magnifiques de la basilique, le *Salve Regina*.

Le lendemain, à six heures du matin, toute la communauté

assistait à la messe dans la petite chambre où saint Jean de Saha-

UNIVERSITÉ DE SALAMANQUE.

gun, malade à dix-neuf ans, demanda à DIEU ou de le rappeler à Lui ou de lui indiquer ce qu'il avait à faire ; et saint Augustin lui apparut pour lui comm..nder d'entrer chez les Augustins de Salamanque, où il devait rencontrer saint Thomas de Villeneuve, saint Alphonse d'Orozco et cinq ou six autres jeunes religieux qui brillèrent par leurs vertus et par leurs miracles.

De là, nous allâmes chanter la messe dans la grande et célèbre église des Dominicains. Un Père espagnol fit un beau sermon sur les pèlerinages et sur les liens de fraternité qui unissent les Augustins aux fils de saint Dominique.

Comme c'était le 31 juillet, fête de saint Ignace, nous allâmes ensuite, à dix heures, chanter une troisième

SAINT VINCENT FERRIER.
(D'après Francisco Ribalta.)

messe à la chapelle des Pères Jésuites, qui nous donnaient l'hospitalité dans le superbe séminaire dont ils ont la direction.

Pour clore cette belle journée, Monseigneur vint donner au salut une instruction pleine de considérations élevées, délicates, souverainement bienveillantes sur les pèlerinages, le bien qu'ils font, les conditions qu'ils doivent présenter, le profit qu'il faut en tirer. Sa Grandeur s'efforça d'établir que notre pauvre pèlerinage était une œuvre dont les fidèles devaient tirer profit, et qu'au lieu d'avoir à remercier, nous devions être remerciés nous-mêmes.

Ce matin, les fidèles ont répondu à un nouvel appel de leur grand et saint évêque ; durant près d'une heure, ils se sont succédé au banc de Communion, unissant ainsi leurs prières et leurs sacrifices à nos prières et à nos sacrifices : marque touchante de sympathie dont nous ne perdrons pas le précieux souvenir.

Avant de quitter Salamanque, nous sommes allés recevoir une dernière bénédiction de Monseigneur en son palais (1), et, à dix heures, nous partions, escortés par la commission épiscopale, les membres du clergé, les Pères Jésuites, les Pères Dominicains, les professeurs de l'Université, les diverses notabilités, etc., etc.

En route, une heure au-delà de la ville, nous rencontrions le noviciat des Pères Dominicains français qui nous attendaient et qui nous accueillirent avec l'hymne *Magne Pater Augustine*. Aux cris de *Vive la France ! Vive saint Dominique ! Vive saint Augustin !* nous nous séparâmes, et peu de temps après nous arrivions, pour passer la chaleur du jour, à la maison où sainte Thérèse dormit et reposa plus d'une fois.

Telles étaient, exprimées à la hâte, il est vrai, les impressions que nous emportâmes de Salamanque, la *Mère des vertus, des sciences et des arts*, comme l'appellent encore les Espagnols. Il

---

1. C'est Mgr l'évêque de Salamanque que nous venions de voir et qui plus tard, transféré à Madrid, y fut assassiné par un impie le jour des Rameaux.

ne me déplaît pas d'ajouter quelques mots pour donner au lecteur une idée plus complète de cette ville autrefois si célèbre.

Salamanque eut vingt-cinq paroisses, quarante monastères, vingt-cinq collèges particuliers, et jusqu'à mille étudiants qui firent pendant des siècles la gloire de son incomparable Université.

Située sur le penchant d'une colline, dans un pays fertile mais monotone, cette ville occupe la rive droite du Tormès, qu'on traverse sur un beau pont de vingt-sept arches. Nulle part je n'ai vu plus de monuments ; mais aussi nulle part je n'ai vu plus de monuments inachevés ou détruits. Salamanque a l'air de pleurer sur ses grandeurs du XIIe et du XVIe siècle.

Fort heureusement les édifices debout, bâtis avec une pierre de grès d'une teinte jaune rougeâtre, ont une certaine fraîcheur qui les rehausse et leur conserve beaucoup d'éclat. Ainsi la vieille cathédrale, œuvre de la fin du XIIe siècle, a l'air d'être sortie hier des mains de l'architecte ; et la nouvelle cathédrale, qui est du XVIe siècle, malgré la richesse et la profusion de ses détails, paraît bien moins remarquable.

San-Tome, église byzantine du XIe siècle, *Santa-Eulalia San-Adrian*, décorées de têtes de loups, comme on en voit si communément en Angleterre, de corniches en billettes et de frises en damier, portent le cachet de l'École normande. Ce qui est vraiment espagnol, c'est le double bâtiment de l'Université, dont les façades sont de véritables ouvrages d'orfèvrerie, tant le travail en est menu. Et nous citerons encore le palais servant à l'entrepôt du sel, l'hôtel de *Cuenea*, le collège *Guadalupe*, et le collège actuel des Irlandais, le plus bel édifice que possède la ville dans le style Renaissance.

Salamanque a perdu son cachet d'autrefois, qui était en même temps sa vie et sa richesse. Sans industrie, sans commerce, elle s'est appauvrie parce que son Université et ses écoles sont tombées, et que le gouvernement espagnol n'a rien fait pour les relever. Il faut évoquer le souvenir de ces milliers de jeunes gens bruyants, accourus du monde entier pour recueillir les savantes leçons des grands docteurs du moyen-âge ; il faut se rappeler tout ce qu'on a lu dans les livres d'histoire ou de littérature et se représenter la bande d'écoliers tapageurs, quelquefois aventuriers, qui remplissaient les rues de la ville de leurs exploits et de leurs méfaits, pour rendre à Salamanque tout ce qu'elle avait jadis, et qu'on chercherait en vain aujourd'hui dans ses murs silencieux.

SAINTE EULALIE.

La Révolution a passé.

Salamanque est veuve de ses étudiants, dont elle n'a gardé qu'un nombre dérisoire. Les vieux bancs de chêne sur lesquels se sont assis des foules de jeunes gens pendant des siècles, sont encore là, mais ils sont vides ; les grandes chaires des doctes professeurs sont toujours debout, mais couvertes de poussière ; les vastes salles désertes ressemblent à des cimetières ; et si, çà et là, émerge un monument splendide, quoique dégradé, on peut dire qu'il ne subsiste que comme témoin de tant de gloires à jamais évanouies.

J'ai oublié de dire que le Tormès enlace la ville de l'un de ses circuits. Notons que le Tormès a un peu d'eau, ce qui n'arrive pas à toutes les rivières qui arrosent les grandes villes d'Espagne (1). Cette eau, il est vrai, est jaunâtre et n'est potable qu'après avoir été filtrée soigneusement ; mais j'en parle ici à cause d'un proverbe du pays qui dit : « *Ha bebido de las aguas del Tormès*, Il a bu des eaux du Tormès. »

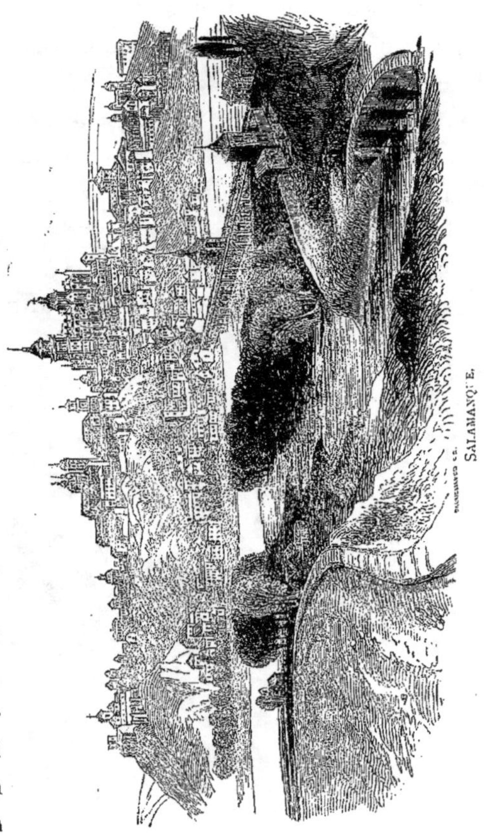

Cette expression est-elle un compliment ou une satire ? Si je ne me trompe, elle peut, suivant l'acception qu'on lui donne, servir de l'un ou de l'autre. En tous cas, elle est empruntée à l'ancien vocabulaire académique

---

1. Ainsi le *Manzanores* (le nom promet cependant beaucoup), qui traverse Madrid, est presque toujours à sec.

de Salamanque. Et l'on sait si les étudiants sont bénins !

Terminons ce chapitre sur Salamanque en disant que Napoléon Ier, dans la guerre qu'il fit à l'Espagne, détruisit en 1812 beaucoup de couvents et de collèges à Salamanque. Le rapport de Wellington, peut-être un peu exagéré, porte que les Français, entre autres actes de violence, ont saccagé treize couvents sur vingt-cinq et vingt autres grands bâtiments.

Hélas ! à la honte de la France, nous avons constaté semblable vandalisme en bien des villes et même en bien des villages. Faut-il se plaindre après cela que l'Espagnol ait gardé un peu rancune au nom français ? L'amitié des deux nations ne peut être solide que sur le terrain catholique.

Chapitre Dix-septième.

LE CŒUR ET AUTRES RELIQUES DE SAINTE THÉRÈSE A ALBA DE TORMÈS.

E trajet de Salamanque à Alba se fait très facilement en une journée de marche.

« On ne saurait imaginer le plaisir ineffable que l'on éprouve en parcourant les lieux où les saints ont vécu. On se sent, pour ainsi dire, moins loin de ces êtres sublimes. Il semble qu'ils aient laissé quelque chose d'eux-mêmes aux lieux qui les ont vus, comme ces fleurs qui communiquent leurs parfums à tout ce qui les touche. C'est peut-être une illusion, mais on se surprend à penser qu'ils nous sourient du haut du Ciel pendant que nous visitons ces débris de leur habitation terrestre, et l'on attribue à leur regard ces douces émotions dont on se sent l'âme remplie (1). »

Nulle part, mieux que dans l'église du Carmel d'Alba de Tormès, le pèlerin n'éprouve ces pénétrantes émotions. Tout y parle de sainte Thérèse, de sa vie, de ses ravissements, de sa mort, de sa gloire. C'est le reliquaire du plus cher joyau de l'Espagne.

L'église, située sur une petite place d'Alba, est en forme de croix latine. Du fond de la nef, le pèlerin a sous les yeux les plus grands souvenirs. En deçà du transept, à main gauche, c'est d'abord la grille défendant l'entrée de la fosse où était

---

1. Bougaud, *Histoire de sainte Chantal*, c. IV.

déposé autrefois le saint corps, et la petite chapelle, à demi souterraine, où se célébra la première messe en l'honneur de la chère sainte. Derrière le maître-autel, et un peu au-dessous, apparaît, à travers des barreaux d'argent, le glorieux sépulcre, dû à la munificence de Ferdinand VI et de Marie-Thérèse de Portugal.

Au côté de l'épître, dans le fond du sanctuaire, cachés par une porte dorée, le cœur et le bras gauche de la grande sainte sont dans un tour claustral, et c'est là que nous allons vénérer ces précieuses reliques.

SAINTE THÉRÈSE.
(D'après un portrait du temps.)

Le reliquaire est en forme d'arc, tout en argent massif, avec des ornementations d'or et des pierres précieuses. De chaque côté un ange porte une inscription sur une banderole; à droite on lit : *Thérèse de Jésus ;* à gauche : *Jésus de Thérèse.*

Le saint cœur est renfermé dans du cristal, et retenu dans la position qu'il y occupe par trois fils de métal, de la grosseur d'un millimètre. Ces fils ne compriment pas la relique vénérée, ils suivent ses ondulations.

Le cœur mesure onze centimètres de hauteur ; il est desséché et, à première vue, il se présente sous une couleur marron sombre, quoiqu'un regard plus attentif fasse bientôt distinguer d'autres nuances difficiles à bien définir. Une profonde blessure se voit de face, à droite et dans les oreillettes. Des taches de sang partent de la blessure, dont les lèvres en portent plus spécialement l'empreinte.

Au fond du cristal existe une couche assez considérable d'une matière pulvérisée ; son origine, longuement discutée, semble avoir pour cause l'émanation des effluves sortis du cœur.

Mais le plus étonnant phénomène de cette relique merveilleuse est, sans contredit, la croissance des épines, au nombre de quinze, et dont la plus longue a sept centimètres. Leur première apparition remonte à l'année 1836 : les deux premières épines parurent en effet le dix-

RELIQUAIRE DU CŒUR DE SAINTE THÉRÈSE.

neuf mars de cette année ; puis successivement, le vingt-sept août 1864, en 1873 et en mai 1875, on en vit poindre un grand nombre, notamment le sept et le dix-huit mai.

Or ces dates, personne ne l'ignore, sont celles des grandes commotions politiques et religieuses de l'Espagne. L'apparition successive de ces épines, à ces différentes époques, dans le cœur d'une sainte qui avait brûlé d'un si vif amour pour Dieu et pour la Sainte Église, ne marquerait-elle pas la douleur que cette illustre sainte semble éprouver, jusque dans son tombeau, à la vue de la révolte du genre humain contre son Créateur et de tant de fidèles contre l'Église leur Mère ? (1)

Disons un mot, maintenant, de l'autre relique renfermée dans le tour claustral, le bras gauche de sainte Thérèse.

Il est un peu plié et scellé dans un tube de cristal. De l'épaule jusqu'au coude, les chairs ont été enlevées et distribuées en reliques moindres ; mais l'avant-bras est intact, grand et beau. La main manque ; elle a été détachée pour être donnée à un Carmel de Lisbonne ; mais la place où a été faite cette section est aussi fraîche et aussi vermeille que si on venait de faire une opération de chirurgie sur une personne vivante.

Telles sont les deux reliques insignes qu'on voit à Alba de Tormès. Mille autres souvenirs ou parcelles de souvenirs ont été distribués et emportés aux quatre vents du ciel. Ce sont autant de perles précieuses qui brillent partout : mais la mère-perle est dans ce monument d'Alba. DIEU, en effet, a revêtu le saint corps d'un manteau de gloire incomparable ; c'est un foyer d'où la lumière et la beauté divines rayonnent de toutes parts, jusqu'aux extrémités du monde.

Placé au-dessus du maître-autel, le tombeau se voit de tous les points de l'église, et les restes impérissables qu'il renferme encore jettent de là un reflet d'immortalité sur toutes les parties de l'édifice et sur la mémoire des bienfaiteurs qui l'élevèrent et l'embellirent. Thérèse perpétue ainsi dans le temps le souvenir de ces âmes généreuses, et l'on ne peut s'empêcher d'assimiler leur sort dans l'éternité à l'heureux sort de son vieil ami

1. Pour plus de détails cf. A Durand, *Le Cœur de sainte Thérèse conservé et glorifié.*

d'Avila, auquel elle écrivait, avec tant de charme et de simplicité, de se tenir prêt à partir pour le Ciel, parce que, si elle arrivait avant lui, elle ferait tout son possible pour l'y faire venir aussitôt lui-même.

Terminons notre visite à l'église d'Alba par quelques remarques sur certains détails.

A l'ombre du tombeau de sainte Thérèse, des bienfaiteurs du nouveau Carmel ont voulu reposer dans la mort sous le regard protecteur de l'illustre héroïne. L'un de ces monuments funéraires attire surtout l'attention par les souvenirs touchants qu'il rappelle. Sous une arcade creusée dans le mur, un gentilhomme est représenté, sur la pierre

LE BIENHEUREUX JEAN D'AVILA.
D'après une ancienne gravure.

sépulcrale, à côté de celle que DIEU lui donna pour compagne ; un jeune homme est étendu en travers, aux pieds des deux époux : c'est Jean d'Ovalle, Jeanne de Ahumada, et leur fils Gonzalve.

Jeanne de Ahumada, la plus jeune sœur de sainte Thérèse, avait été élevée au monastère de l'Incarnation d'Avila par la sainte. Mariée plus tard à Jean d'Ovalle, elle faisait réparer le couvent du Carmel Saint-Joseph, lorsque les débris d'un mur tombèrent sur le jeune Gonzalve, âgé de cinq ans. Le pauvre enfant ne donnait plus signe de vie. Le père et la mère, au désespoir, recourent à la sainte. Celle-ci, le prenant sur ses genoux, le couvre de son voile, se penche sur son visage pâle et invoque le Maître de la vie. L'ardente prière fut exaucée.

L'enfant se recommandait plus tard à sa sainte tante et lui disait ces paroles délicieuses :

— Petite sœur de ma mère, je vous aimerai bien ; mais demandez à Dieu que je ne l'offense jamais et que j'aille au Ciel. Vous êtes rigoureusement obligée de le faire; ne m'avez-vous pas arrêté en chemin, lorsque j'étais tout petit enfant ?

Puis, avec un sentiment d'ineffable tendresse et les mains jointes, il ajoutait :

— O ma mère, qu'il y a des années que je jouirais de la vue de Dieu, si vous ne m'aviez empêché d'aller à Lui ! Voyez donc ce que vous m'avez ravi, voyez ce que vous me devez. Je vous le réclame et je l'attends de vos bonnes prières.

Notre pèlerinage à Alba de Tormès laissa dans nos cœurs de bien doux souvenirs. Les impressions que reçoit, dans ce lieu privilégié de la grâce, le fidèle bien disposé, sont trop intimes pour pouvoir être livrées au public. Mais je puis prédire à ceux de mes lecteurs qui entreprendront jamais le pèlerinage au Carmel d'Alba, qu'ils en reviendront meilleurs, plus heureux, et le cœur tout embaumé d'une douce reconnaissance envers Dieu et envers la chère sainte Thérèse.

Notre itinéraire nous portait ensuite vers Avila. Nous passâmes successivement par le grand village de *Peñaranda*, où nous fûmes reçus aux cris de : *Vive la France catholique !* puis par *Fontiberos*, lieu de naissance de saint Jean de la Croix, dont on vénère encore la maison, transformée en oratoire. Peu de voyageurs sont allés à Fontiberos ; c'est une petite localité qui ne se glorifie que d'une chose, d'avoir été la patrie du grand réformateur des Carmes ; dans l'église paroissiale, on voit les fonts baptismaux dans lesquels le saint fut régénéré ; sur la façade de sa maison paternelle, on lit l'inscription suivante : « Aqui nacio nuestro Padre san Juan de la Cruz. Ici naquit notre Père saint Jean de la Croix. »

Un village voisin porte le nom du saint; nous le traversâmes avant d'arriver à Avila, dont je vais parler maintenant.

Chapitre Dix-huitième.

AVILA. — LES SOUVENIRS DE Ste THÉRÈSE.

E pèlerinage au pays de sainte Thérèse est aujourd'hui moins pénible et moins long qu'autrefois, car le chemin de fer de Bayonne à Madrid a une station à Avila, où elle est née. Le train qui vous emporte passe d'abord par une longue suite de tunnels, dérobant à la vue la lumière du jour. Mais on sort bientôt de ces obscurs souterrains et l'on arrive dans les plaines les plus riantes et les mieux éclairées par le brillant soleil du Midi. Vers le milieu du plateau central de la péninsule, que l'on parcourt alors, s'élève une haute chaîne de montagnes formées par le fameux Guadarrama et son prolongement occidental. Cette chaîne sépare le bassin du Douro du bassin du Tage. On en sent les approches lorsque, après avoir traversé les campagnes fertiles qu'arrose le premier de ces fleuves, on atteint le sud de la vieille Castille. Des plis de terrain, des collines, des chaînes secondaires se multiplient alors de plus en plus et voilent sans cesse le paysage placé en avant. Enfin, on franchit un dernier obstacle et l'on aperçoit tout à coup sur sa droite, au-delà d'un ravin profond, une ville fortifiée. C'est la ville natale de sainte Thérèse.

Cette ville est située à l'entrée des panoramas les plus sauvages de l'Espagne, non loin de Guadarrama, à l'extrémité de l'un de ces contre-forts qui, s'abaissant de plus en plus, viennent expirer sur les bords de l'Adaja, tributaire du Douro. Si l'on se place sur les hauteurs voisines, au couchant, on voit la rivière couler à ses pieds, et au-delà, la ville s'élever en amphithéâtre entre deux abîmes que bordent des rochers à pic : en sorte que, naturellement fortifiée de trois côtés, à l'ouest, au sud et au nord, elle n'est accessible que du quatrième, à l'est, où passe le chemin de fer. Le ciel y est pur et l'air très vif, le sol fertile et le site des plus pittoresques.

On dit qu'autrefois les collines des alentours étaient couvertes d'arbres fruitiers. De là vient que les premiers habitants du pays l'appelèrent d'un nom celte, *Abad* ou pommier, les Grecs et les Latins, *Aboula* ou *Abula*, et enfin les Espagnols *Avila*.

Les fortifications ajoutées par la main des hommes sont encore bien conservées. Les murailles offrent un aspect des plus imposants. Elles sont percées de huit portes, flanquées d'élégantes tours et armées de créneaux et mâchicoulis. On les doit à un prince

S. FERDINAND, ROI DE CASTILLE.
Peinture de l'une des fenêtres latérales de la
Collégiale de la ville d'Eu.

français, Raymond, parent de Henri de Bourgogne, qu'il suivit en Espagne pour secourir le roi de Castille, Alphonse VI, eontre les Sarrasins.

La religion devint très florissante à Avila, et, suivant un proverbe, *les saints y devinrent aussi nombreux que les pierres*, c'est-à-dire que les blocs de granit épars de tous côtés dans la campagne. Ce peuple de saints se rangea autour de sainte Thérèse, et la ville fut nommée Avila des saints, *Avila de los santos*.

C'est là sa gloire la plus pure et la plus belle, ce qui la rend à juste titre la perle de la Vieille Castille, l'orgueil du royaume de saint Ferdinand et l'envie du monde catholique.

Cette petite ville, d'environ 10,000 âmes, n'a pas aujourd'hui le tiers de sa population d'autrefois. Elle est bien déchue de son ancienne splendeur. Mais tout y rappelle encore la grande sainte Thérèse qui y est née.

Thérèse naquit en effet à Avila, en 1515, sous le pontificat de Léon X et la régence de Ferdinand V, qui gouvernait en Castille pour Jeanne, sa fille, mère de Charles-Quint. Par une disposition de la Providence, ce fut la veille même de Saint-Berthol, premier général des Carmes parmi les Latins, le 28 mars, que la future réformatrice du Carmel vit le jour.

Si, des collines occidentales où l'on se place, on jette un coup d'œil sur l'enceinte fortifiée, trois points culminants fixent d'abord les regards. C'est à gauche un campanile percé à jour, reste d'un ancien couvent de Carmes ; en face, la cathédrale avec sa tour carrée, qui domine toute la ville ; à droite, le monastère des Carmes déchaussés, construit sur l'emplacement de la maison paternelle de sainte Thérèse.

Au-delà, on aperçoit encore deux tours : celle de l'église Saint-Jean, où elle fut baptisée, et celle du palais épiscopal, ancien collège de Saint-Gilles, bâti par les Jésuites au temps où elle vivait.

Mais ce n'est pas là sa ville natale. Derrière cette enceinte est caché un faubourg, qui s'étend sur le sommet et sur les deux revers du contre-fort où s'élève Avila, jusqu'à la distance d'un kilomètre, à mi-chemin de la station.

Avila, qui a encore ses vieux remparts de huit siècles, tout meurtris par les Maures, doit ressembler beaucoup à ce qu'elle était en 1515, lorsque la sainte y vint au monde, et à ce qu'elle était en 1522, quand la petite Castillane, âgée de sept ans, prenait résolument la route de Salamanque avec son frère aîné, pour essayer de mourir. Elle faisait, on le voit, de suite usage de sa raison, et voici comment :

A cet âge de sept ans, la future sainte lisait beaucoup avec le plus jeune de ses frères les *Vies des Saints*. Le récit des supplices des martyrs les avait épris du désir de marcher sur leurs traces, car, disaient-ils, *c'est acheter le Ciel à bon marché*.

Et les petits, passant à l'exécution, se rendaient par la route au pays des Maures terribles. Laissons raconter sainte Thérèse :

« Nous prîmes la résolution de quitter en secret la maison paternelle, et de nous rendre au pays des Maures, dans l'espoir qu'ils nous feraient mourir de leurs mains et qu'ils nous enverraient droit au Ciel. Nous nous étions mis en chemin, priant Dieu de vouloir bien agréer le sacrifice de notre vie. A une petite distance de la ville, nous fûmes rencontrés par un de nos oncles, qui nous ramena et nous rendit à notre mère, déjà bien alarmée de notre évasion. On nous gronda beaucoup. »

Au lieu où l'oncle les rencontra, près de la ville, la piété des fidèles a élevé un modeste monument, une croix sous un dôme de pierre.

L'enfant qui devait plus tard être la lumière et la gloire du Carmel, était cependant loin encore de la vertu héroïque lorsqu'elle entra toute jeune au monastère. Une prophétie qui la concernait précéda de peu son arrivée au couvent de l'Incarnation que nous allons visiter. Un étranger, passant un jour par là, avait dit :

« Une sainte viendra prochainement habiter sous ce toit, et son nom sera Thérèse. »

Apprenant ce fait au temps où elle était encore une jeune et joyeuse novice, Thérèse dit à l'une de ses compagnes qui portait le même nom qu'elle :

« Laquelle de nous deux sera la sainte ? »

Pour visiter d'abord le berceau de sainte Thérèse, il faut traverser l'Adaja, en passant sur le vieux pont célèbre dans sa vie. En face, on a une porte de la ville : la *Puerta del Puente ;* et à droite, un chemin creusé dans le roc, hors de l'enceinte, conduit aux portes du sud. On prend ce chemin et l'on gravit la colline. Bientôt l'on débouche sur une magnifique promenade. De là on domine une plaine immense et unie, où la vue n'est limitée au loin que par le prolongement occidental du Guadarrama. C'est sur le revers de la colline que s'étend le grand faubourg d'Avila dont nous avons parlé. A mi-côte apparaît la petite église de Sainte-Scolastique, près de laquelle était située la maison paternelle de notre sainte.

Dès les premiers pas que l'on fait dans la ville, on arrive sur une place au-delà de laquelle on aperçoit la façade d'une église de la Renaissance. Au-dessus de la porte est une statue de sainte Thérèse ; et plus haut, un écusson portant les armes du comte d'Olivarès, son fondateur, qui la fit bâtir en son honneur vers l'an 1630, sur l'emplacement de la maison où

COUVENT SAINT-JOSEPH, A AVILA.

elle était née et où s'étaient passées les premières années de sa vie. C'est l'église de la *Santa*, celle de l'ancien monastère des Carmes déchaux. Son plan dessine une croix latine orientée du sud au nord.

En pénétrant dans le bras occidental de cette croix, on se trouve dans une chapelle dédiée à Notre-Dame du Mont-Carmel. A droite s'ouvre une porte menant à une autre chapelle qui est tout particulièrement consacrée à sainte Thérèse.

Quelques-unes de ses reliques sont conservées dans la petite sacristie contiguë à cette chapelle. On croit que cette partie de l'église occupe l'emplacement de la chambre où elle est née. Derrière l'autel de Notre-Dame du Mont-Carmel, on voit sur le mur extérieur une grande pierre carrée. Elle porte une inscription apprenant que la sainte naquit et vécut en ce lieu. Au-dessous est le jardin où elle construisait des ermitages. Or ce petit jardin est situé dans l'angle que forment le bras de croix occidental de l'église et le corps principal de cet édifice. C'est un rectangle qui a cinq mètres de largeur sur environ vingt-sept de longueur. On y a placé tout récemment une statue ravissante de la sainte, qui a été sculptée et offerte par un Français.

Si, du lieu de naissance de sainte Thérèse, nous passons aux monastères qu'elle a habités, nous nous transportons tout d'abord au couvent de Saint-Joseph : c'est ici qu'elle a revêtu les livrées du Carmel et commencé sa vie de pauvreté et de pénitences héroïques. On y vénère différentes reliques bien précieuses : un crucifix, une ceinture ensanglantée, une clavicule de la sainte, son rosaire, une sandale, le bâton dont elle se servait dans ses voyages, et plusieurs autres objets qui lui ont appartenu, tels que les œuvres de saint Grégoire et les *Confessions* de saint Augustin, annotées de sa propre main, un lit et un oreiller tout en bois, un bassin dans lequel elle se saignait, une selle qui lui servait à voyager à cheval, des lettres d'elle et de saint Pierre d'Alcantara.

Le monastère de l'Incarnation fut, d'après Lezana, fondé en 1513, par la munificence d'Elvire de Méderia. Il est bâti à une petite distance de la ville, vers le septentrion. Ce vaste couvent, situé dans une délicieuse vallée, possède un très beau jardin avec des eaux limpides et abondantes. Ce monastère, dès l'année 1550, renfermait cent quatre-vingt-dix religieuses : « J'ai vécu, dit sainte Thérèse, dans une maison où il y avait cent quatre-vingt-dix religieuses. »

Le monastère d'Avila offre de nos jours à peu près le même aspect qu'il présentait il y a trois siècles.

Entrons d'abord à l'église, où sainte Thérèse pria tant d'années. Une petite chapelle, à gauche, marque l'endroit où était sa cellule. Une inscription gravée dans le pavement porte ces paroles :

« La terre que vous foulez est sainte. »

Pénétrons plus avant. Voici le confessionnal de sainte Thérèse ; voici également la chapelle de la Transverbération (1).

Voici encore l'endroit où, le dix-huit novembre 1572, Thérèse, après avoir communié de la main de saint Jean de la Croix, vit Notre-Seigneur Jésus-Christ et reçut de lui le titre d'Épouse.

La Table de communion où Thérèse, pendant trente ans, vint si souvent se nourrir du pain des Anges et où elle a reçu un gage si éclatant de l'amour de Jésus-Christ, a été conservée avec des soins infinis. Elle se trouve au milieu de la grande grille, entre les deux fenêtres du chœur qui s'ouvrent sur la nef de l'Église.

Que de souvenirs à chaque pas que nous faisons !

Les religieuses conservent encore à l'intérieur du monastère

---

1. Dans le chapitre précédent, nous avons parlé de la blessure mystérieuse faite par un ange dans le cœur de sainte Thérèse. Nous prions le lecteur de se reporter à ce passage.

plusieurs autres objets ayant appartenu à la séraphique Mère. Nous remarquâmes spécialement son voile et sa robe de profession, son crucifix de bois et l'Enfant Jésus qu'elle emportait toujours avec elle dans ses voyages de fondations, une toile brodée de sa main, etc. Une peinture très intéressante nous fut montrée : elle représente saint Pierre d'Alcantara tel qu'il apparut après sa mort à sainte Thérèse, lui disant : « La gloire dont je jouis à présent, par la miséricorde de Jésus-Christ, est le fruit de mes pénitences. »

Citons encore une image du Crucifiement, peinte par saint Jean de la Croix, et les fameux parloirs où la sainte eut, pendant quelque temps, des entrevues inutiles dont elle fut punie par de terribles apparitions, figurées sur des peintures qu'on y a mises ; et ceux où elle fut ravie en extase avec saint Jean de la Croix.

Peu d'années avant sa mort, lorsque déjà elle était fondatrice de plusieurs monastères de sa réforme, sainte Thérèse fut nommée, malgré elle, prieure du couvent de l'Incarnation, afin de le ramener à une observance plus régulière. On rapporte d'elle un fait touchant qui se passa à cette occasion. La Sainte ne voulut point occuper la première place au Chapitre ; elle mit dans sa stalle une statue de la Sainte Vierge tenant entre ses mains les clefs du monastère.

Disons également un mot du jardin du monastère. D'un aspect très riant, il est plus étendu qu'il ne l'était du temps de sainte Thérèse. On y a enclavé, en effet, la maison de saint Jean de la Croix avec le sol environnant.

La demeure du Saint est devenue une chapelle octogone. C'est aujourd'hui l'ermitage de Saint-Jean de la Croix. Il contient une bien précieuse relique. L'autel de l'oratoire a été construit avec le bois de la cellule de sainte Thérèse. C'est pour cette raison qu'il ne conserve aucune peinture.

Une visite maintenant à la belle église de San Tomas et au couvent adjacent. Les Pères Dominicains espagnols y forment une belle communauté. C'est dans cette église que se trouve l'admirable tombeau du jeune prince don Juan, fils unique de Ferdinand et d'Isabelle, mort à Salamanque en 1497, à la fleur de l'âge. Cette mort du futur héritier du trône fut un grave événement politique pour l'Espagne, alors à peine constituée sur ses bases par les rois catholiques ; mais Dieu lui envoya, de notre patrie, un grand monarque qui devait élever la péninsule à l'apogée de sa prospérité et étendre sa gloire dans toute l'Europe.

Il se conserve aussi, dans l'église des Dominicains, une relique insigne à laquelle on rend tous les honneurs dus au Corps de Notre-Seigneur Jésus-Christ. Je veux parler de la *Sagvada Forma*, qui est une Hostie miraculeuse trouvée, il y a quatre cents ans, dans le livre d'un Juif qui l'emportait pour la profaner : l'Hostie sainte apparut environnée d'une lumière extraordinaire qui éveilla les soupçons; elle fut recueillie et on la garde dans une sorte d'ostensoir renfermé dans un tabernacle ; elle est presque intacte, d'un blanc gris, et beaucoup plus grande que les Hosties qui servent aujourd'hui à la communion des fidèles.

Mentionnons enfin le confessionnal du P. Alvarez, directeur de sainte Thérèse, un grand Christ devant lequel pria bien souvent la chère Sainte, et, comme détail de sculpture, les stalles du chœur des religieux, qui sont superbes. Le couvent étant de fondation royale, on a réservé deux stalles plus riches que les autres pour les rois fondateurs.

Je n'ai encore rien dit de la cathédrale d'Avila. Commencé en 1091, cet édifice ne fut achevé qu'au commencement du XIII⁰ siècle. Au nord, s'étend le grand cloître carré dont les murs sont, ainsi que ceux du temple, entièrement bâtis en granit rouge et blanc. Le chœur des chanoines, qui se trouve au centre de la nef, comme partout ailleurs, est moins monumental que de coutume, et par là même aussi d'un effet moins désagréable.

Les deux chaires de vérité sont de petits chefs-d'œuvre de ferronnerie ; elles sont placées à l'entrée du sanctuaire, à droite et à gauche, et correspondent ainsi parfaitement aux ambons de la primitive église.

L'abside est enchâssée dans les murs de la ville : aussi est-elle construite en forme de forteresse, flanquée de bastions avec créneaux et mâchicoulis. Quand on la considère de l'extérieur, on la prendrait facilement pour un petit château Saint-Ange par exemple, si l'on ne voyait s'élever par-dessus les flèches légères de la façade.

Dans le trésor, on peut voir le calice de saint Second, la Madone à laquelle sainte Thérèse se consacra, etc., etc.

Ce n'est pas sans regret ni serrement de cœur que l'on quitte *Avila la Sainte*. Cette ville est une de celles qui, pour un catholique, font penser à la patrie d'en haut ; ce sont des émotions célestes qu'on y ressent: on voudrait y rester toujours ; on ne saurait l'oublier jamais.

Chapitre Dix-neuvième.

D'AVILA A SÉGOVIE ET RETOUR.

E mardi 7 août, après une dernière visite aux diffé-
rents sanctuaires d'Avila, et à l'église des Augus-
tines, où la sainte Réformatrice du Carmel fut élevée,
nous partîmes pour Ségovie en passant à *Villacastrin* et
Guijasalvas.

Si l'on voulait, nous dit M. Magnien, trouver une ressemblance pour Ségovie, située sur le plateau allongé d'un vaste
rocher, ce serait la forme d'un navire, dont la poupe regarderait
l'Orient et la proue l'Occident, n'attendant, pour être à flot et
voguer, que l'inondation des deux vallées creusées sous ses
flancs.

Ségovie prétend remonter à Hercule, et fut dans tous les cas
une ville importante pendant la domination romaine. Capitale
sous les Maures, elle fut encore la résidence des rois chrétiens,
et c'est là qu'Alphonse le Sage composa ses fameuses *Tables
astronomiques.*

L'aqueduc, œuvre des Romains et dont on fait remonter la
construction à Trajan, est un merveilleux assemblage de pierres sèches, sans ciment. Cette œuvre grandiose avec ses cent
dix-neuf arches si ingénieusement superposées, et parfois d'une
hauteur prodigieuse, constitue un des plus beaux monuments
d'une époque fertile cependant en chefs-d'œuvre de ce genre.
Chose remarquable, l'aqueduc de Ségovie, quoique négligé,

même disjoint en certains points par les végétaux qui s'introduisent dans les moindres interstices, continue néanmoins de remplir l'objet de sa destination primitive, et d'offrir,après dix-huit siècles, presque sans dégradation, ses longues lignes d'architecture colossale.

On raconte qu'un hardi Castillan avait fait le pari de suivre à cheval l'étroite et haute surface horizontale de cet aqueduc ; mais qu'arrivé vers le milieu de sa course, une large brèche, dont il n'avait pu mesurer l'étendue, l'arrêta court. Alors,reculant d'un pas, il banda les yeux de sa monture, piqua de nouveau, franchit le terrible éboulement et arriva à l'autre extrémité, aux applaudissements de la foule entière.

L'*Alcazar*, autre curiosité de Ségovie, est une série de tours crénelées, au milieu desquelles s'élevait un donjon qui servit longtemps de prison d'État, après avoir été séjour royal. Un duc du Guise, entre autres, y fut amené de Naples au XVIIe siècle et gardé à vue jusqu'à la paix. Les contes populaires auxquels ce prisonnier a donné lieu rempliraient plusieurs volumes, et font penser à notre fameux *Masque de fer*. Autrefois l'Alcazar était habituellement le lieu de détention des prisonniers maures d'Afrique d'une origine distinguée ; ils occupaient une grande galerie sous la garde d'un vieil invalide, recevaient quatre réaux (1) par jour et un habit neuf tous les deux ans. Sa destination actuelle est la même que celle du donjon de Vincennes, qui lui ressemble sous certains rapports.

En descendant vers l'*Eresma* par la *Puerta castellana*, on voit l'Alcazar se profiler avec une majestueuse grandeur ; aux cyprès qui abritent les abords du couvent des Carmélites, on

---

1. Un franc de notre monnaie.

reconnaît l'endroit d'où Maria Seltos descendit si doucement, soutenue dans les bras de la Vierge, qu'elle arriva saine et sauve au pied de cette roche Tarpéienne.

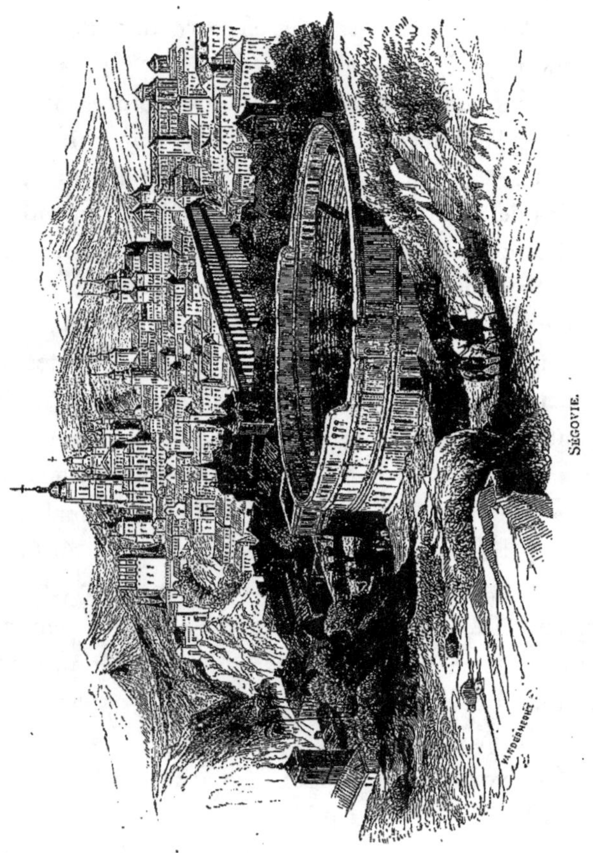

La *Cathédrale* est un des plus beaux monuments religieux qu'on puisse voir en Espagne. Sa tour, couronnée d'une coupole, s'élève à cent dix mètres de hauteur ; ses trois nefs ont cent trente mètres de longueur sur soixante de largeur. Le gothique domine presque partout, et les marbres les plus variés abondent dans la décoration intérieure. Toutes les chapelles renferment des œuvres d'art, et en particulier des tableaux de grand mérite.

En dehors de ces édifices de premier ordre, citons encore l'Hôtel des Monnaies, *Casa de Moneda*, construit au milieu du XVe siècle, mais qui ne fabrique plus, depuis 1730, que des monnaies de billon, au moyen de machines allemandes.

L'église de la *Vera Cruz* mérite aussi une visite ; c'est une construction octogone, qui date de 1204 ; elle fut bâtie par des Templiers sur le modèle du Temple de Jérusalem.

Mais toutes ces curiosités, qui frappent les touristes, sont pour nous peu de chose devant les souvenirs religieux de Ségovie.

Saint Jean de la Croix a vécu et est mort dans le couvent des Carmes, où nous sommes logés. Il y mena une vie de pénitences et de mortifications épouvantables ; il aimait à se retirer dans un petit ermitage, que nous avons visité, au fond du jardin des moines : il écrivit dans sa cellule des livres admirables de spiritualité, que la littérature espagnole admire autant que la piété chrétienne, et qui ont été traduits dans toutes les langues. Il pria surtout dans la chapelle devant le crucifix vénéré qui un jour lui parla et lui demanda :

— Que veux-tu, Jean, pour récompense de ta foi et de tes travaux ?

— Seigneur, répondit le saint, je ne veux qu'une chose : souffrir et être méprisé par amour pour vous, *padecer y ser despreciado por vos*.

Une inscription, rappelant ce mystérieux dialogue entre Jésus et le grand religieux, a été placée près du célèbre crucifix.

Les ossements de saint Jean de la Croix sont renfermés dans une urne de marbre placée dans une chapelle à gauche ; à peine a-t-on pénétré dans l'église, qu'on est saisi par les effluves embaumés qu'exhale ce saint corps : c'est une odeur douce et forte tout à la fois, un parfum suave d'un caractère tout particulier, qu'on retrouve avec toutes ses nuances dans chaque parcelle détachée du corps de ce bienheureux, et qui imprègne jusqu'aux morceaux de linge ou de papier qu'on y a fait toucher.

Un autre parfum qu'on respire dans le couvent des Carmes de Ségovie, c'est la sainte régularité et l'austérité de la discipline, telles que saint Jean de la Croix les a rétablies de son temps. Entrez au réfectoire, et vous y verrez deux rangées de tables nues le long des murailles blanchies à la chaux ; pour tout ornement, une grande croix de bois peinte en noir, avec cette devise :

« Ad mensam sicut ad crucem,
Ad crucem sicut ad mensam, »

c'est-à-dire : Allez à table comme à une croix, allez à la croix comme à un festin.

Je me souviendrai toujours de la nuit passée au couvent des Carmes de Ségovie. Il pouvait être dix heures, lorsque, dans les sombres corridors, retentit une voix lugubre, comme la voix des tombeaux. Lente, saccadée, avec des prolongements qui faisaient frémir, cette voix disait :

« *Hermano, como duran tus pasiones tras de tantas comuniones ?* Frère, comment vos passions persistent-elles après tant de communions ? »

Et soudain, répondant aux échos de cet appel nocturne, qui était comme la parole de Dieu ou le reproche de la conscience, le bruit des disciplines de fer, tombant en cadence sur les épaules des religieux, résonna au sein des ténèbres, tandis que le Père Prieur entonnait gravement le psaume *Miserere*.

Profondément ému de ce que je venais d'entendre, je me disais : Voilà des hommes qui font une pénitence terrible tous les jours de leur vie et qui pourtant, loin du monde et de ses dangers, conversent avec Dieu constamment par l'oraison, l'office divin, les exercices de communauté et les prières ou le travail privés. Pour eux, le carême dure toute l'année; les humiliations volontaires ajoutent encore aux rigueurs de la règle, et non contents d'avoir passé la journée dans la prière et dans les privations, ils ne prennent pas de repos avant d'avoir flagellé leur corps jusqu'au sang. Et c'est alors seulement qu'ils étendent sur la paille ou sur la planche leurs membres endoloris et martyrisés. Quelle leçon éloquente pour les gens du monde !

C'est sous cette impression que nous partîmes de Ségovie le dix août au matin. Après avoir traversé *Sepulveda* et *Ayllon*, reçus partout en triomphe par les populations, nous arrivions, le vingt-quatre, à *San-Esteban-de-Gormaz*, notre première étape lorsque nous avions commencé notre pèlerinage, un peu plus de deux mois auparavant.

Nous rentrions tous sains et saufs, un peu fatigués, quelques uns les pieds en sang, mais le cœur content, remplis de souvenirs pieux et d'admiration pour la catholique Espagne.

En apercevant, du haut d'une montagne, la tour de la cathédrale d'Osma, nous fûmes bien émus. Malgré un vent brûlant et une poussière embrasée, nous courions presque sur le chemin. Bientôt nous découvrîmes notre couvent; la foule amie vint à notre rencontre, et la dernière ovation qu'on nous fit fut pleine de larmes de joie, tant de la part de ceux qui nous avaient vus partir que de la nôtre, puisque, avant d'entreprendre notre voyage, tous, agenouillés sur la dalle du sanctuaire, nous avions fait le sacrifice de notre vie pour l'Église et pour la France.

Chapitre Vingtième.

ANS un des premiers chapitres de cet ouvrage, j'ai parlé des souvenirs mauresques qui entourent la ville d'Osma, et j'ai décrit le curieux château-fort de Gormaz. Si l'on traverse le Duero au-delà de ce château, on se trouve immédiatement devant les montagnes de Guadarrama, qui forment la limite de la province de Soria et de la Vieille Castille. De ce côté-là, aucune route carrossable ; il faut gravir péniblement, à pied ou à cheval, des sentiers tortueux, escarpés, qu'on distingue à peine au milieu des rochers et des bois.

Il fait très froid et très humide dans cette partie de la montagne, et il n'est pas rare que les chevaux s'enfoncent jusqu'au poitrail dans la fange ou dans la neige fondue qui encombrent le chemin.

Mais aussi, en plein été, quelle incomparable poésie ! De la verdure, les fleurs les plus curieuses, des bandes d'oiseaux au ramage infatigable, des sites charmants, tantôt sauvages, tantôt riants et pittoresques, des plaines ondulées succédant à des forêts touffues, des précipices et des carrières de marbre et de schiste ; tout cela forme une variété et comme un immense musée naturel qui enchante et divertit.

Il faut chevaucher bien des heures avant de rencontrer une modeste bourgade, où l'on trouvera de l'eau pour se rafraîchir, mais peu de chose à se mettre sous la dent ; aussi fait-on bien de se munir de provisions pour la route et de ne pas compter sur une *posada* ou sur une auberge.

Tel est l'itinéraire que je suivis plus d'une fois pour aller à *Hiendelaencina*. Le lecteur trouvera peut-être ce nom de village bien extraordinaire.

Vous ne connaissez pas *Hiendelaencina ?* je vais vous y introduire.

Au-delà de la chaîne de Guadarrama, s'étend une plaine immense, toute couverte de pierres et, pour cette raison, peu propre à la culture. Des études faites sur ce terrain y firent découvrir une autre source de richesse : la roche est argentifère.

Une compagnie anglaise creusa des puits et des galeries et retira une certaine quantité d'argent ; puis, croyant la mine épuisée, boucha les fosses et abandonna l'exploitation. Sur ces entrefaites, Monsieur Bontoux, directeur de l'Union générale, chassé de France par les Juifs, qui avaient ignominieusement tué son œuvre, entreprit dans l'exil de reprendre les fouilles, et rouvrit les puits des Anglais. Il installa de nouvelles machines, creusa plus avant, fit des galeries dans des directions différentes, ne se découragea point de ses premiers insuccès et arriva enfin à découvrir de nouveaux filons argentifères.

Je suis descendu dans ces mines, à une profondeur de trois cents mètres ; j'ai parcouru les chemins souterrains creusés péniblement dans le roc ; j'ai vu les ouvriers à l'œuvre et j'ai pu me rendre compte des efforts persévérants que Monsieur Bontoux a su déployer pour arriver à ses fins.

Reçu par le noble exilé avec une bonté et une délicatesse toutes françaises, j'ai passé à *Hiendelaencia* des moments charmants qui m'ont rappelé la patrie avec ce qu'elle a de plus distingué et de plus chrétien.

A une lieue et demie de là, se trouve la station de *Jadraque* sur la ligne de Saragosse à Madrid. Remontons vers Saragosse et admirons, au départ, les ruines du vieux château d'Osuna, ainsi qu'une grande forêt de chênes, fort giboyeuse, dit-on (1). La route devient très pittoresque, sauvage même jusqu'à *Siguenza*.

Siguenza est bâti en amphithéâtre sur une colline au haut de laquelle se dresse le vieil Alcazar, devenu le palais épiscopal. C'est une véritable forteresse entourée de murailles et flanquée de tours. Il n'y a d'ailleurs rien de bien remarquable dans la vieille ville de *Siguenza*, dont les rues tortueuses et sales montent et descendent de tous côtés, et sont véritablement dignes de la Castille antique.

Si vous allez à la cathédrale, la seule église qui mérite une visite, vous y verrez un médaillon représentant la Sainte Vierge qui remet la sainte chasuble à saint Ildefonse. Le miracle rappelé ici eut lieu à Tolède. Dans une des chapelles, propriété du marquis de Bedmar, se trouvent les tombeaux de cette famille, comme ceux des Medinaceli sont dans la collégiale de la ville dont ils portent le nom.

Pour arriver à *Medinaceli*, la voie ferrée atteint une altitude de mille neuf cent dix-neuf mètres et passe sous le tunnel d'Horna. Aussi dans ces parages les hivers sont-ils toujours froids et neigeux.

---

1. *Encina* veut dire chêne ; d'où l'origine de ce nom de Hiendelaencia.

Continuons notre route, après avoir contemplé en passant l'arc de triomphe placé par les Romains à l'entrée de la ville, ainsi que des restes vénérables des anciens remparts, et arrivons à *Ateca*, où l'on voit encore une vieille tour arabe, qui appartenait au château d'où le Cid expulsa les Maures en 1173.

Si vous êtes un voyageur vraiment digne de ce nom, vous vous arrêterez ensuite à *Calatayud*, et vous vous ferez conduire à vingt-cinq kilomètres de là au couvent de *Piedra*, fondé au XIIIe siècle par des moines de Cîteaux.

Ce sont moins les richesses sculpturales qui y sont entassées, qui attirent les touristes en ce lieu, que la *rivière des Cascades*, avec ses propriétés pétrifiantes extraordinaires. Parmi les dix-huit cascades, qui toutes portent un nom, citons celle de la *Queue de cheval*, au-dessous de laquelle on admire une grotte, véritable cathédrale gothique. Dans cette caverne et dans plusieurs autres non moins merveilleuses, le voyageur, ami des spectacles étranges, ne regrettera pas d'avoir entrepris son voyage.

Calatayud est la seconde ville de l'Aragon ; ses fortifications datent de la domination arabe. Il faut que je vous conte ici une aventure invraisemblable qui m'est véritablement arrivée.

Durant un séjour que je fis à Saragosse, j'eus besoin d'aller à Calatayud pour affaire. Le trajet en chemin de fer ne demandait que quelques heures ; je partais le matin, je pouvais revenir le soir. Je demande au guichet de la gare un billet *d'aller et retour* ; on me le délivre sans difficulté.

Mais, le soir, quand je me présente à la station de Calatayud avec mon coupon de retour, les employés refusent de me laisser passer. J'insiste, sachant bien que j'étais en règle, je fais voir mon ticket ; rien n'y fait, et l'on m'envoie au chef de gare, qui me déclare gravement que mon retour n'était valable *que pour le lendemain !*

Je crois que c'est une pure plaisanterie. Mais pas du tout !

— Vous pourrez partir demain par tous les trains (notez qu'il n'y a qu'un seul train par jour), me dit le chef de gare ; mais aujourd'hui, c'est impossible.

J'eus beau vouloir raisonner, puis me fâcher et menacer ; ce qui était impossible, c'était de faire entendre raison aux agents de la compagnie ; les gendarmes eux-mêmes ne pouvaient rien à mon cas, et la foule émotionnée suivait toutes les péripéties de mon incroyable aventure. La conclusion fut des plus singulières. Je pris un nouveau billet simple pour Saragosse, en demandant à l'employé de service s'il n'avait pas encore inventé *des allers et retours valables au bout d'un an seulement*, et je pus monter dans mon compartiment.

Mais là, un citoyen de Calatayud vint me trouver et me dit :

— Qu'allez-vous faire de votre coupon de retour, Monsieur ?

— Parbleu ! je le garde comme un souvenir que j'emporterai en France.

— Vendez-le-moi, fit-il.

— Mais cela ne peut pas se faire, objectai-je.

— Si, si, vous allez voir.

Curieux de poursuivre mon aventure jusqu'au bout, je me hasardai à passer mon billet au brave Aragonnais, qui, au nez du chef de gare et des autorités, le mit aux enchères publiquement, à haute voix, et... non seulement je ne perdis rien, mais je gagnai encore cinquante-cinq centimes sur le prix total du voyage !

Allez en Espagne pour voir de ces choses-là.

Le soir, j'étais rentré à Saragosse. Je ne parlerai pas maintenant de cette ville, me réservant d'y revenir plus tard, à l'occasion des fêtes de Notre-Dame del Pilar, et je vais présentement conduire le lecteur à Burgos.

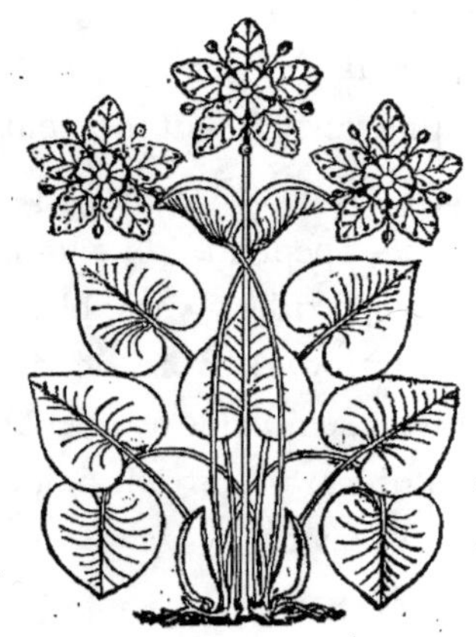

Chap. Vingt-et-unième.

DE SARAGOSSE A BURGOS. — MERVEILLES DE LA VILLE DE BURGOS.

Our aller de Saragosse à Burgos, on remonte toute la vallée de l'Èbre, en traversant une partie de l'Aragon, de la Navarre et de la Vieille Castille. L'aspect de la campagne varie à tout moment.

Près de Saragosse, il y a des champs verts parsemés de maisons et de chemins qui serpentent ; plus loin, ce ne sont que de vastes plaines ondulées, arides, véritables déserts sans un arbre et sans une habitation. L'Èbre décrit dans ce paysage ses capricieux méandres, semblable à un ruban qui miroite au soleil et qui paraît ou disparaît entre les élévations du terrain et les broussailles de ses rives.

Au fond de l'horizon, on distingue une ligne de montagnes bleues, et au-delà encore, géant sur géant, la chaîne des Pyrénées.

Tout ce pays est plein de souvenirs historiques, de monuments, de ruines, de noms fameux. Chaque village rappelle une bataille, chaque province une guerre.

A Calahorra, Sertorius résista à Pompée ; à Navarrette, Henri de Transtamare fut vaincu par Pierre le Cruel. Nous voyons à Alcanadre les ruines d'un aqueduc romain ; à Logroño, les restes d'un pont arabe. L'esprit se fatigue à embrasser les souvenirs de tant de siècles et de tant de peuples, et les yeux se lassent avec la pensée.

« En approchant de Miranda, la route s'enfonce dans une contrée montagneuse, pittoresque, où, de quelque côté qu'on tourne les regards, on n'aperçoit que des rochers noirâtres à perte de vue, qui donnent l'illusion d'une mer pétrifiée au plus fort d'une tempête (1). »

La voie ferrée passe entre deux hautes murailles de rochers bizarrement découpés et débouche ensuite dans la vallée de l'Èbre, au pied de la gracieuse ville de Miranda. C'est ici que la ligne de Saragosse à Bilbao se croise avec celle de Madrid à Bayonne.

Nous changeons donc de train, et, après avoir salué, en passant, divers souvenirs historiques à Pancorbo, que les Français ont saccagée en 1813, et à Briviesca, où Jean Ier réunit les États-Généraux, nous arrivons à Burgos.

Voici comment M. l'abbé Plasse décrit la ville de Burgos :

« De la Sierra d'Occa, qui sépare, au nord de l'Espagne, le bassin de l'Èbre du bassin du Douro, dit-il, se détache vers le sud un contre-fort à l'extrémité duquel un fils des Goths, pour se défendre contre les Sarrasins, construisit, à la fin du IXe siècle, une enceinte qu'il nomma Burg, château. Sur le point culminant de cette enceinte fortifiée, s'éleva plus tard le palais des comtes et des rois de Castille ; et des habitations vinrent se ranger tout autour. Tel est le site et l'origine de Burgos.

» Le vieux palais est encore debout avec les murailles qui

---

1. J. T. de Belloc, *L'Espagne et l'Andalousie.*

défendent la ville au nord ; mais, de ce côté-là, les anciennes habitations ont disparu. On y voit uniquement, à l'extrémité d'une rue jadis retentissante du bruit des hommes et des chevaux, et aujourd'hui déserte, un pilier de pierre entre deux obélisques, monument qui marque l'emplacement de la maison du Cid, *el solar del Cid*. Pour jouir de nos jours d'une belle vue de Burgos, il faut gravir jusqu'au palais et regarder vers le sud. La ville moderne s'étale alors à nos yeux sur les flancs de la colline et dans la plaine jusqu'au cours de l'Arlanzon, au-delà duquel elle déborde par le faubourg de Véga, dont le nom signifie campagne, plaine fertile. Dans ce magnifique panorama brillent quelques points plus importants que le reste. Ici Notre-Dame de Burgos est comme enchaînée au pied du monticule ; et cependant ce superbe édifice domine la cité et tout le pays de ses flèches aiguës et découpées à jour. Plus loin, des espaces vides forment çà et là de belles places ou d'agréables jardins, comme la *puerta del Rey* et la *plaza Mayor*, naguère transformée tous les ans en amphithéâtre pour les combats de taureaux ; enfin, au bord de l'Arlanzon, en-deçà de la rivière, s'ouvre la porte monumentale de Sainte-Marie, souvenir de Charles-Quint ; et au-delà, dans la campagne environnante, apparaissent deux monastères célèbres : d'un côté la chartreuse de *Miraflores*, et de l'autre, Sainte-Marie *de las Huelgas*.

» Autrefois les grandes villes d'Espagne aimaient à jeter à droite et à gauche des camps retranchés, où veillaient les serviteurs et les servantes de DIEU, sentinelles avancées de la prière et de la pénitence. Santa Maria de las Huelgas gardait la ville de Burgos à l'occident, comme la cartuja de Miraflores la protégeait à l'orient ; et, ce qui doit ici fixer particulièrement l'attention, c'est qu'entre ces deux camps monastiques, un troisième, à la vérité plus modeste, mais dont Burgos peut s'enorgueillir, veille encore au sud de la cité. »

M. Plasse veut ici nous parler du Nouveau Carmel, fondé par sainte Thérèse au faubourg de Véga. Elle eut beaucoup à souffrir des rigueurs de l'hiver. Car cette ville, située sur le plus haut plateau de la péninsule, près de l'épais massif de montagnes qui sépare cette contrée de la France, éprouve cette alternative de chaleur et de froid qui a fait dire de son climat : « Six mois d'hiver et six mois d'enfer. » Non seulement le froid y est très vif en hiver, mais les pluies y sont torrentielles dans cette saison. Et comme le lit des rivières y est généralement peu encaissé, il n'est pas rare d'y voir leurs eaux déborder et se répandre au loin dans la campagne. Il fallut à sainte Thérèse toute son intrépidité et tout son amour de DIEU pour affronter les intempéries de ce climat, malgré son grand âge et ses infirmités. Elle avait soixante-sept ans lorsqu'elle alla fonder un monastère à Burgos.

» Elle partit le deux janvier, et n'arriva que le vingt-six au terme de son voyage. Le temps était si mauvais, que la petite troupe fut obligée de s'arrêter à Médina del Campo, à Valladolid, à Palencia, dans toutes les villes où le Nouveau Carmel avait déjà des maisons, et qu'elle faillit périr à quelques lieues de Burgos. Au-delà de la porte et du pont de Sainte-Marie, l'ancienne route de Madrid, après avoir traversé le faubourg de Véga, tourne à l'ouest pour descendre le cours de l'Arlanzon, sur la rive gauche, et se relier hors de Burgos avec la route de Palencia sur la rive opposée. De ce côté, l'Arlanzon reçoit plusieurs autres rivières que les pieux voyageurs eurent à traverser. Or, il avait plu et neigé ; les chemins étaient défoncés, presque impraticables. Sur les bords d'un de ces cours d'eau, le terrain était si inégal qu'une des voitures qui précédait la sainte faillit y être précipitée. Et plus loin, au-delà d'une mauvaise hôtellerie, les torrents avaient débordé partout dans la campagne, en sorte qu'il semblait impossible d'avancer.

» Un guide, pris à l'hôtellerie, indiquait une chaussée composée de plusieurs ponts reliés ensemble ; mais les eaux la recouvraient et le passage était si étroit, qu'au moindre écart l'on courait risque de disparaître à jamais dans l'abîme. L'intrépide Thérèse, qui, depuis l'âge de sept ans, aspirait au martyre, voit le danger et n'hésite pas. « Mes filles, » dit-elle à ses compagnes, « puisque nous faisons l'œuvre de DIEU, quel » plus grand bonheur pouvons-nous désirer que de mourir ici » martyres de son amour ? Je vais passer la première ; si je » suis emportée par le courant, vous retournerez à l'hôtellerie. » Et elle avance hardiment sur la chaussée. DIEU, qui la soutenait, lui disait au fond de l'âme : « Ne crains rien, ma fille, » je te suis pas à pas. »

» D'après une tradition locale, la sainte, parvenue au milieu du passage et se sentant sur le point d'être engloutie, aurait échangé ces paroles familières avec le divin Maître : « Ah ! » Seigneur, quand cesserez-vous de semer les difficultés sous » les pas de votre servante ? — Ne te plains pas, ma fille, c'est » ainsi que je traite mes amis. — Mais, Seigneur, c'est aussi » pour cela que vous en avez si peu. » A un semblable courage DIEU ne fait jamais défaut : Thérèse passa et ses compagnes suivirent.

Après avoir rappelé au lecteur ce trait de la vie de sainte

Thérèse, nous allons le conduire à la célèbre cathédrale gothi-
tique de Burgos.

CATHÉDRALE DE BURGOS.

Après quelques détours de rues, nous arrivons dans une
vaste place, appelée place de la Constitution ; au milieu se

trouve une statue de bronze, représentant Charles III. Des maisons rouges, supportées par des piliers de granit bleuâtre, l'entourent de tous les côtés. Sous les arcades et sur la place se tiennent toutes sortes de petits marchands. Une infinité d'ânes, de mulets, de paysans aux costumes pittoresques, s'y agitent comme une fourmilière. Les guenilles castillanes se produisent là dans toute leur splendeur. Le moindre mendiant est drapé noblement dans son manteau comme un empereur romain dans sa pourpre.

La cathédrale de Burgos est un des plus beaux, des plus vastes et des plus riches monuments de la chrétienté. Comme les églises de premier ordre, qui sont la gloire de l'art chrétien, cette merveilleuse cathédrale est un grand poème qu'il faudrait étudier dans tous ses détails. Pris dans son ensemble, il fait éclater du moins la puissance du siècle de foi qui l'a vu naître, et il reflète la grandeur de l'Espagne aux deux plus belles époques de son histoire.

C'est au début du XIIIe siècle que furent jetés les fondements de ce portail, qui élève ses deux clochers gothiques à cent mètres au-dessus du sol. Toutes ces flèches, tous ces cônes dentelés dont se hérisse le vaisseau colossal, sont comme le symbole de la vie sociale qui rayonne dans la péninsule depuis le temps où saint Ferdinand, roi de Léon et de Castille, battit les musulmans et les chassa de Séville, de Cordoue et de Cadix, jusqu'à l'époque de Charles-Quint et de Philippe II, où le soleil ne se couchait plus sur les terres de Castille. Ces clochers, ces tourelles, ces gerbes de frêles colonnettes, ces dentelles de la façade, cette rosace et ces deux fenêtres d'un style si pur qui s'ouvrent au-dessus d'elle, ces statues et ces ornements sculptés, attestent bien le réveil d'un grand peuple, l'ardente action de grâces qu'il offre au Ciel pour l'affranchissement du sol de la patrie et la conquête d'un monde.

Lorsque les galions chargés d'or sillonnent les mers pour apporter à Charles-Quint, à Philippe II, les riches tributs de leurs possessions lointaines, n'est-il pas juste que des strophes nouvelles s'ajoutent à ces hymnes de pierre? — L'architecture, la sculpture, la peinture, l'orfèvrerie sont conviées à traduire la reconnaissance et les pieux sentiments de la catholique Espagne. On éleva alors sur sa tour octogone le dôme hardi et somptueux auquel travailla Philippe de Bourgogne, et que Philippe II proclamait l'œuvre des Anges plutôt que l'ouvrage de l'homme. Un volume ne suffirait pas pour décrire toutes les merveilles que nous avons admirées dans cette incomparable cathédrale.

La façade est sur une petite place où le regard peut embrasser une partie de l'immenee édifice ; des autres côtés il y a de petites rues étroites et tortueuses qui bornent la vue. De tous les points de l'énorme toit, s'élèvent des aiguilles sveltes et gracieuses, enrichies d'ornements d'une pierre calcaire sombre. Sur le devant, à droite, à gauche de la façade, s'élèvent deux clochers aigus, couverts de sculptures de la base au sommet, travaillés à jour, ciselés, brodés avec une grande délicatesse, et une autre tour d'une grande richesse, armée de bas-reliefs et de frises ; sous tous les arceaux, de tous les côtés, une multitude innombrable de statues d'anges, de saints, de martyrs, de guerriers, de princes, se détachent si nettement des formes légères de l'édifice, qu'elles présentent une apparence de vie, comme une légion céleste chargée de garder le monument.

En contemplant ce temple auguste, l'imagination plane déjà au-dessus de la terre ; dès qu'on y entre, on sent sa foi raffermie.

L'église appartient au style gothique de la Renaissance. Elle est divisée en trois longues nefs, traversées au milieu par une quatrième, qui sépare le chœur du grand autel. Le portail principal donne sur une place ; il est surmonté d'un délicieux CHRIST en marbre blanc. Ce portail magnifique est fouillé, fleuri et brodé comme une dentelle.

Au premier pas qu'on fait dans l'église, l'admiration est excitée par un chef-d'œuvre incomparable. C'est la porte en bois sculpté qui donne sur le cloître. Elle représente, entre autres bas-reliefs, l'entrée du divin Sauveur à Jérusalem ; les jambages et les portants sont chargés de figurines délicieuses, de la tournure la plus élégante et d'une telle finesse, que l'on ne peut comprendre qu'une matière inerte et sans transparent, comme le bois, se soit prêtée à une fantaisie si capricieuse. C'est assurément la plus belle porte du monde après celle du Baptistère de Florence, par Glisberti, qui, selon Michel-Ange, serait digne d'être à la porte du Paradis.

Le chœur, où sont les stalles, qu'on appelle *Silleria*, est fermé par des grilles en fer repoussé, d'un admirable travail. Suivant la coutume espagnole, les dalles sont couvertes d'immenses nattes, sparteries, et chaque stalle a en outre un petit tapis de jonc finement tressé.

En levant la tête, on aperçoit une espèce de dôme formé par l'intérieur d'une tour dont nous avons parlé plus haut. C'est un fouillis de sculptures, d'arabesques, de statues, de colonnettes, de nervures, à vous donner le vertige. L'effort humain n'arrivera jamais au-delà. En visitant ce prodigieux édifice des temps passés, un sentiment de tristesse serre le cœur, et on se demande quels étaient ces hommes qui, dans l'élan de leur foi, produisaient de tels chefs-d'œuvre, et on se sent humilié en les comparant aux pauvres créations de notre prétendue civilisation.

Nous invitons le lecteur à nous accompagner tout d'abord dans la petite sacristie, qui est une salle assez vaste, malgré son titre. Elle renferme un *Ecce Homo*, un *Christ en croix*, de Murillo, une *Nativité*, de Jordaens, encadrée par des boiseries précieusement sculptées. Au milieu de la sacristie, se trouve un grand *brasero* qui sert à allumer les encensoirs.

Le *brasero* est une grande bassine de cuivre jaune, posée sur un trépied, remplie de braise et recouverte de cendre fine, qui fait un feu doux. Le *brasero* remplace en Espagne, comme en Italie, les cheminées, qui sont rares.

Les chapelles de la cathédrale sont autant d'églises pour la grandeur, pour la variété et la richesse. Dans chacune est enterré un prince, un évêque ou un personnage illustre, dont on remarque le mausolée admirablement sculpté.

Un second volume ne suffirait pas pour décrire tous les chefs-d'œuvre de sculpture et de peinture qui sont répandus dans cette immense cathédrale. Dans la grande sacristie du connétable de Castille se trouve une belle Madeleine, attribuée à Léonard de Vinci ; dans la chapelle de la Présentation, on admire une Vierge attribuée à Michel-Ange ; dans une autre, une Sainte Famille due au pinceau d'André del Sarto.

La grande sacristie est entourée de boiseries formant armoires, avec des colonnes fleuries et festonnées, du goût le plus riche ; au-dessus des boiseries règne une rangée de miroirs de Venise, dont on ne s'explique guère l'usage, à moins qu'ils ne soient là que comme ornement. Au-dessus de ces miroirs sont suspendus, par ordre chronologique, les portraits de tous les évêques de Burgos, depuis le premier jusqu'à celui qui occupe aujourd'hui le siège épiscopal. Au milieu de la salle se trouve un immense buffet, où sont rangés les ornements d'église et les objets du culte. La porte est historiée aux armes de Burgos en relief avec un semis de petites croix de gueules.

Il faut voir encore le célèbre coffre du Cid. C'est un coffre fendillé et vermoulu, pendu le long d'un mur dans une salle de la grande sacristie.

La tradition raconte que le Cid portait ce coffre avec lui dans ses guerres contre les Maures, et que les prêtres s'en servaient comme d'autel pour célébrer la messe.

Un jour, ayant la bourse vide, le terrible guerrier remplit le coffre de pierres et de ferrailles, et le fit porter chez un juif qui prêtait sur gages, avec défense d'ouvrir le mystérieux coffre avant que lui, *Cid Campeador*, n'eût remboursé la somme empruntée. L'usurier accepta le marché, ce qui prouve que les usuriers d'alors avaient plus de confiance que ceux de nos jours dans les chefs d'armée. Nous ignorons si le Cid a vécu long-temps et s'il a remboursé à l'usurier la somme empruntée, mais le coffre est là, et le sacristain nous le montre avec orgueil.

Chap. Vingt-deuxième.

DE BURGOS A MADRID. — MÉDINA DEL CAMPO.
— UNE LÉGENDE ESPAGNOLE. — L'ESCURIAL.

Une lieue et demie de Burgos, est l'antique monas-
tère de *San Pedro de Cardeña*, fondé en 537 par la
reine Blanche ; c'est donc le plus ancien des couvents d'Espagne.

Le voyageur ira aussi faire une visite à la Chartreuse de
Miraflores, qui n'est qu'à une demi-lieue de la ville.

Mais prenons le chemin de Madrid, car jusqu'ici nous
n'avons pas encore vu la capitale de l'Espagne. Le chemin de
fer nous conduit d'abord à Valladolid, grande et belle ville,
avec ses promenades immenses, bien ombragées, sa grande
place entourée de portiques pleins d'architecture, sa statue de
Cervantès, l'immortel auteur de l'immortel Don Quichotte, et
sa cathédrale antique, majestueuse, un peu sombre et noircie
par le temps.

La première grande ville que l'on rencontre après Valladolid
c'est Médina del Campo. Médina del Campo est située dans
une grande plaine arrosée par le Zapardiel, affluent du Douro.
Comme la plupart des autres villes espagnoles, elle a sa *plaza
mayor* entourée de galeries soutenues par des colonnes en bois.
Sur le côté méridional de cette place s'élève l'église de Saint-
Antolin, érigée en collégiale à la fin du XVe siècle. A l'intérieur, elle n'offre rien de bien remarquable. Mais le corps prin-

cipal de l'édifice est dominé par une tour carrée servant de base à une tour octogone, du haut de laquelle on découvre la ville tout entière. Médina del Campo était jadis très florissante et avait une nombreuse population, grâce à son commerce. Mais à présent, pauvre de ses marchands, elle ne compte plus que cinq ou six mille habitants.

Les ruines du château de Médina sont les plus nobles, les plus imposantes que j'aie vues en Espagne. La ville avait aussi des murailles et des portes ; des églises et des couvents bastionnés, crénelés ; des hôtels qui formaient autant de petites citadelles dans une grande citadelle.

Le brave guide qui me montrait les débris de toutes ces splendeurs déchues, me répétait à chaque pas :

— *Pues, que le parece ?* (Eh bien, que vous en semble ?)

Reprenons notre train, et installons-nous au milieu d'une société gaie et sans souci qui a déjà rempli le compartiment d'un épais nuage de fumée de tabac.

Tous ceux qui sont allés en Espagne ont remarqué un trait de mœurs qui nous paraîtrait singulier, à nous Français, mais qui là-bas n'étonne personne. Tout le monde, même les prêtres, fume en public, dans les rues, en chemin de fer, en diligence, partout. Et à ce propos, si vous aimez les légendes, laissez-moi vous en raconter une.

.... Un nuage s'éleva un jour dans le ciel : c'était un nuage de fumée. Les saints espagnols venaient, sans crier gare, d'allumer une cigarette.

Les saintes françaises s'en montrèrent offusquées.

— Ces messieurs, dirent-elles, pourraient bien au moins, comme on fait en France, nous demander la permission.

L'une d'elles fut envoyée en ambassade auprès de saint Pierre pour lui signaler ce manque d'égards et le prier d'y mettre ordre.

Saint Pierre va aussitôt trouver les saints fumeurs, et leur fait des remontrances.

— Songez donc, illustres saints, que vous n'êtes pas seuls

RUINES DU CHATEAU DE MÉDINA DEL CAMPO.

en Paradis. Il ne convient pas d'y introduire des usages qui ne sont pas approuvés par tous. Je vous prie donc de ne pas fumer : les saintes femmes françaises se trouvent justement offusquées de votre conduite.

— Quoi ! s'écrièrent à la fois tous les saints interpellés, ce n'était pas assez de faire pénitence sur la terre ? Voici maintenant qu'il faudra continuer dans le Ciel ?.. Ce serait par trop fort !

Le raisonnement ne manquait pas de justesse, et saint Pierre n'y trouva rien à redire.

En outre, un docteur de Salamanque se trouva là fort à propos pour démontrer, par *atqui* et par *ergo*, qu'il y avait quatorze motifs péremptoires suivant lesquels on ne pouvait en aucune façon leur défendre de fumer. Saint Pierre n'insista point.

Comme il se retirait tout pensif, cherchant une solution, il rencontra saint Jacques.

— Vous arrivez bien à propos, illustre patron des Espagnes. Vos saints espagnols me donnent du souci.

— Vraiment?... Je n'en suis qu'à moitié surpris. Contez-moi donc cette affaire.

Et saint Pierre lui raconta l'incident de point en point.

— Ce n'est que ça? lui dit saint Jacques. Voyez-vous, en Espagne, on ne traite pas les choses comme ailleurs. Voulez-vous me prêter la clef du Paradis pour un moment? Je me charge de tout arranger.

— J'ai trop confiance en vous, grand saint Jacques, pour hésiter. Voici la clef.

Aussitôt saint Jacques va ouvrir la porte et envoie deux petits angelots qui se mettent à crier bien fort, hors du Paradis :

— *Hay toros ! Hay toros !* (Il y a des taureaux !)

Les saints espagnols, ne voulant pas plus se priver en Paradis de courses de taureaux que de cigarettes, accourent à qui mieux mieux.

Quand ils sont dehors, saint Jacques ferme la porte et rend la clef à saint Pierre.

— Maintenant, lui dit-il, vous êtes maître de la situation.

Et, en effet, quand les saints espagnols, qui n'avaient trouvé dehors que deux petits anges riant de tout leur cœur, voulurent rentrer, saint Pierre posa ses conditions.

— Je veux bien vous ouvrir, dit-il, mais auparavant il faut me promettre de ne plus fumer.

On s'exécuta.

Et voilà comment on ne fume plus au Paradis, selon le proverbe : *En el paraiso no se fuma.*

Oui, mais, grâce à cette légende, le temps a passé, et nous voici arrivés à l'*Escurial*, ce célèbre colosse de granit en forme de parallélogramme, coupé en tous sens par des ailes tranversales, flanqué de tours carrées à tous les coins, et dominé par une coupole gigantesque qui s'avance dans les airs entre deux clochers : c'est là ce qu'en Espagne on appelle *la huitième merveille du monde.*

On exploita jadis en cet endroit des mines de fer dont les *scories* donnèrent naissance à ce mot de *escorial*, ou escurial, comme disent les Français. On sait que Philippe II, après la victoire de Saint-Quentin, y fit bâtir cet immense monument qui affecte la forme d'un gril, par allusion à l'instrument de torture du martyre de saint Laurent : la bataille de Saint-Quentin ayant eu lieu le dix août 1557, jour de saint Laurent. Plusieurs milliers de fenêtres, bien étroites, hélas ! aspirent de tous côtés la lumière et l'air pur. L'édifice tout entier comprend un palais royal, un couvent, une église, un caveau ou panthéon, et de vastes jardins y sont attenants.

On visite particulièrement, dans le palais, les appartements de Philippe II, qui, dans leurs modestes proportions, contrastent d'une façon touchante avec la majesté et la magnificence des autres parties du monument ; et la galerie des batailles, décorée de fresques historiques représentant notamment la victoire de Saint-Quentin.

Quant au monastère, qu'occupent aujourd'hui les Augustins espagnols, il n'a rien de bien luxueux, à part le grand escalier qui mène à l'église, et la bibliothèque, célèbre par ses ouvrages

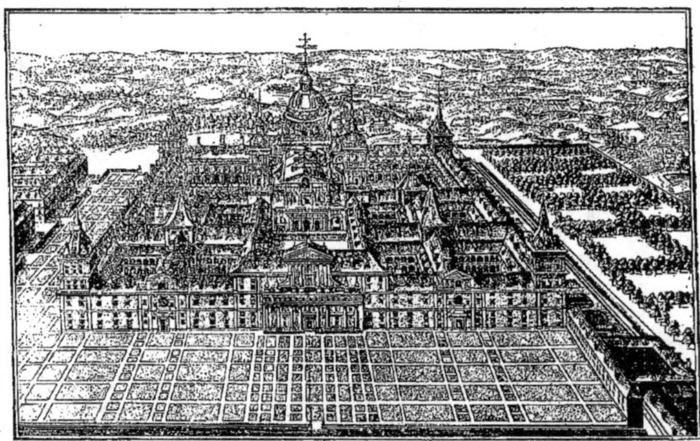

L'Escurial. (D'après une ancienne gravure.)

rares et par ses quatre mille trois cents manuscrits, dont quatre de sainte Thérèse.

La façade de l'église est de l'ordre dorique ; elle est ornée de quatre statues colossales des rois de Juda. L'intérieur a de belles et vastes proportions ; des piliers de granit, dont la base est telle que certaines moulures peuvent servir de bancs, où l'on est assis fort commodément ; des surfaces de marbre poli ; des fresques de Giordano dans la voûte ; et surtout un chœur où la richesse des détails a été entassée comme à plaisir. Donnons à ce sujet quelques exemples.

De la stalle à l'appui-mains il y a trois mètres. Le pupitre central, qui est en marbre, pèse deux mille kilogs ; mais il est si bien équilibré, qu'un enfant peut du doigt le faire tourner sur son axe ; les livres de chœur sont si grands, qu'on est obligé de les transporter sur des rails au moyen de roulettes: les notes en ont environ trois centimètres carrés !

PHILIPPE II. (D'après un tableau de la galerie de Vienne, XVIe siècle.)

Ce n'est point sans attendrissement qu'on remarque, dans un angle, la stalle du roi Philippe. Tous les jours, pendant quatorze ans, il venait l'occuper et aimait à mêler sa voix à celle des moines pour louer la Roi des rois et le Dieu des armées !

Ce monarque dort aujourd'hui avec ceux de sa race dans les

caveaux souterrains du Panthéon, où l'on descend par un escalier de marbre blanc, poli comme un miroir. Du reste le pavement, la voûte et les parois du souterrain sont aussi en marbre, jaspe et porphyre.

La première urne à droite contient les cendres de Charles-Quint ; une inscription porte ces simples mots, d'une éloquence saisissante :

« Carolus imperator ! »

Puis viennent à la suite tous les princes qui régnèrent en Espagne, sauf le premier des Bourbons, Philippe V, qui voulut être enterré à *La Granja*, près de Ségovie.

Tel est, dans son ensemble, ce fameux édifice de l'Escurial, « *le plus grand tas de granit qu'il y ait au monde,* » a dit Théophile Gautier. En somme, tout y est grand, ample, majestueux ; mais tout y est également froid, inerte, mort, et ressemble singulièrement à un riche mausolée où sont ensevelies les gloires des siècles passés.

« Je conseille, dit encore Théophile Gautier, aux gens qui ont la fatuité de prétendre qu'ils s'ennuient, d'aller passer trois ou quatre jours à l'Escorial ; ils apprendront là ce que c'est que le véritable ennui, et ils s'amuseront tout le reste de leur vie en pensant qu'ils pourraient être à l'Escorial et qu'ils n'y sont pas. »

Quittons ce monument et reprenons la route de Madrid, dont nous ne sommes plus éloignés que de cinquante kilomètres. La campagne redevient aride, déserte, sablonneuse, et le chemin de fer nous introduit comme par enchantement et sans aucune transition dans la capitale de l'Espagne.

Chap. Vingt-troisième.

L'EXÉCUTION D'UN CONDAMNÉ EN ESPAGNE.

J'Avais déjà entendu parler de ces exécutions telles qu'elles se pratiquent en Espagne. Rien ne peut, dans nos mœurs françaises, donner l'idée de ce qu'est et de ce que produit dans l'esprit des témoins le supplice du *garrot* espagnol.

J'eus occasion d'assister à une de ces émouvantes scènes sur une place de Madrid. Je vais la rapporter comme je l'ai vue, et je profiterai de l'occasion pour donner des détails généraux et des renseignements complets sur ce genre de cérémonie et sur les préparatifs solennels et chrétiens auxquels est convié celui qui doit mourir.

En Espagne, comme à Rome autrefois, la grande préoccupation, en face d'un échafaud, est de sauver l'âme du malheureux qui expie son crime ici-bas, pour ne point l'expier dans l'autre monde.

Lorsqu'un homme est condamné à mourir et que les derniers recours en grâce sont épuisés, deux jours avant le supplice, un greffier s'avance, se met à genoux et, dans cette humble posture, lit la sentence irrévocable et lui annonce qu'il a quarante-huit heures pour se préparer.

Aussitôt le condamné est *mis en chapelle*, c'est-à-dire que, de la prison, il est transféré dans une chambre transformée en chapelle, avec l'autel, la croix, un tableau de la Sainte Vierge, les cierges et tout ce qui est nécessaire pour la messe.

Il restera là quarante-huit heures.

Certes, ce n'est point trop de deux jours pour se préparer en une retraite à paraître devant Dieu, lorsqu'on a un grand crime à expier, et c'est une singulière humanité que celle qui prive un pauvre condamné d'une souffrance aussi féconde, pour ne lui offrir, en fait de secours spirituels, que le juste nécessaire !

Au moment de la mise en chapelle, on demande au criminel de choisir deux prêtres pour l'assister. Il choisit parmi ceux qu'il a connus, au moins de nom, souvent parmi les plus chargés de ministère, et sauf des raisons majeures de santé, nul ne refuse de remplir ce terrible ministère, si lourd d'ailleurs que le rendent les usages de la catholique Espagne (1).

Le patient a un lit ; mais le prêtre qui passe les deux jours et les deux nuits avec lui ne se couche pas ; il repose seulement sur une chaise, s'il n'a point la force de prier toute la nuit. Le second prêtre attend pendant les deux jours et les deux nuits dans une pièce voisine, au cas où il arriverait quelque accident au premier.

La mission d'accompagner le condamné consiste à lui donner, en une suprême retraite, tous les sentiments qui peuvent, non seulement fortifier une âme repentante, mais faire fleurir en elle la sainteté.

A peine un homme est-il mis en chapelle, que les Confrères de la *Caridad y paz* (Charité et paix), qui se constituent les

---

1. Au moment de la mise en chapelle, plusieurs prêtres attirés par leur zèle sont là, et le pauvre condamné qui ne sait désigner un nom, peut au moins choisir sur le visage le suprême pardon.

serviteurs de son âme et de son corps jusqu'après la mort, revêtus de leur costume, se rendent à leur église, et, s'ils n'en ont pas dans la ville, à la paroisse, où l'on expose le Saint Sacrement. La prière commence aussitôt.

Puis une députation de confrères va rendre visite au condamné ; s'il a refusé d'entendre le prêtre, il écoute ses amis laïques : il sait que tout ce qu'ils pourront faire en sa faveur dans l'ordre temporel ou spirituel, ils le feront ; ils sont ceux qui prennent son parti, ses représentants dans le monde, ses intermédiaires dévoués avec la société. Eux aussi, l'exhortent au courage, l'embrassent, lui passent leur propre scapulaire, s'il veut le porter, ou celui du Carmel, de grande dimension, afin qu'il soit tout vêtu de l'image de Marie.

Mais dans la ville il y a à ce moment une procession qui glace les habitants de stupeur ; ce sont les enfants de chœur en costume, précédés d'une croix ; ils agitent une cloche qui sonne le glas et tiennent des bourses, en disant : *Pour le pauvre condamné !* Chacun veut donner une aumône à celui qui va mourir (1).

C'est la fortune du condamné ; on prélèvera les frais de son enterrement, les aumônes ordinaires que l'on fait pour les funérailles, et le lendemain les frères de la charité lui porteront le reste et il fera son testament.

Ordinairement ce testament est en faveur de la famille ; c'est ce que vient de faire notre condamné en léguant à sa femme toutes les aumônes.

---

1. A Madrid on construit dans les carrefours de petites baraques de bois, qui abritent un grand crucifix d'argent entre deux lanternes ; un confrère de la *Charité et Paix* est là et on dépose les aumônes sur un plateau.

N'est-ce pas une bien catholique inspiration, que celle des confrères de la Paix de fournir à celui qui va quitter le monde, la consolation de faire du bien après lui et de tester comme les heureux de la terre, en donnant des biens auxquels il n'a pas eu le temps de s'attacher ? N'est-ce pas touchant de provoquer chez tous une marque de sympathie en sa faveur et d'en apporter le témoignage sensible à ce brigand d'hier ?

Mais ce n'est point seulement une marque de stérile sympathie qu'on offre, c'est surtout la précieuse prière qu'on donne généreusement ; les prêtres célèbrent la messe pour lui, et, dans toutes les familles, surtout au village, on récite en commun le soir un chapelet ou un rosaire ; avec une grande émotion, le lendemain, beaucoup communient.

Pendant ces deux jours, le condamné entend plusieurs messes et fait une ou deux fois la communion.

Il y a loin de là à cet usage janséniste, qu'on avait introduit en France et que nous avons encore vu s'appliquer cruellement, lequel consistait à *ne point donner la messe et la communion aux condamnés à mort*, sous prétexte de respect envers le sacrement, tandis qu'on doit, de précepte divin, le recevoir au moment de la mort, sauf empêchement absolu.

Le Pape lui-même, dont nous nous faisons gloire d'exalter le pouvoir en toute occasion, ne se croirait pas le droit, que s'arrogeait, hélas ! le jansénisme en France, de priver les condamnés à mort, par mesure disciplinaire, du sacrement qui doit précéder le trépas. Laissons dormir en paix les jansénistes dans leurs tombeaux ; ils ont à peu près disparu, et nous, communions souvent pour réparer tout le mal qu'ils ont causé à l'Église de France.

C'est donc en Espagne une dévotion des prêtres de célébrer leur messe dans la chapelle des condamnés qui le désirent ; Moncasi en a entendu trois avec grande dévotion le matin de sa mort.

A l'intérieur de la chapelle, le condamné est tout entier à son salut, il fait son purgatoire, il accomplit des sacrifices qui valent l'entrée du Ciel.

On lui répète la pieuse croyance de sainte Thérèse, que, sur cent exécutés en Espagne, quatre-vingt-dix-neuf ne connaissent pas les flammes du Purgatoire, et vont, comme le bon Larron, le jour même en Paradis.

Et de fait, après ces quarante-huit heures d'angoisses morales, adoucies par la religion, il s'accomplit dans l'âme, nous dit-on, des révolutions dont nous avons à peine l'idée.

Des hommes féroces s'adoucissent, modifient si profondément leur nature, nous disait le prêtre qui a assisté bon nombre de ces malheureux, que si la liberté leur était rendue après avoir fait sur l'échafaud le sacrifice de leur vie, ils seraient désormais des hommes de bien, peut-être des saints.

Nous avons déjà parlé de la visite des membres de la *Caridad y Paz ;* des magistrats ou de hauts personnages viennent aussi, pressés par un sentiment de charité ; mais la visite qui ne manque point, et qui porte les plus hautes consolations, est celle de l'évêque.

Le condamné, on le voit, a pris, par la sentence même, un rang sacré ; il a droit à tous les égards, à tous les respects.

Le *Caridad* veille à ses repas ; il peut ordinairement y inviter un compagnon de prison, comme a fait celui d'aujourd'hui.

Le prêtre a achevé les exhortations ; c'est l'heure du bourreau. On l'attend, on le divine. Le condamné se lève et le bourreau se met à genoux et dit :

— La justice humaine m'ordonne de t'ôter la vie, j'espère que tu me pardonnes, comme DIEU va te pardonner.

Le patient répondit :

— Oui, oui, je te pardonne. Et il l'embrasse avec effusion.

Alors le prêtre lui demande de se laisser lier comme Notre-Seigneur innocent a été lié. On lui passe la tunique d'infamie et on lui attache dans les mains le crucifix (1).

Le condamné, lié de la sorte, vient avec le prêtre se mettre à genoux une dernière fois devant l'image de Notre-Dame des Angoisses, qui a présidé à ses deux jours de préparation. C'est la cérémonie dite des adieux à la Sainte Vierge.

Le prêtre et le condamné, le bourreau présent, demandent ensemble à la Madone la force et le courage de la dernière heure, et, consolé par ce Viatique, on commence la voie douloureuse.

La sentence espagnole fixe les diverses circonstances de l'exécution ; le parricide porte une tunique jaune, et chaque crime se lit sur l'habit ; on va au supplice à pied ou traîné sur la claie par un âne, mais presque toujours monté sur un âne.

A Madrid par exception, paraît-il, les condamnés sont dans une espèce de fiacre.

Mais, quelles que soient les marques d'infamie prescrites

---

1. Les journalistes nous ont raconté à Paris trop souvent les lugubres détails de cette loge où les bourreaux coupent les cheveux, donnent une chemise dégagée, et offrent au malheureux des cigares et ces consolations misérables qui sont devenues à la mode dans nos geôles à la place des vraies consolations déclarées fâcheuses pour les moribonds.

par la loi, qui prend ici tout l'odieux, le condamné conserve au milieu de cette avanie un rang d'honneur.

Une longue procession, précédée d'une croix voilée et à laquelle prennent part tous les confrères de la Charité, défile devant, puis des prêtres, et enfin le patient que chacun salue ; au sortir de la prison, les détenus rangés pour cela lui ont envoyé un *Salve*, et, sur la route, chacun se découvre et fait la prière. Il y a loin de là aux injures que le paganisme avait mises de mode et dont notre Sauveur a voulu avoir l'opprobre.

Le patient, qui est devenu le bon larron, ayant le prêtre qui l'exhorte à son côté, la croix devant lui, et tous ces chants religieux qui retentissent, semble parfois oublier les officiers de la justice humaine qui le suivent avec la troupe, et il sent qu'on le conduit au Ciel.

Au pied de l'échafaud, la troupe ayant formé le carré, une dernière cérémonie religieuse a lieu.

Il y a là, environnée de cierges, une image de la Sainte Vierge. Le confrère de la paix, qui porte la grande croix, se met auprès, et le condamné s'agenouille pour faire sa dernière confession, souvent la confession de toute sa vie.

Au bout d'un certain temps, le bourreau place la main sur l'épaule du condamné pour le réclamer ; mais si le prêtre lève la main à son tour pour indiquer que son ministère est encore nécessaire, le bourreau doit se retirer, autant de fois que le prêtre demandera du temps.

Le supplice du *garrote* en Espagne est un étranglement.

Le patient est attaché sur une sellette fixée à un poteau, et deux planches de fer, qu'un levier peut serrer rapidement, lui entourent le cou.

Ce supplice, devant contracter le visage, on voile le condamné. Mais, privé ainsi de ses yeux, il n'attend point le coup mortel dans l'angoisse de la surprise : tout s'accomplira en pleine connaissance, et celui qui doit mourir paraîtra devant DIEU au milieu d'un acte de foi solennel.

Le prêtre qui l'exhorte encore, quand tous les préparatifs sont achevés, récite à haute voix le *Credo*, la foule et le condamné lui-même répétant ces paroles, et lorsque, après avoir dit : *Je crois que Jésus-Christ a été crucifié pour nous, qu'il a souffert sous Ponce-Pilate*, on arrive à ces mots : ASCENDIT IN CŒLUM, le bourreau donne le coup fatal.

Le corps semble à l'instant désorganisé par l'effet même du genre de supplice, et, si nous croyons la sainte d'Espagne si souvent dépositaire des secrets de DIEU, l'âme rachetée par JÉSUS-CHRIST voit s'accomplir la prophétie que le Sauveur a faite sur la croix pour tous les bons larrons :

« Tu seras aujourd'hui avec moi dans le Paradis. »

..... Au milieu du sanglot universel, car l'on donne aussi à ce condamné de la justice humaine des larmes comme peu en reçoivent à l'heure de la mort, au milieu de cette émotion qu'il partage, le prêtre s'avance, et, de cette chaire extraordinaire, l'échafaud, parle à ce peuple croyant de l'éternité, des pensées qu'elle doit suggérer, des péchés qui conduisent au crime.

Le cadavre est dressé, et, de par la loi, doit demeurer cinq ou six heures avant d'appartenir aux Confrères de *Caridad y paz*, qui le réclament pour l'ensevelir honorablement. Debout, le mort parle encore et sollicite une prière : ce n'est donc point l'heure du repos pour ceux qui l'assistent.

La procession s'est reformée, elle chante le *De Profundis ;* on va se prosterner devant le Saint Sacrement dans l'église de la Caridad (ou à la paroisse), et le peuple est si nombreux, qu'il remplit les rues adjacentes.

Après les prières, un prédicateur, choisi parmi ceux dont la parole peut faire le plus de bien en cette circonstance, donne un second sermon ; puis a lieu la bénédiction et, les heures de l'exposition achevées, on retourne processionnellement au lieu du supplice. Les frères de la Caridad réclament le cadavre aux exécuteurs de la justice ; la garde se retire, et le corps leur est livré. Ils l'ensevelissent pieusement ; puis, accompagnés par des fidèles tenant des cierges, ils le conduisent au cimetière, où se fait une absoute solennelle.

Et l'on peut dire au soir de cette journée, comme le Roi-Prophète, que la justice et la miséricorde se sont embrassées.

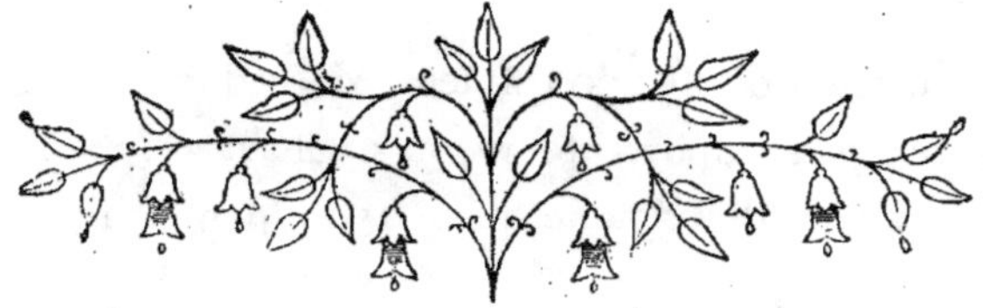

Chap. Vingt-quatrième.

MADRID. — SES MONUMENTS. — LA COUR ROYALE.

ADRID est une capitale moderne ; mais elle est loin d'en avoir tous les mauvais côtés. Les modes de Paris et de Berlin s'y étalent partout (1) ; les maisons, les rues, les places, l'éclairage y sont comme dans nos villes les plus prônées.

Cependant, malgré ces apparences extérieures, on se sent bien encore au cœur de l'Espagne catholique : les manières franches et simples, les figures joyeuses, les coutumes chrétiennes, le langage affable, un air d'aisance, de santé et de propreté, tout cela est bien différent de la physionomie des populations agitées, rachitiques, souvent misérables, des autres capitales de l'Europe.

Avec sa population de 450.000 âmes, Madrid est de construction récente ; peu importante jusqu'à Charles-Quint, elle n'a été élevée au rang de capitale qu'en 1560, par Philippe II : aussi n'y trouve-t-on point de monuments du passé.

Le climat, sans y être précisément malsain, n'est pas des plus favorables ; car les chaleurs tropicales de l'Andalousie y sont toujours entrecoupées par l'air vif de la Castille.

Ce qui manque à Madrid, c'est un fleuve qui la traverse. A

---

1. Pourtant il est juste de dire que les dames ont conservé la *mantille*, cette modeste coiffure qui sied si bien à des chrétiennes.

peine ose-t-on parler du Manzanarès, dans le lit duquel on ne voit que du sable et des cailloux en guise d'eau. Et cependant que ne promet pas un nom aussi sonore et aussi majes-tueux que celui de Manzana-rès ?

Les monu-ments religieux de Madrid sont nombreux, mais aucun ne pré-sente le carac-tère de ces remarquables basiliques ou cathédrales que nous avons déjà rencontrées à Burgos, à Léon, à Ségovie, etc... Les plus belles églises de Ma-drid sont celles de *Notre-Dame d'Atocha*, où se célèbrent les mariages royaux et où les troupes prêtent solennellement le serment de fidélité ; de *San-Isidro-*

el-Real, véritable musée de peinture, dédié au patron de Madrid (1) ; de *San-Ginès* qui a une crypte, mais qui est bien dégradée depuis l'incendie de 1824 ; de *San-Justo y Pastor ; de la Encarnacion*, et de l'ancienne chapelle des Chevaliers de St-Jean de Jérusalem, aujourd'hui transformée et embellie, qui porte le titre de *San-Francisco el Grande*.

Parmi les édifices civils, il faut citer en premier lieu le Palais royal, le plus beau sans contredit de l'Europe entière depuis que la Commune a brûlé les Tuileries.

C'est un vaste quadrilatère d'environ cent cinquante mètres de côté et de plus de trente mètres d'élévation, dominant à de grandes hauteurs et tout à fait à pic les jardins du *Campo del Moro*, le lit du *Manzanarès* et la gare du chemin de fer du Nord. Il est entièrement bâti en pierre blanche de Colmenar ; on le dirait de marbre, comme la cathédrale de Milan, dont il a toute la fraîcheur et tout l'éclat.

L'entrée principale est au sud. Un escalier d'honneur, en marbre blanc moucheté de noir, conduit aux salons qui sont nombreux et somptueux. Les tapisseries de Flandre qui y sont tendues, les tableaux de maîtres, les porcelaines et les laques de la Chine et du Japon, la bibliothèque riche de plus de cent mille volumes et manuscrits, la collection de pendules que Ferdinand VII s'amusait à monter, la chapelle royale, dédiée à saint Jacques de Compostelle et à saint Isidore : tout mérite d'être vu et ne peut être décrit.

Tout à côté est l'*Armeria*, l'un des musées les plus intéressants de l'Europe. Philippe II y fit transporter toutes les

---

1. Saint Isidore, le laboureur, est en grande vénération dans toute l'Espagne et particulièrement dans les deux Castilles.

curiosités historiques qu'on conservait à Valladolid, la vraie capitale des Espagnes, jusqu'au règne de ce prince. On y voit l'épée du Cid, de Pélage, de François Ier, du vainqueur de Lépante, don Juan d'Autriche, les armes et les vêtements somptueux des rois Maures vaincus, etc., etc. (1)

Le *Musée royal* renferme pour sa part plus de deux mille tableaux, réunion de chefs-d'œuvre des plus grands maîtres, répartis dans plusieurs galeries et classés par Écoles. Les plus précieuses de ces toiles sont exposées dans une rotonde à coupole vitrée, dite *salon d'Isabelle II ;* c'est là qu'on admire les meilleures œuvres de Murillo, d'Alonso Cano, de Velazquez, de Raphaël, du Titien, de Rubens, de Rembrandt, de Van Dyck, de Poussin, du Tintoret, etc. Tous ces noms sont connus depuis longtemps ; un, qui est plus nouveau, est celui de Goya, le dernier représentant de l'école espagnole, et dont Théophile Gautier a écrit les lignes suivantes :

« La manière de peindre de Goya était aussi excentrique que son talent ; il puisait la couleur dans des baquets, l'appliquait avec des éponges, des balais, des torchons et tout ce qui lui tombait sous la main ; il truellait et maçonnait ses tons comme du mortier, et donnait les touches de sentiment à grands coups de pouce. A l'aide de ces procédés expéditifs et péremptoires, il couvrait en un ou deux jours une trentaine de pieds de muraille. Il exécuta, avec une cuiller, en guise de brosse, une scène du *Dos de Mayo*, où l'on voit des Français qui fusillent des Espagnols. C'est une œuvre d'une verve et d'une furie incroyables... On se sent transporté dans un monde inouï,

---

1. Malheureusement un incendie, en 1866, a détérioré ou anéanti une partie de ces trésors historiques.

impossible et cependant réel. Les troncs d'arbres ont l'air de fantômes, les hommes d'hyènes, de hiboux, de chats, d'ânes ou d'hippopotames ; les ongles sont peut-être des serres, les souliers à bouffettes chaussent des pieds de bouc ; ce jeune cavalier est un vieux mort et ses chausses enrubannées enveloppent un fémur décharné et deux maigres tibias...

» ... Dans la tombe de Goya est enterré l'ancien art espagnol, le monde à jamais disparu des *toreros*, des *majos*, des *mañolas* des contrebandiers, des voleurs, des alguazils et des sorcières, toute la couleur locale de la Péninsule... (1). »

La Cour réside à Madrid pendant l'hiver seulement ; lorsque vient l'été, elle se rend à Saint-Sébastien ou à Aranjuez, qui est le Versailles de l'Espagne. Rien de plus facile alors que de voir la reine-régente et toute la famille royale, jusqu'à ce petit roi chétif et malingre, au nom duquel sont rendus les décrets et publiées les lois et ordonnances du royaume.

Mais que fait ce peuple de Madrid ? où et comment passe-t-il son temps? quelles sont ses occupations et ses distractions?

Depuis les premières lueurs du jour jusqu'à neuf heures, ce sont les porteurs d'eau, les marchands de comestibles, les domestiques et les industriels qui font résonner les pavés de la ville ou qui paraissent sur le seuil des maisons.

Vers neuf heures, le gros bourgeois se lève, prend son *chocolate*, lit son journal, fume sa cigarette, va se promener, revient déjeuner vers midi, fait sa sieste, retourne à la promenade en attendant l'heure du dîner et du théâtre.

L'aristocratie a plusieurs points de réunion en plein air : la

---

1. Théophile Gautier, *Voyage en Espagne.*

Puerta del Sol, pour les nouvellistes ; le *Prado*, pour les flâneurs.

La Puerta del Sol est la place centrale de la ville, où aboutissent tous les tramways, où conduisent les plus belles rues, où sont réunies les principales administrations.

PALAIS ROYAL A MADRID.

Le Prado, vaste promenade, est formé de plusieurs grandes allées ombragées, qui commencent au couvent d'Atocha et finissent à la porte de Recoletos ; mais le beau monde se réserve un espace circonscrit, appelé le *Salon*, entre la Carrera de San Geronimo et la rue d'Alcala, salon bordé de chaises, devant lequel circule en voiture ou à cheval la fashion madrilène.

L'Espagnol fuit le soleil, comme l'oiseau fuit l'épervier. Toute son industrie consiste à s'en garantir ; il cherche l'ombre dans les rues et se retranche, dans les maisons, derrière des volets doubles ou d'épais rideaux. Il n'y a qu'une seule occasion où il sache braver un rayon de soleil : c'est quand il y a une course de taureaux. Alors, on ne se plaint pas, on est si ébloui et comme fasciné par la vue du sang et des péripéties de ce spectacle barbare, qu'on oublie les mille inconvénients de la chaleur, de la poussière, de l'aveuglement et de l'étourdissement. Peuple singulier que le peuple castillan !

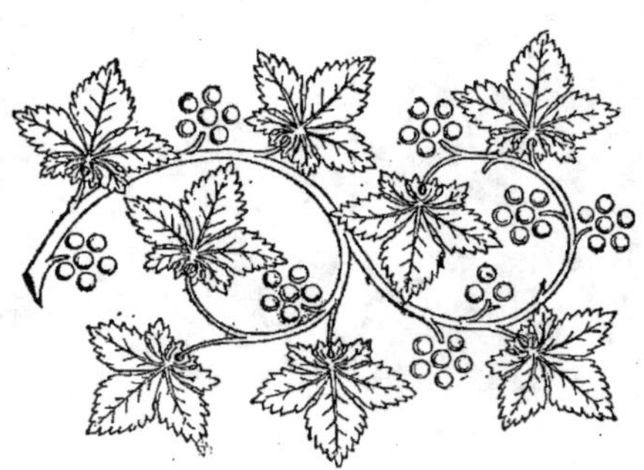

TOLÈDE. — LA STATUE DE SAINT FRANÇOIS. — LAMES DE TOLÈDE.

Ui n'a pas vu Tolède n'a pas vu l'Espagne. Embarquons-nous à la gare *de las Delicias ;* nous traversons le Manzanarès, et la petite ville de *Getafe* avec son collège d'Escolapios ; nous franchissons ensuite le Tage, que nous côtoyons sur la rive gauche, jusqu'à Tolède, et nous arrivons.

Il est très difficile de donner une idée de cette ville à part, qui tient à la fois, dit Théophile Gautier, du couvent, de la prison, de la forteresse, et aussi du harem, car les Maures ont passé par là.

M. Villaamil, un des peintres qui ont le plus contribué à vulgariser les monuments espagnols, prétendait qu'au bout de neuf mois, on ne pouvait encore rien connaître de Tolède, et si l'on veut tout voir, il faut avoir entre les mains la monographie de Dom Ramon Parro, qui n'a que *mille cinq cents pages*. Bon courage je vous souhaite !

Toutes les maisons sont encore debout, entassées sur sept collines. Là, comme dans l'ancienne Rome, les rues montent et descendent sept fois, tournent, se torturent, serpentent mille fois plus, et comme à Venise, sont si étroites qu'on peut se donner la main d'une fenêtre à l'autre à travers l'espace réduit. Quant aux habitations, la plupart offrent à l'extérieur des pentes massives bordées de bandes métalliques avec des écussons et des devises ; puis des croisées avec des balcons en fer

tourmenté ou des grilles à barreaux serrés, tandis qu'à l'intérieur on trouve partout des sculptures, des arabesques, des méandres et des animaux fantastiques. Aussi a-t-on dit de Tolède que c'est « un trésor de vieux souvenirs et d'architectures, un bijou historique, un chaton enchâssé dans un roc de granit. » Au centre s'élève la belle cathédrale gothique, construite au XIIIe

siècle par saint Ferdinand, sur l'emplacement de la cathédrale des Goths, convertie d'abord en mosquée par les Arabes. Et à l'extrémité orientale de la courbe tracée par le Tage, se trouve le grand Alcazar, bâti par Charles-Quint, sur la plus haute des sept collines, à la place d'un vieux palais des rois maures.

Au pied de la colline du grand Alcazar, sur le versant septentrional du plateau, s'étend le quartier de Saint-Nicolas. De l'église de ce nom on descend à la porte du

CATHÉDRALE DE TOLÈDE.

soleil par une pente roide en suivant la calle del Correo. Dans cette rue est une chapelle érigée par sainte Thérèse en l'honneur de saint Joseph. C'est un beau sanctuaire de la Renaissance. La porte, d'ordre dorique, est flanquée de deux colonnes soutenant l'arcade d'entrée. L'intérieur n'offre qu'une simple nef. Mais l'autel est orné d'un beau retable, et de chaque côté on remarque les tombeaux de la famille des fondateurs.

La cathédrale de Tolède possède le portrait le plus apprécié du pauvre saint François d'Assise, chef-d'œuvre de sculpture d'Alonso Cano. On ne le voit pas facilement, car il est abrité par quatorze serrures, et il faut, pour parvenir jusqu'à lui, franchir quatorze portes ferrées, qu'on ne se fait pas ouvrir facilement depuis 1869, époque où il faillit être volé pendant la Révolution.

L'œuvre d'Alonso Cano, estimée autrefois cent mille francs, ne serait pas donnée aujourd'hui par le Chapitre de Tolède pour des millions ; et, si une invasion menaçait encore le pays, bien des dévouements seraient suscités pour le sauver.

La statue de saint François à Tolède est en bois, elle est peinte et il semble qu'elle va prêcher aux petits oiseaux, tant elle a l'éloquence de la vie.

Sa hauteur est de soixante-treize centimètres. La tête livide, petite pour la longueur du corps, est encapuchonnée ; on entrevoit les dents à travers des lèvres bleues ; la moustache est légère, la barbe brune et taillée en pointe. Les yeux, qui regardent le ciel, sont bordés d'une ligne de poils d'une grande finesse ; les sourcils blonds sont à peine indiqués. La physionomie exprime l'extase et l'austérité. La robe, composée de diverses pièces gris-bleu, chocolat, café, dont chacune indique sa trame, tombe sur un seul pied. Un cordon en sparte serre la taille. Les mains disparaissent dans les manches.

Sans doute pour goûter complètement ce chef-d'œuvre, il faut accepter un certain réalisme qui étonne d'abord dans les œuvres espagnoles, mais qui finit presque toujours par séduire, comme il arrive pour le CHRIST de Charles-Quint à Tournai et pour tant d'incomparables représentations du crucifix de la même école.

Il m'est complètement impossible de décrire la cathédrale de Tolède, un des plus beaux et des plus vastes monuments gothiques du monde : cinq nefs, quatre-vingt-huit colonnes, plus de sept cents fenêtres avec vitraux de couleur, chapelles très riches, trésor magnifique, superbe sacristie, cloître splendide, bibliothèque des plus rares, tout cela est à voir dans tous ses détails et ne peut absolument pas être dépeint dans un livre.

Je préfère, dans une petite digression, parler au lecteur des célèbres lames de Tolède.

Plusieurs ignorent pourquoi les lames de Tolède ont une si extraordinaire renommée.

Voici l'histoire, comme on nous l'a racontée :

Lorsque le paladin Roland, trahi par l'infâme Gannelon, fut tombé à Roncevaux, il se défendit comme un lion, mourut comme un héros, et sa chère Durandal, la légendaire épée, tomba aux mains des païens.

Les poètes ont imaginé plusieurs chemins qu'ils font suivre à la captive, car nul n'admet qu'elle ait cessé d'exister ; aucun chemin de l'épée de Roland n'est aussi mystérieux que celui que nous allons indiquer et qui est celui admis par le peuple de Tolède.

Durandal fut ramassée à Roncevaux par un Sarrasin, nommé Solimann-Mohamed, soldat du calife de Burgos.

Le calife, plein d'enthousiasme de posséder une arme aussi

célèbre, ordonna que l'on fît une magnifique châsse d'or pour y exposer, aux regards de ses sujets, l'arme qui avait mis à mal tant de Maures d'Espagne.

La châsse fut faite par le plus habile ouvrier de Burgos, et le calife donna, pour l'orner, des pierreries de son trésor.

Jour fut pris pour l'installation de l'épée de Roland dans cet écrin magique, et ce fut le calife lui-même qui la saisit à deux mains pour l'y déposer.

Mais, tout à coup, il poussa, ainsi que tous les assistants, un cri de stupéfaction. Durandal venait de lui échapper et s'était brusquement enfoncée dans le sol ainsi qu'une vrille ou un tourbillon, ne voulant pas, évidemment, rester dans les mains des païens.

Et, pendant un temps que la légende ne fixe pas, elle se mit à se promener sous terre, à travers l'Espagne, tailladant le sol pour se frayer un passage, et causant ainsi toutes sortes de fissures et d'éboulements, ce qui était une manière de venger la mort de son propriétaire.

Enfin, Durandal s'arrêta : elle avait trouvé gîte. C'était une excavation creusée dans une petite montagne, et d'où jaillissait une source d'eau extrêmement pure.

L'épée fée se coucha dans le lit de ce ruisseau naissant qui passe tout près de Tolède. Et ce fut à ce moment-là que les armes fabriquées dans cette ville jouirent d'une réputation exceptionnelle, due à l'eau dans laquelle elles étaient trempées, et qui était celle de la source de Durandal.

A Tolède, nombre d'ouvriers attribuent à l'influence magique du *rio de la espada* la qualité des armes qu'ils fabriquent, et disent que l'épée est si bien cachée qu'on ne peut la visiter.

Et maintenant signalons le vieil Alcazar en ruines, qui, par sa masse imposante, rappelle le château d'Heidelberg. Il fut construit par Charles-Quint. Aux quatre angles s'élèvent des tours carrées ; la cour est grandiose ; l'escalier, qui était une des plus belles œuvres de ce genre, est anéanti. Détruit dans toutes les guerres, relevé pendant toutes les trêves, l'Alcazar de Tolède a été brûlé en 1887 ; et pourtant il mérite toujours une visite.

Mais ce qui présente pour beaucoup de voyageurs le plus d'intérêt à Tolède, c'est la *liturgie mozarabe*, encore en usage aujourd'hui dans une des chapelles de la cathédrale (1). Le rite mozarabe c'est l'ancien rite chrétien en usage du temps des Wisigoths. Cette liturgie primitive resta seule en vigueur sur tout le territoire de l'Espagne jusqu'à l'invasion des Maures. Lors de la prise de Tolède, les chrétiens qui demeurèrent parmi les vainqueurs barbares, obtinrent de conserver leur culte dans six églises de la ville ; et, quand les chrétiens eurent reconquis leur pays, quoique la plupart adoptassent le rite romain, les anciennes coutumes furent conservées dans quelques cathédrales. A Tolède, l'office divin se célèbre encore chaque jour dans le rite mozarabe. Cette liturgie est latine comme celle de Milan et comme l'antique liturgie des Gaules ; l'Église romaine lui a emprunté, comme à celle-ci, bon nombre de beaux fragments.

Si vous allez à Tolède, je vous recommande d'assister à l'une de ces cérémonies si curieuses et d'une antiquité si vénérable.

---

1. A Salamanque, on célèbre encore six fois l'an la messe dans le rite mozarabe.

Chapitre Vingt-sixième.

EXCURSION A SAN-PEDRO, PRÈS DE SÉVILLE.
— L'ÉGLISE DU VERRE D'EAU.

E devrais maintenant conduire le lecteur par la voie du chemin de fer à Cordoue, *Cordoba*, si célèbre par ses monuments arabes ; mais je préfère remettre à plus tard la visite de cette ville ; nous passerons sans nous y arrêter ; et, descendant jusqu'au sud de l'Andalousie, nous irons directement jusqu'à la grande Séville.

Pour charmer l'ennui d'une route longue et monotone, vous plaît-il, ami lecteur, que je vous conte une histoire de l'église du verre d'eau ? Vous voulez bien ? Alors je commence.

Par une brûlante soirée d'Espagne de l'année 1815, le vieux curé de San-Pedro, village à quelques lieues de Séville, rentra, bien fatigué, dans sa pauvre maison, où l'attendait la *señora Margarita*, digne et septuagénaire gouvernante. Quelque misère que l'on soit habitué à voir chez les Espagnols, on ne pouvait s'empêcher de remarquer le dénûment qui régnait au logis du bon prêtre. D'autant plus que je ne sais quelle prétention au bien-être y faisait ressortir encore davantage la nudité des murs et la pénurie des meubles. Dona Margarita achevait de préparer, pour le souper de son maître, une assez petite assiette d'*olla podrida*, où ne se trouvaient, à vrai dire, malgré la sauce et le nom pompeux de ragoût, que les restes du dîner, assaisonnés et déguisés avec le plus de talent possible. Le curé huma de toutes ses narines le mets alléchant, et dit :

— Dieu soit loué, Margarita ! voici une olla podrida qui fait venir l'eau à la bouche. Par San Pedro ! mon camarade, tu dois réciter plus d'un chapelet en action de grâces de trouver un pareil souper chez ton hôte.

A ce mot d'hôte, Margarita leva les yeux, et vit un étranger qu'amenait le curé. Le visage de la gouvernante se décomposa subitement et prit une étrange expression de colère et de désappointement. Le regard qu'elle jeta sur l'inconnu brilla comme un éclair et se reporta sur le curé, qui baissa les yeux et dit à voix basse, avec la timidité d'un enfant qui redoute les semonces de son père :

— Bah ! quand il y a pour deux il y a toujours pour trois. Et tu n'aurais pas voulu que je laissasse mourir de faim un chrétien qui n'a pas mangé depuis deux jours.

— Sainte Vierge ! quel chrétien ! c'est plutôt un brigand !

Et elle sortit en murmurant des paroles bourrues.

L'hôte du curé, durant cette scène peu bienveillante, demeura debout et immobile près du seuil de la porte. C'était un homme de haute taille, à demi vêtu de haillons, couvert de vase et dont les cheveux noirs, les yeux étincelants et la haute carabine ne devaient inspirer, en effet, qu'un intérêt médiocre et des suppositions peu rassurantes.

— Faut-il m'en aller ? dit-il.

Le curé répondit :

— Jamais celui que j'abrite sous mon toit n'en sortira chassé ; jamais il n'y sera le mal venu. Mettez là votre carabine, disons le *Benedicite*, et à table.

— Je ne quitte jamais ma carabine. Comme dit le proverbe castillan : *Deux amis, c'est un ;* ma carabine est ma meilleure amie ; je vais la garder entre mes jambes. Car si vous voulez me laisser dans votre maison et ne m'en faire sortir que poliment et lorsque je le voudrai, il en est d'autres qui peuvent songer à me faire sortir malgré moi et peut-être les pieds devant. Or sus, à votre santé et mangeóns.

Le curé de San-Pedro était certes un homme de bon appétit, mais il demeura en extase devant la voracité de l'étranger, qui, non content de humer plutôt que d'avaler l'olla podrida presque entière, vida l'outre et ne laissa rien d'un énorme pain qui devait bien peser dix livres. Tandis qu'il mangeait voracement, il jetait autour de lui des regards inquiets ; on le voyait tressaillir au bruit le plus insignifiant, et le vent ayant tout à coup fermé violemment une porte, cet homme sauta sur sa carabine et l'arma, comme prêt à vendre chèrement sa vie. Remis bientôt de cette alerte, il reprit sa place à table et recommença son repas.

— A présent, dit-il, encore la bouche pleine, il faut mettre le comble à votre bonne réception. Je suis blessé à la cuisse, et voilà huit jours que ma plaie n'a pas été pansée. Donnez-moi quelques vieux chiffons ; ensuite je vous débarrasserai de moi.

— Je ne cherche point à me débarrasser de vous, répliqua le curé. Je suis un peu chirurgien, et n'aurai pour vous panser ni la maladresse d'un barbier de village, ni des linges insuffisants et malpropres. Vous allez voir.

Disant cela, il tira d'une armoire un trousseau où rien ne manquait ; il s'apprêta, les manches relevées, à remplir les fonctions de chirurgien. La plaie de l'étranger était profonde ;

une balle avait traversé la cuisse du malheureux, et, pour qu'il continuât à marcher, il lui fallait une force et un courage plus qu'humains.

— Vous ne pourrez jamais vous remettre en route aujourd'hui, dit le curé en sondant la blessure avec une satisfaction d'artiste amateur. Il faut passer ici la nuit ; une nuit de repos réparera vos forces, diminuera l'inflammation, permettra aux chairs de se désenfler...

— Il faut que je parte aujourd'hui, sur l'heure, interrompit brusquement l'étranger. Il y en a qui m'attendent, ajouta-t-il avec un soupir douloureux ; et il y en a qui me cherchent, fit-il avec un sourire farouche. Voyons : avez-vous achevé votre pansement ? Bon ! me voici à l'aise et léger comme si je n'avais pas de blessure. Donnez-moi un pain : payez-vous de votre hospitalité avec cette pièce d'or, et adieu.

Le curé repoussa la pièce avec mécontentement.

— Je ne suis pas un hôtelier et je ne vends pas mon hospitalité.

— Comme vous voudrez et pardon. Adieu, mon hôte. Disant cela, l'inconnu prit le pain que, sur l'ordre de son maître et en rechignant, avait apporté Margarita, et l'on vit bientôt sa haute taille disparaître à travers le feuillage du bois qui entourait la maison ou plutôt la cabane du curé.

Une heure après, une vive mousqueterie se fit entendre, et l'étranger reparut sanglant, blessé à la poitrine et pâle comme un mourant.

— Tenez, dit-il en présentant au curé quelques pièces d'or ; mes enfants... dans le ravin... près de la petite rivière !

Il tomba ; des gendarmes espagnols entrèrent la carabine

au poing, et n'éprouvèrent aucune résistance de la part du blessé, qu'ils garrottèrent étroitement. Après quoi ils permirent au curé de poser un appareil sur la large plaie du malheureux. Mais en dépit de toutes les observations qu'il allégua sur le danger d'emmener un homme si gravement blessé, ils ne placèrent pas moins leur prisonnier sur une charrette.

— Bah ! bah ! dirent-ils, qu'il meure de cela ou de la corde, son affaire n'en est pas moins assurée. C'est le fameux brigand José.

José remercia le curé par un léger signe de tête. Ensuite il demanda un verre d'eau, et comme le curé se penchait vers lui pour approcher le verre de ses lèvres.

— Vous savez, fit-il d'une voix mourante.

Le curé répondit par un signe d'intelligence.

Quand le convoi se fut éloigné, le vieux curé, malgré les observations de Margarita, qui lui représentait longuement les dangers et l'inutilité de sortir ainsi la nuit, traversa une partie du bois, se dirigea vers le ravin, et y trouva, près du cadavre d'une femme tuée sans doute par quelque balle perdue des gendarmes, un enfant à la mamelle et un petit garçon de quatre ans, qui tirait le bras de sa mère pour l'éveiller, car il la croyait endormie.

Vous pouvez juger de la surprise de Margarita, lorsqu'elle vit revenir le curé avec deux enfants.

— Saints et saintes du Paradis ! que voulez-vous faire de cela, monsieur... la nuit ? Nous avons à peine de quoi vivre, et vous ramenez deux enfants ! Il faudra donc que j'aille mendier de porte en porte, pour vous et pour eux ! Et qu'est-ce que ces enfants ? fils de vagabonds, de bohémiens, de brigands, pis encore peut-être? Je suis sûre qu'ils ne sont pas seulement baptisés.

En ce moment l'enfant au maillot se mit à crier.

— Et comment allez-vous faire, monsieur le curé, pour nourrir cet enfant? car nous n'avons pas le moyen de payer une nourrice. Il faudra employer le biberon, et vous ne savez pas les mauvaises nuits que cela va me donner. Sainte Vierge! il ne paraît pas plus de six mois! Heureusement que j'ai un peu de lait ici : il n'y aura qu'à le faire chauffer.

Et, oubliant son mécontentement, elle prenait l'enfant de dessus les bras du curé, elle le berçait, elle lui donnait des baisers ; et, s'agenouillant près du feu, tandis qu'elle caressait l'enfant d'une main, de l'autre elle attisait les charbons, et faisait chauffer un vase plein de laitage.

Une fois le plus petit garçon rassasié, couché et endormi, l'autre eut son tour.

Tandis que Margarita le déshabillait et lui préparait une espèce de lit provisoire à l'aide d'un manteau du curé, le brave homme racontait à sa gouvernante où et comment il avait trouvé les enfants et de quelle façon on les lui avait légués.

— Cela est bel et bon, fit Margarita ; mais le tout est de savoir comment nous les nourrirons, eux et nous.

Le curé ouvrit l'Évangile et lut à haute voix.

« Quiconque aura donné un verre d'eau à l'un de mes moindres serviteurs, en vérité, je vous le dis, il ne perdra pas sa récompense. »

— *Amen*, répondit la señora Margarita.

Le lendemain, le curé fit enterrer le corps de la femme

trouvée près du ravin et récita pour elle les prières des morts.

. . . .

... Douze années après, le curé de San-Pedro, qui n'avait pas moins de soixante-dix ans, se chauffait au soleil devant la porte de son logis. On était en hiver et c'était la première fois, depuis deux jours, qu'un rayon de soleil se montrait à travers les nuages. Près du curé, un jeune garçon de onze à douze ans lisait à haute voix le bréviaire du curé, et portait de temps à autre un œil d'envie sur un jeune homme de seize ans, robuste, grand, nerveux, et qui travaillait activement à la culture d'un petit jardin, dépendant de la pauvre maison du curé ; Margarita, devenue aveugle, écoutait.

En ce moment, le bruit d'une voiture se fit entendre, et le petit garçon jeta un cri de joie.

— Oh ! le beau carrosse, le beau carrosse !

En effet, une voiture magnifique venait de Séville ! Elle s'arrêta devant la maison du curé. Un domestique richement vêtu s'approcha du vieillard, et lui demanda un verre d'eau pour son maître.

— Carlos, dit le curé au plus jeune des petits garçons, donne un verre d'eau à ce seigneur, et joins-y un verre de vin, s'il veut bien l'accepter. Va donc vite.

Le seigneur fit ouvrir la portière de sa voiture et descendit : c'était un homme d'une cinquantaine d'années.

— Ces enfants sont-ils vos neveux ? demanda-t-il au curé.

— C'est bien mieux : ce sont mes enfants... mes enfants d'adoption, bien entendu.

— Comment cela ?

— Je vais vous le conter, car je n'ai rien à refuser à un grand seigneur comme vous ; et puis, pauvre et vieux, inexpérimenté du monde, j'ai besoin d'un bon conseil pour savoir de quelle manière assurer le sort de ces deux jeunes garçons.

Et il conta l'histoire des enfants, l'histoire que l'on a lue plus haut.

— Que me conseillez-vous de faire ? demanda-t-il après avoir terminé son récit.

— Des enseignes aux gardes du roi ; et pour qu'ils tiennent leur état de maison convenablement, il faudra leur assigner une pension de quatre mille ducats.

— Je vous demande un conseil et non des plaisanteries, señor.

— Et puis, il faudra faire rebâtir votre église, et à côté de l'église nous mettrons une jolie cure. Une belle grille viendra fermer tout cela. Tenez, j'en ai le plan dans ma poche ; vous convient-il ? L'on donnera à l'œuvre complète le nom d'*Eglise du Verre d'Eau.*

— Que signifie ?... Que voulez-vous dire ? Quels souvenirs vagues ? Ces traits ! Cette voix...

— Cela veut dire que je suis don José della Ribeira, et que j'étais, il y a douze ans, le brigand José : je me suis évadé de prison. Les temps sont changés, et de chef de voleurs ils m'ont fait chef de parti. Vous avez été mon hôte, et vous avez servi de père à mes enfants. Qu'ils viennent m'embrasser ; qu'ils viennent donc, ajouta-t-il en tendant les bras aux jeunes gens qui s'y jetèrent.

Et quand il eut fini de les embrasser, longuement, étroitement, à diverses reprises, avec des larmes, des mots confus, des exclamations entrecoupées, il tendit la main au vieux curé.

— Eh bien ! n'acceptez-vous pas l'église du Verre d'Eau, mon Père?

Le curé se tourna vers Margarita, et, vivement ému, il dit :

« Quiconque aura donné seulement à boire un verre d'eau
» froide à l'un des plus petits, comme étant de mes disciples,
» je vous le dis et vous en assure, il ne perdra pas sa récom-
» pense. »

— *Amen*, dit la vieille femme, qui pleurait alors de joie, au bonheur de son maître et de ses enfants d'adoption, et qui pleura ensuite du chagrin de les quitter.

Un an après, don José della Ribeira et ses deux fils assis-taient à la bénédiction de l'église de San-Pedro du *Verre d'Eau*, l'une des plus jolies églises des environs de Séville (1).

1. Tiré du *Pèlerin*, sous la signature de S. Henry Berthoud.

Chap. Vingt-septième.

SÉVILLE. — LA CÉRÉMONIE DE LA SEMAINE SAINTE.

ÉVILLE, capitale de l'Andalousie, avait autrefois le nom de petite Rome : *Julia Romula* que lui donna Jules César quand il la conquit.

Au moyen âge, Séville avait de fortes murailles, des fossés profonds et quinze portes. Plus tard, elle devint l'entrepôt du commerce des deux mondes. Aujourd'hui ses murailles sont en ruines et ses fossés comblés. Il n'y a plus qu'une seule porte debout. Mais c'est encore une belle ville, ayant plus de cent mille habitants. Les principaux souvenirs, qu'on y vient visiter sont groupés dans un arc de cercle tracé au sud-ouest par le Guadalquivir. Là s'élève en effet la magnifique cathédrale avec sa cour mauresque des Orangers et sa tour à trois étages, qui semble porter jusqu'au ciel la Giralda, statue en bronze de la Foi tenant à la main le Labarum. Derrière cette église, la plus vaste du monde, se dressent les masses imposantes de l'Alcazar, ancien palais des rois arabes.

Le débarcadère du chemin de fer de Cordoue, où descend le pèlerin, est situé sur les bords enchanteurs du Guadalquivir, entre la puerta de Triana et la puerta Real, menant près des lieux qu'a sanctifiés sainte Thérèse. Si l'on entre dans la ville par la porte Royale, on se trouve dans la calle de las Armas, qui rappelle les grandes douleurs de la Sainte à Séville.

Avant d'entrer, remarquons cette inscription sur la muraille :
« *Hercule fonda cette ville, Jules César la reconstruisit et le héros Ferdinand III la rendit au Christ.* »

Ferdinand la rendit au CHRIST, *restituit Christo*, car Séville fut soumise pendant cinq cent trente-six ans aux Arabes, avant que le grand roi ait pu la rendre au CHRIST en 1248, à la suite d'un siège héroïque de quinze mois.

Les armes de la ville, qu'on voit partout, représentent le roi Ferdinand assis sur son trône, une large épée à la main, accompagné de saint Isidore et de saint Léandre, les deux patrons de la cité ; au-dessous il y a la devise :

NO 8 DO

laquelle est un rébus. Quand le roi Alphonse le Sage fut détrôné par son fils, Séville seule resta fidèle et il lui accorda ce signe du nœud, qui ressemble à un 8 ; ce chiffre, dans la devise ci-dessus représentée, sépare les deux syllabes du mot *nodo*, qui veut dire aussi nœud.

Mais voici le rébus. Le 8 est un écheveau, soit en espagnol *madeja*. Donc lisez :

No madeja do

ou : *no m'ha dejado*, il ne m'a pas abandonné.

Séville est, pour les poètes, la ville d'Hercule ; pour les historiens, la patrie de Trajan, d'Adrien et de Théodose ; pour les dramatiques, la patrie du triste Don Juan ; pour les gens de plaisir, c'est le sol du barbier Figaro ; pour les artistes, c'est le berceau de Murillo ; pour les architectes, c'est la ville de l'Alcazar et de la Giralda ; pour les liturgistes, c'est la ville des inventions extraordinaires dans la pompe du culte ; ses cérémonies de la Semaine Sainte sont, à d'autres points de vue, comparables à celles de Rome.

Les grandes scènes de la Semaine Sainte ont spécialement

SÉVILLE.

lieu à la cathédrale, qui a été préparée par un peuple religieux, lequel n'a rien voulu épargner.

L'annaliste Zuniga raconte qu'en 1401, lorsque la construction fut décidée, on convint qu'il fallait élever un monument qui n'eût pas son pareil, et l'un des chanoines, se levant, s'écria :
— *Hagamos una iglesia tan grande que los que la vieren acabada nos tengan por locos.* (Faisons une église si grande que ceux qui la verront terminée nous prendront pour des fous.)

C'était tout un programme ; il fut adopté avec enthousiasme et suivi de point en point.

Les cinq nefs, éclairées de quatre-vingt-treize fenêtres, sont d'une hauteur qui donne le vertige ; les piliers énormes sont si élancés qu'ils semblent de frêles colonnes ; les trente-sept chapelles paraissent des églises et le chœur une cathédrale ; elle est plus longue que Saint-Pierre de Rome et qu'aucune église du monde.

Nous pourrions parler aussi de la haute tour mauresque de la *Giralda*, élevée de plus de deux cent soixante-dix pieds, avec ses vingt-quatre cloches et sa statue en bronze de la *Foi*, qui, assurément, est bien placée au sommet de cet ensemble majestueux. Cette statue colossale est montée sur un pivot si bien disposé que ce qui représente la chose la plus inébranlable, la foi, sert de girouette, d'où le nom de *Giralda* donné à cette tour, sur laquelle on lit : *Nomen Domini fortissima turris* (le nom du Seigneur est la plus forte tour).

Si une anecdote de chevalerie n'est pas trop déplacée, nous citerons le chevalier Don Quichotte, dont Cervantès s'est moqué et qui a reçu la mission de combattre la *Giralda* de Séville ; il se vante d'avoir vaincu cette femme de bronze, qui, sans changer de place, est la plus mobile du monde, et « *je la forçai*, dit-il, *à rester immobile comme un dieu Terme.* »

Mais je ne veux m'arrêter ici qu'à ce qui se rapporte directement à la Semaine Sainte, dans laquelle nous sommes entrés, et c'est pourquoi je vais parler des cérémonies de ce saint temps.

Une des nobles folies qu'inspira le programme du chanoine ardent et des pieux Sévillains, c'est le monument.

En Espagne, selon la véritable tradition, le lieu où repose le *Santisimo*, le Saint Sacrement, est un édifice de gloire et de triomphe qu'on nomme le *Monumento*. En France, on a été amené à faire, le Jeudi-Saint, un *sépulcre*, qui ne manifeste pas la vie et la puissance renfermées dans ce tombeau qui garda un moment les plaies glorieuses du CHRIST. Au moins doit-on beaucoup l'orner de fleurs et de lumières.

Le *Monument* de Séville est un vaste temple grec, de cent trente pieds de haut sur une base de quatre-vingts pieds. Il a été construit avec un grand luxe vers le milieu du XVIe siècle, par le Florentin Micer Antonio, qui employa dix années à l'achever ; chaque Carême, on passe trois semaines à en assembler les pièces.

Il est placé à côté du chœur, à la nef occidentale, sur la tombe même du fils de Christophe Colomb, dont le père, dit l'épitaphe, « *a donné un nouveau monde aux rois de Castille et de Léon.* »

La forme générale du monument est une croix grecque. Il est composé de quatre étages soutenus par des colonnes des différents ordres d'architecture, et orné de grandes statues ; c'est au second des quatre étages qu'on place la *Custodia*, sorte d'ostensoir qui forme lui-même un autre temple de dix pieds de haut, tout en argent, pesant plus de mille livres ; il est le chef-d'œuvre du plus célèbre orfèvre de la péninsule et la plus grande pièce d'orfèvrerie qui existe.

L'illumination en est splendide ; outre les lampes, il y a près de cinq cents torches de cire, dont la consommation se chiffre par milliers de livres.

Nous disions que les cérémonies de la Semaine Sainte peuvent être comparées, pour la splendeur, à celles de Rome. En effet, le cardinal-archevêque est entouré d'une foule de mitres, comme le Pape, tous les chanoines ayant le privilège de la porter ; et le très nombreux clergé a des ornements d'une incomparable richesse.

Ce qui constitue l'éclat particulier des cérémonies à Séville, pendant la Semaine Sainte, ce sont les *pasos*. Les pasos sont des scènes de la Passion formées avec des personnages de grandeur naturelle et sculptés en bois.

En Espagne, les plus illustres sculpteurs ne dédaignèrent pas de s'appliquer à ce genre de sculpture et à produire des chefs-d'œuvre en faisant des pasos. Ceux de Séville sont les plus remarquables. A partir du Mercredi-Saint, mais surtout le Vendredi, on les promène processionnellement dans la ville ; un grand nombre de porteurs, dissimulés sous une draperie, soutiennent le fardeau, et la scène s'avance dans les rues, donnant à tous une touchante représentation de la Passion.

Chaque église a au moins deux *pasos*. Voici la liste de ceux que j'ai vus :

L'Entrée de Jésus à Jérusalem, pour les Rameaux; c'est un des plus grands : le Sauveur, entouré des Apôtres, est monté sur l'ânesse; les Juifs jettent des vêtements; il y a une haute porte crénelée; les Apôtres tiennent les beaux rameaux tressés d'Espagne.

La Prière au Jardin des Oliviers.

La Prison del Señor, ou le Christ traîné, la corde au cou, par une troupe de Juifs.

Le Christ à la colonne.

La Flagellation.

L'Ecce Homo.

Le Couronnement d'épines.

Ponce-Pilate se lavant les mains devant le peuple.

La Conversion du Bon Larron, de Montanès, paso dont on dit que le Christ est exécuté avec une telle perfection, qu'on peut l'entendre parler, *que se le pueden escuchar las palabras.*

La Vierge au pied de la Croix, par Gabriel de Astorga.

Le dernier Soupir du Christ, par Montanès.

Le Triomphe de la Croix, par Roldan.

La Descente de la Croix, du même. C'est un des plus beaux.

Le Vendredi-Saint, les processions sortent à deux heures du matin. Une heure auparavant, le *sereno* du quartier (il y en a quatre-vingt-dix à Séville) réveille les habitants dont il a la garde, en chantant d'une voix claire et vibrante :

Ave, Maria purisima. Il est deux heures, il fait beau !

Je ne manquai pas de renoncer au repos. Bientôt les processions remplissaient la ville de leurs feux ; des cavaliers précédaient ; de longues files de pénitents, qu'on nomme Nazaréens, vêtus du capuchon pointu, suivaient avec des bannières ou des cierges ; d'innombrables encensoirs parcouraient la ville.

A cette même heure matinale, on prêchait la Passion à la cathédrale. Le prédicateur se place sur le tombeau de celui qui a fondé cet exercice par un legs, et sans doute ses ossements tressaillent aux paroles qui redisent toujours au peuple ému les souffrances du Maître.

Bientôt le *paso* arrive et vient faire sa station à la cathédrale, où tout *paso* doit s'arrêter dans son parcours.

La ville est en deuil, les magasins sont fermés, les services publics chôment et les journaux sont encadrés de noir.

Chapitre Vingt-huitième.

SÉVILLE (suite). — LES SEIZES. — CADIX. — GIBRALTAR. — MALAGA.

Ous avons parlé, dans le chapitre précédent, des cérémonies de la Semaine Sainte à Séville. Pour compléter ce que nous avons à dire sur ce sujet, il nous reste à parler du cierge pascal qu'on bénit le Samedi-Saint, et des danses des *seizes*.

A la fin de la Semaine Sainte, on dresse un cierge, que l'on compare à un mât de navire ou à une colonne de marbre blanc; il a plus de huit mètres de haut et pèse environ mille kilogrammes, soit une valeur de quatre mille francs.

Un enfant de chœur est toujours debout près de ce colosse, quand on l'allume, pour recueillir la cire qui coule; car de vastes mèches brûlent et forment au sommet un magnifique foyer qui annonce la lumière du CHRIST, et il faut qu'un sacristain monte un escalier en spirale pour gouverner la flamme au moyen d'une fourche de fer.

Ce cierge pascal est envoyé par le Chapitre de Tolède, qui reçoit de Séville en échange des palmes magnifiques le Dimanche des Rameaux.

Enfin, parmi les cérémonies spéciales à Séville, nous avons dit qu'il fallait compter les danses des *seizes* : c'est une des plus gracieuses, des plus inimitables.

Les *seizes* sont de tout petits enfants de chœur privilégiés, qui, avec leurs castagnettes, exécutent, au milieu de cantiques, des pas d'une danse grave.

Les cantiques qu'ils redisent sont surtout dédiés à la Sainte Vierge ; ce sont les enfants de Marie-Immaculée, et le Vendredi-Saint encore ils chantent :

> *« A la Madre de Dios escogida,*
> *Compañeros, cantad,*
> *Y de España patrona real,*
> *Compañeros, cantad, concebida*
> *Sin pecado original. »*

« Chantez, mes compagnons, à la louange de l'incomparable Mère de DIEU ; chantez, mes compagnons, la royale Patronne d'Espagne, qui a été conçue sans le péché originel. »

Quant aux danses, un voyageur peu chrétien et très disposé à se scandaliser, en écrivait :

« A vrai dire, leurs pas ne ressemblent en rien aux danses profanes en usage en Espagne ; ce sont des *coulés* ou des *glissés*, sur un mouvement de valse très lent, ressemblant aux menuets du seizième siècle. »

Les petits *seizes* étaient six à l'origine. C'est l'explication de leur nom, qu'on devrait orthographier, comme en espagnol, *seises*, qui est le pluriel de *seis*. Aujourd'hui ils sont dix ; ils doivent avoir moins de dix ans, posséder une belle voix et appartenir à une famille bien chrétienne.

Les danses de ces petits enfants, qui attirent beaucoup d'étrangers à Séville, quoique autorisées en 1439, par le pape Eugène IV, en raison de la disposition dansante du pays (1), furent très combattues par les archevêques venus de loin pour

---

1. A Séville on danse toujours, même sur les tables, pour mieux dessiner un pas.

gouverner l'Église de Séville; et le Chapitre dut, une fois, pour éviter une prohibition, sollicitée par l'archevêque, fréter un navire et transporter à Rome les dix enfants et démontrer au Souverain-Pontife que leurs costumes et leurs danses augmentaient légitimement l'éclat des cérémonies religieuses. Ils furent bénis et non condamnés.

Seulement l'autorisation ou tolérance de Rome porte que rien ne sera modifié au costume, qui n'a pas changé, par conséquent, d'un *iota* depuis le XVIe siècle.

En quittant la cathédrale de Séville, où j'avais fait une dernière visite, j'entendais un groupe de jeunes gens qui chantaient ce refrain populaire :

« Quand DIEU aime bien quelqu'un, il lui permet de vivre à Séville. »

Je ne sais ce qu'il y a de vrai dans le fond de cette pensée ; mais il est certain que je m'estime heureux d'avoir pu être témoin des splendides cérémonies que je viens de décrire. Peu m'importe, après ce que j'ai vu, qu'on me propose de visiter l'Alcazar, qu'on dit presque aussi beau que l'Alhambra de Grenade ; ou bien le palais de Pilate, demi-mauresque et demi-Renaissance ; les hôpitaux, les édifices civils, les halles, les places. Rien de tout cela ne m'attire et je ne m'attarderai pas à y conduire le lecteur, préférant le laisser sous l'impression de ces majestueuses processions qui font véritablement la gloire et l'honneur de la capitale de l'Andalousie.

D'ailleurs il faudrait écrire tout un livre rien que sur Séville. En terminant, je citerai ces belles conclusions de Madame de Robersart :

« Sévilla la Belle, Sévilla la Merveille, a toujours été un

paradis. Sous les Maures, elle avait quatre cent mille habitants et des palais féeriques. Plus tard les Indes et l'Amérique y versèrent leur or à flots. Les fortunes colossales ne servaient qu'aux aumônes, pour ainsi dire, et à l'Église. On méprisait le vain luxe, les chevaux, les équipages, la dissipation. On vivait dans un austère recueillement.

» Les temps sont changés. L'étranger a bouleversé la terre de la foi. Désormais on peut laisser arriver impunément dans ce pays agité, révolutionné, et les chemins de fer, et les progrès matériels ; le passé est fini pour l'Espagne, comme pour nous tous. Il faut se lever et marcher ; il ne faut point rester assis à l'ombre de la mort et des regrets stériles ; le pire des maux est le néant. Si l'Espagne reprend enfin sa place, avec ce fond admirable de foi qui la caractérise, que ne pourra-t-elle pas encore ? »

Je ne saurais clore ce chapitre sur Séville sans inviter le lecteur à faire avec moi une petite excursion à Cadix et à Malaga.

Le trajet en chemin de fer est assez morne et sans perspective aucune ; ce ne sont que vastes plaines nues et désertes. Avant d'arriver à Cadix, on passe à Xérès, ville fameuse à cause de ses vignobles. Les raisins y sont délicieux et poussent comme la mauvaise herbe ; mais le vin ordinaire est épais, dur, mauvais et d'une force à emporter le palais d'un sapeur-pompier.

Lorsque l'on est près de Cadix, une chose excite l'intérêt du voyageur : ce sont les marais salants. Ces vastes terrains, malgré leur air de désolation, sont, pour le pays, une source d'industrie et de richesse. L'eau de la mer est vite évaporée sous les chauds rayons du soleil d'Andalousie ; le sel est alors recueilli et entassé par monticules coniques, placés à trois ou quatre cents mètres les uns des autres.

« On dirait les Pyramides d'Égypte, » dit un Espagnol qui n'est pas peu Andalous, c'est-à-dire Gascon.

Enfin nous voici à Cadix ; c'est une île, ou, pour mieux dire, une presqu'île, reliée qu'elle est au rivage par une mince languette de terre, à peine suffisante pour porter la voie ferrée.

Un auteur italien, Edmondo de Amicis, compare cette ville à un bateau prêt à faire voile, qui n'est plus retenu à la rive que par une chaîne.

Les rues de Cadix sont étroites, mais bien entretenues ; les maisons élevées, avec leurs balcons, leurs terrasses, leurs jalousies, ont un aspect réellement pittoresque.

Mais ce qu'il faut voir surtout à Cadix, c'est le merveilleux spectacle qui s'offre au regard du haut du phare Saint-Sébastien, de la tour de Tavira, ou de la ravissante promenade de l'Alameda.

Quel panorama !

Vue de ces hauteurs, Cadix est blanche, toute blanche. Chaque maison est couverte d'une terrasse entourée d'un parapet blanchi, surmontée d'une tour, blanche aussi, et cette tour est couronnée d'une petite coupole ou d'une autre petite terrasse, et tout cela est blanc !

Et tous ces petits dômes, ces pointes, ces créneaux qui donnent à la ville des contours si variés et si bizarres, se détachent et paraissent plus blancs sur le bleu vif de la mer.

La mer ! comme elle vous tente, comme elle vous séduit, avec ses vagues voluptueuses qui viennent lécher le rivage en murmurant doucement, doucement !

Aussi, je ne pus résister à ses attraits et je préférai aller à Malaga en bateau plutôt qu'en voiture ou en chemin de fer.

Me voici donc sur un joli petit navire qui fend l'onde azurée avec grâce et légèreté. A gauche, je distingue toujours la côte Andalouse, avec ses villages blancs semés çà et là sur les falaises découpées parmi des touffes de palmiers et de figuiers.

Au bout d'une douzaine d'heures de traversée, nous entrons dans le détroit de Gibraltar, et nous saluons en passant les colonnes d'Hercule, ces deux colosses de granit qui se dressent comme pour nous barrer le passage.

Ces redoutables colonnes de la fable existent en réalité. Voyez ce géant anglais, ce monstre marin, véritable machine infernale, devant laquelle la mythologie elle-même resterait muette : c'est Gibraltar, ville cosmopolite, ville anglaise, véritable forteresse avec ses quinze cents canons, dans laquelle on ne peut pénétrer qu'en vertu d'un permis spécial du commandant de place...

Continuons notre voyage ; entrons dans cette Méditerranée si belle, si calme, si bleue, et arrivons à Malaga. Installé sur le pont du vaisseau, je vois toute la ville s'étaler devant moi ; et vraiment, c'est un coup d'œil ravissant.

A l'avant-plan, ses blanches *casas* se groupent en amphithéâtre autour de la baie azurée ; sa belle cathédrale trône en reine, à mi-côte, sur ce piédestal vivant. Dans le fond du tableau, un groupe de montagnes noires et arides se dessinent en hémicycle et paraissent resserrer la ville dans un étroit vallon.

C'est Malaga, ville de cent mille habitants, une des plus florissantes d'Espagne, grâce à la prodigieuse fertilité de sa campagne, à son heureux climat, à son port, qui ne le cède en activité qu'à celui de Barcelone.

L'aspect de la ville, lorsqu'on entre dans le port, est très agréable. Une forteresse (1), bâtie sur un rocher, qui se trouve

---

1. Le *Gibralfaro*.

à droite, domine la ville et conserve une tourn ure mauresque qui attire l'attention du voyageur. La forme des tours, leurs créneaux dentelés, puis la singulière muraille en zigzag qui

escalade la montagne, tout indique une de ces constructions orientales que le moyen-âge a transplantées en Europe. Mais n'anticipons point et commençons par débarquer.

Chap. Vingt-neuvième.

MALAGA. — GRENADE. — L'ALHAMBRA. — SOUVENIRS DES ROIS CATHOLIQUES.

ÉSUS! MARIA! Qui donc me disait qu'en Espagne il n'y a de douane qu'à Irun et qu'à Cerbère ?

Nous avons eu à subir, en arrivant à Malaga, une foule de cérémonies nouvelles. Le canot de la santé est venu d'abord s'assurer consciencieusement que nous n'avions pas la peste à bord.

Puis la police envahit le pont, visite les cabines, dresse la liste exacte des passagers, avec celle des malles, valises, sacs et paquets.

Puis tous les bagages sont transportés, en même temps que les personnes, jusqu'à l'escalier du quai, où les douaniers s'emparent de tout et de tous.

Nous sommes enfermés dans une vaste cour, et là, nous attendons... patiemment, durant près d'une heure, jusqu'à ce qu'il plaise à l'inspecteur de venir nous délivrer. Enfin le voilà !

Le chef de la douane, pour s'excuser, nous déclare qu'il ne sait où donner de la tête, parce qu'il est seul à remplir ses fonctions, la plupart des agents, convaincus de fraude, ayant été envoyés aux galères.

Cette naïveté est sublime !!!

Bref, les formalités de la douane étant terminées, nous sommes libres, et nous allons nous installer en ville.

Qu'y a-t-il à voir à Malaga ?

La cathédrale est un édifice colossal de la fin du XVIIe siècle. La façade principale est riche comme architecture ; l'une
des tours, qui est terminée, a près de trois cents pieds de hauteur ; il devait y en avoir quatre autres semblables, mais elles
sont restées en cours de construction. L'édifice tout entier est
grandiose, mais lourd et ne flatte pas les yeux.

A l'intérieur, on remarque les grilles dorées du chœur, qui
ont un grand mérite ; les stalles en bois, qui sont tout à fait
remarquables, et quelques tableaux de valeur. Les sculptures
en général sont assez grossières et ne font pas précisément la
gloire de leur auteur.

Parlerai-je de la magnifique promenade de l'*Alameda* ? Elle
est fort longue, garnie de grands arbres qui forment deux allées
parallèles, avec des bancs en marbre ou en bronze et des sta-
tuettes espacées de loin en loin, qui font un charmant effet.

Tout en marchant, j'arrivai dans une sorte de vallée étroite
et poudreuse, où se remarquait un singulier pêle-mêle d'hommes
et d'animaux... La chose paraît invraisemblable, et pourtant
c'est bien un fleuve, c'est la *Guadalmedina*. En été, le lit de ce
cours d'eau sert de rue et est une des plus fréquentées ; les voitures y circulent, le marché y est établi, des rangs d'échoppes
y sont alignés ; on passe, on se promène à pied sec sous les
ponts, en attendant les inondations de l'hiver.

Quelle profusion de fruits s'étale sur le marché ! Des tas de
pastèques et de melons ; des montagnes de grenades, la plupart
à pépins blancs ; des figues énormes, d'autres très petites, de
toute nuance ; des fruits de cactus ; beaucoup de pêches, mais
jaunes, dures ; des raisins monstrueux, blancs, bruns, noirs, roses.

Chacun sait qu'il s'exporte de Malaga des quantités considérables de raisin sec, jusqu'à quarante mille caisses en un jour. Plus de cinq mille bêtes de somme sont employées au transport de cette précieuse marchandise, qui est expédiée de toutes les parties de la province. On évalue à cinquante millions le chiffre de ces exportations ; aussi, c'est une source de richesse qui n'est pas à dédaigner pour le pays ; et le voyageur doit choisir son temps pour aller visiter Malaga, s'il veut jouir de ce spectacle unique, plein de mouvement, de vie et d'entrain.

De Malaga, je devais reprendre la ligne de Madrid en passant à Grenade et à Cordoue.

Le hasard voulut que je fisse la route en compagnie d'une dizaine d'Andalous, qui me firent oublier, par leurs saillies pittoresques, la lenteur extraordinaire du train. Ce que c'est que de voyager avec des Andalous ! A propos de tout et à propos de rien, ils parlent, ils parlent, avec une vivacité et un esprit, une imagination et un enjouement que l'on aurait peine à se figurer quand on ne les a point entendus. « Le génie de l'hyperbole, dit un touriste dont je ne me rappelle pas le nom, n'a chez eux d'égal que leur crédulité, qui les rend dupes de leurs propres mensonges. »

L'Andalousie a conservé toute sa poésie primitive ; c'est la province-type des mœurs douces, élégantes et faciles, le séjour enchanteur et enchanté des gens sans souci qui ne vivent que pour chanter et pour rire : des palmiers, des orangers, des citronniers, etc., dressent partout leurs têtes feuillues dans ce paradis terrestre de l'Espagne, tout cela coupé par des crêtes de montagnes succédant à la plaine luxuriante, ce qui a fait dire à Théophile Gauthier que l'Andalousie apparaît sous l'aspect d'une mer azurée, où quelques points blancs, frappés par le soleil, prennent l'apparence de voiles sillonnant les flots ; où des teintes variables, tour à tour étincelantes et ternes, coupent de lignes zébrées la perspective ; tandis que des blocs énormes, des entassements pharaoniens, réveillent l'idée d'une race de géants disparus...

PORT DE MALAGA.

C'est au milieu de ce charmant pays que se dresse la célèbre ville de Grenade, où les rois catholiques s'illustrèrent par leur indomptable énergie et leur foi invincible. Lisez plutôt dans l'histoire le récit du siège et de la prise de Grenade par Ferdinand et Isabelle, en 1492.

Je n'ai pas la prétention de décrire toutes les curiosités ni

tous les monuments de cette ville. Je renvoie le lecteur au livre
de Théophile Gauthier (1) pour avoir l'idée précise et complète
de l'*Alhambra*, palais et forteresse des rois maures, le plus

L'ALHAMBRA DE GRENADE.

beau des monuments élevés en Espagne par le génie arabe.
Toutes les richesses de l'art mauresque, arabesques, colonnettes,

1. *Voyage en Espagne.*

A travers Espagne.

16

dentelles de sculpture, faïences coloriées, ont été prodiguées avec un goût exquis dans les nombreuses salles, dans les cours, les galeries et les portiques de cette construction demeurée admirable en dépit des ravages du temps et du marteau des démolisseurs. On cite surtout la cour des Lions, la cour du Réservoir, la salle des Ambassadeurs, la salle de Justice, la salle des Abencérages.

Du haut du minaret de l'Alhambra, la vue embrasse le splendide panorama de la *vega* ou campagne de Grenade, en même temps qu'on découvre les différentes parties de la ville elle-même.

Citons encore le *Généralife*, villa des rois Maures, décoré avec beaucoup moins de richesse que l'Alhambra, mais remarquable par ses vastes jardins et l'admirable aménagement de ses eaux.

Tout un quartier de Grenade, un peu en ruines, et décoré d'un nom arabe, l'*Albaycin*, est occupé depuis plusieurs siècles par les *Gitanos* ou Bohémiens d'Espagne.

Les Gitanos ! singulière race que celle-là ! « Je crois, dit Cervantès (1), que les *Gitanos* sont venus au monde pour être voleurs ; ils naissent de parents voleurs, ils sont élevés avec des voleurs, et font leur éducation pour devenir voleurs. »

Depuis leur apparition en Europe, en 1417, leur air repoussant et sauvage, leurs habitudes de vol et de vice, leur prétendue magie, contribuèrent à les faire haïr et persécuter de tous les peuples chez lesquels ils pénétrèrent. Ils vivent de brigandage et de sorcellerie ; ils habitent des huttes malpropres, et gagnent leur vie comme ces marchands ambulants qui parcourent nos campagnes et qui sont d'une honnêteté douteuse.

---

1 *Parece que los Gitanos nacieron en el mundo para ladrones, nacen de padres ladrones, crianse con ladrones, y estudian para ladrones.*

Celui qui a le mieux étudié les Bohémiens espagnols, c'est l'anglais Borrow, qui poussa l'amour des aventures et de la propagande biblique jusqu'à se mêler à eux et à se faire passer pour l'un d'eux (1).

Mais laissons là les Gitanos et entrons un instant dans la cathédrale de Grenade, ce temple magnifique, rempli des souvenirs d'Isabelle la Catholique et du roi Ferdinand.

C'est un édifice de style gréco-romain, bâti sur l'emplacement d'une mosquée. Des piliers, formés de quatre colonnes corinthiennes, partagent l'intérieur en cinq nefs ; le *cimborium*, d'une hauteur colossale, est véritablement prodigieux.

Ici règne en maître Alonso Cano (2). On montre de lui sept scènes de la Vie de la Sainte Vierge, le portrait idéal d'un guerrier et d'une jeune femme, et différents tableaux représentant la Mère de Dieu, ainsi qu'une ravissante Immaculée-Conception sculptée.

Et je ne parle pas des nombreuses œuvres d'art qui sont là exposées, comme en un musée, œuvres de mérite inégal sans doute, mais ayant de la valeur, même à côté des tableaux du maître Alonso Cano.

La *Capilla real* est le diamant de la cathédrale de Grenade ; elle est séparée du reste de l'église par une grille de fer doré, travaillée à double, les personnages et les ornements étant reproduits des deux côtés. A l'entrée figurent, à genoux, Ferdinand et Isabelle, les rois catholiques, exécutés avec non moins de sentiment que de finesse. Derrière l'autel, et sur les parois, une série de bas-reliefs coloriés ont trait à la prise de Gre-

---

1. Voyez son livre *The Gypsies of Spain.*

2. Il fut à la fois architecte, peintre, sculpteur et chanoine de Grenade.

nade et à la conversion des Maures. Au centre de la chapelle, deux sépulcres magnifiques, œuvre de Péralta, qui les fit dans la ville de Gênes, représentent le roi, la reine et les infants couchés sur leur tombeau. Ces superbes sarcophages de marbre sont ornés de statues de saints et gardés par des sphinx et des lions.

Un passage étroit, une descente obscure, conduit à la crypte où sont déposés les cercueils de bois grossier, cerclés de fer, contenant les dépouilles de Ferdinand et d'Isabelle ; ils sont marqués à leurs initiales.

On peut voir, dans la sacristie, l'étendard royal devant lequel tomba la puissance musulmane en Espagne, et qui fut arboré sur les murs de Grenade le 12 janvier 1492 ; l'épée de Ferdinand, le livre d'heures d'Isabelle, etc...

Le Sagrario, situé près de là, renferme le portrait du héros chrétien *Hernando del Pulgar*, qui, pendant le siège de Grenade, cloua de son poignard, sur la porte de la grande mosquée, un parchemin avec l'*Ave Maria*. Le défi, que Pulgar avait eu l'audace de planter au cœur même de la place ennemie, ne fut pas relevé par les Maures éperdus ; et lorsque l'armée chrétienne entra victorieuse dans la cité reconquise, l'*Ave Maria* du vaillant chevalier était encore à sa place.

Lorsque vous avez visité l'Alhambra et la cathédrale de Grenade, vous êtes comme ébloui par tant de magnificences. Pour bien voir cette ville, il faut y passer une semaine, s'astreindre à un détail chaque jour et terminer par un coup d'œil d'ensemble. Je vous promets, cher lecteur, que le spectacle considéré de cette façon vous paraîtra moins étourdissant et plus féerique.

Chapitre Trentième.

DE GRENADE A CORDOUE ET CIUDAD-REAL.

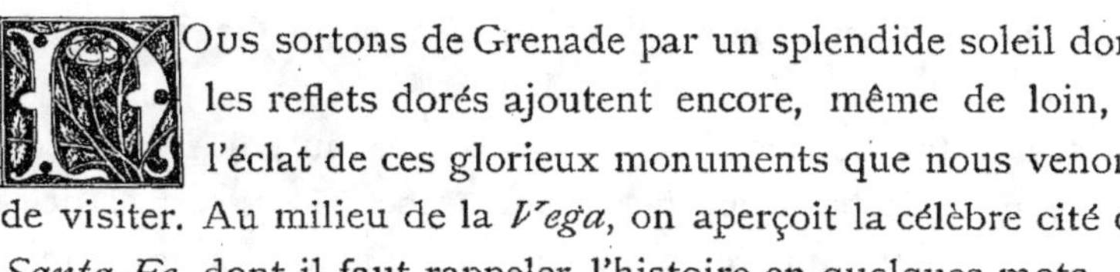

Nous sortons de Grenade par un splendide soleil dont les reflets dorés ajoutent encore, même de loin, à l'éclat de ces glorieux monuments que nous venons de visiter. Au milieu de la *Vega*, on aperçoit la célèbre cité de Santa-Fe, dont il faut rappeler l'histoire en quelques mots.

Quand les rois catholiques assiégeaient Grenade, ils bâtirent, auprès de la ville et sous les yeux des Maures, un camp qui était une véritable forteresse, avec des maisons, faites à la hâte, il est vrai, et un simulacre de remparts. Ce camp devint par la suite un bourg assez important ; il jouit de nombreux privilèges, et il porte encore aujourd'hui son nom de Santa-Fé, qui lui fut donné à cette époque lointaine et glorieuse : ses jolies maisons blanches se dressent coquettement au milieu d'un océan de verdure et de fleurs.

Plus loin, *Loja*, le Labin des Latins, est admirablement situé dans une étroite vallée qu'arrose le Génil ; le Manzanil vient s'y jeter en formant une belle cascade.

Après une roche immense, nommée *la Peña de los Enamorados*, on entre dans le val de Guadalhorce et on salue à gauche la ville d'Antequera (30.000 habitants), pour arriver ensuite à *Bodadilla*, où l'on rejoint la route de Malaga à Cordoue et à *La Roda*, d'où part la ligne de Séville. Enfin on passe à *Montilla;* on ne tarde pas à voir les murs de la ville sainte des Maures, la résidence des Califes de la fameuse et antique ville de *Cordoue*, qu'en espagnol on appelle *Cordoba*.

Assise sur la rive droite du Guadalquivir, à l'extrémité d'un contre-fort de la Sierra Morena, Cordoue est peuplée d'environ 50.000 âmes, et, quoique déchue de ses grandeurs passées, n'en est pas moins un charmant séjour, aussi bien par la douceur de son climat qu'en raison de ses délicieux environs.

C'est la patrie de Lucain et des deux Sénèque, d'Averroès, d'Avicenne et de beaucoup de savant arabes. C'est le lieu de fondation de cette illustre société de médecins qui firent faire un si grand pas aux sciences en Europe.

Sous la domination des Maures, Cordoue devint la ville sainte et fut consacrée par le grand nom et les cendres des quatre Abdérame. Des flots de pèlerins remplissaient sa mosquée, monument unique dans le monde : il en venait de toutes les contrées de l'Afrique situées en deçà de l'Atlas, car ce pèlerinage était aussi méritoire que celui de la Mecque. Cela dura jusqu'en 1236, année de la prise de la ville par les chrétiens.

Les vieilles murailles, qui datent du temps des Califes, sont encore debout, et présentent un aspect imposant avec leurs lourdes portes et leurs grosses tours. D'ailleurs Cordoue a gardé son aspect mauresque avec ses nombreuses constructions arabes et ses rues étroites. Seulement son industrie, jadis si florissante, surtout en ce qui concerne le commerce des cuirs, est aujourd'hui peu animée.

Je n'ai pas envie de vous parler du palais épiscopal ni des alcazars, ni des promenades, ni des couvents de Cordoue. Un monument éclipse tous les autres et mérite toute notre attention : c'est la *mezquita*, la merveille des merveilles, la mosquée transformée en cathédrale. La religion catholique a sauvé cet édifice splendide en le baptisant et a fait ici pour l'Islamisme ce qu'elle avait fait à Rome pour le Panthéisme.

Avant de devenir église, la mosquée de Cordoue était déjà l'héritière de deux temples, celui de Janus sous les Romains, et une basilique sous les rois Goths.

Le grand Abdérame voulut en faire le plus magnifique des lieux saints de l'Islam après celui de la Mecque, et il y a réussi. La Mezquita couvre plus d'un hectare de terrain : on y voit vingt-neuf nefs de l'Est à l'Ouest ; dix-neuf nefs du Nord au Sud ; dix-sept portes, la plupart ornées d'arabesques, mais toutes fermées, excepté une ; huit cent cinquante-quatre colonnes en granit, en marbre blanc, jaune, rouge, en albâtre, en jaspe ; vers le centre d'une des nefs latérales, le sanctuaire du *Zancarron*, où se déposait l'Alcoran.

Le Zancarron ou Mihrab se compose d'un vestibule, dont le plafond est en bois sculpté et doré, et où les trèfles, les colonnettes, les mosaïques de verre, les versets du Coran en lettres de cristal doré, qui serpentent dans les fines dentelles de pierre, font de ce lieu une merveille ; puis du sanctuaire proprement dit, dont la voûte représente une conque, d'un seul morceau de marbre blanc. Rien ne peut donner l'idée de la richesse inouïe de cette partie du monument.

On assure que dix mille lampes brûlaient dans la mosquée de Cordoue ; il y en avait une en or, d'un travail inestimable. Parmi ces lampes, se trouvaient les cloches de Santiago de Compostelle, conquises par les Maures ; renversées et suspenpues à la voûte par des chaînes d'argent, elles illuminaient le temple d'Allah ; mais elles ont été rendues au culte catholique et transportées en Galice à dos de Maures.

Actuellement cinquante-deux chapelles ont été ménagées dans la mosquée-cathédrale ; sous l'empereur Charles-Quint, on a bâti, au centre du temple, le *Coro* ou chœur des chanoines en style gothique flamboyant ; les stalles sont en acajou massif, admirablement sculptées : malheureusement l'ensemble est un peu masqué et gâté par cette construction moderne.

On ne se fatigue nullement à visiter chaque détail de la Mezquita ; on y revient volontiers et l'on trouve toujours du nouveau à admirer.

En passant par la porte des *Palmas*, revêtue de plaques de bronze doré, on se trouve dans une immense cour de marbre plantée d'orangers en allées par les Maures eux-mêmes. Ces arbres séculaires, aux têtes énormes, embaument, enivrent le spectateur.

Il faut enfin quitter la mosquée, dont ma pâle description aura à peine donné un aperçu. En sortant, on ne peut s'empêcher toutefois de regarder la tour gréco-romaine, de plus de quatre-vingt-dix mètres d'élévation, qui porte à son sommet une statue de saint Raphaël, l'étendard à la main : on l'appelle la tour triomphale, *el Triunfo*.

Si le cœur vous en dit, vous pourrez, après cela, cher lecteur, aller faire une excursion chez les dix-sept ermites de la Sierra-Morena, qui habitent, à quelques lieues de Cordoue, dans un site sauvage et abrupt : ils mènent la vie d'anachorètes, à l'exemple des moines d'Egypte et de Thébaïde ; chacun d'eux a sa petite cellule, divisée en deux pièces, garnie de quelques pauvres meubles, d'une cruche d'eau, de plusieurs livres et d'instruments de pénitence. Leur régime est des plus austères ; le poisson même ne leur est permis qu'aux grandes fêtes.

Après cela, vous pourrez dire adieu à Cordoue et diriger votre course soit sur Madrid directement, soit du côté de Ciudad-Real.

Pour aller en cette dernière ville, il faut traverser la Sierra-Morena en diligence, et passer à *Almaden*, où l'on pourra s'arrêter pour visiter les mines de mercure ; de là, on prendra le chemin de fer jusqu'à Ciudad-Real.

CORDOUE.

Cette capitale de la Manche est peuplée de douze mille habitants et arrosée par la Guadiana ; berceau de la Sainte-Hermandad, et jadis florissante par ses manufactures, elle est aujourd'hui fort peu animée.

On y remarque la belle église gothique de Santa Maria del Prado, l'hôpital de la Miséricorde, la place de la Constitution, une intéressante porte, plusieurs couvents et quelques édifices particuliers.

En quittant Ciudad-Real, vous rejoignez la ligne de Madrid, en passant par Aranjuez, nid de verdure au milieu d'un pays nu, désolé, sans un arbre, sans une fleur. Grossi des eaux du Garama, le Tage prend ici des proportions de fleuve et fertilise cette oasis perdue dans les plaines arides et jaunâtres de la Nouvelle-Castille.

J'ai déjà dit un mot d'Aranjuez en parlant de la cour à Madrid. Je n'insiste pas sur la résidence royale, que nous pouvons visiter tout à notre aise. Ce qui est plus admirable que le palais lui-même, ce sont les jardins, c'est le parc immense que le Tage traverse d'un bout à l'autre, avec ses cascades, avec ses lacs et les plantations de chênes et d'ormeaux gigantesques sous l'ombre desquels tous les rossignols de la Péninsule se réunissent au printemps. Il n'y a pas au monde d'orchestre qui puisse être comparé à celui-là ; il n'y a pas de concert qui puisse égaler les harmonies que des millions et des millions de chanteurs ailés, formés à l'école de DIEU, font entendre là, à la lueur des étoiles, pendant les nuits de mai.

Des hauteurs d'Aranjuez on a un panorama incomparable ; la vue embrasse la Nouvelle-Castille depuis les monts de Tolède jusqu'au Guadarrama et les plaines de la Manche et du Bas-Aragon, entre la Sierra del Alcaraz et les monts Universales ; c'est un horizon sans limites.

Laissant Aranjuez, on traverse de belles prairies, et on arrive à *Cienpozuelos*. A *Pinto*, vieille tour, dernier vestige du château dans lequel Philippe II fit enfermer la princesse d'Eboli.

Nous traversons enfin le Manzanarès toujours à sec, hélas ! et nous débarquons de nouveau à Madrid.

Chap. Trente-et-unième.

ALCALA DE HÉNARÈS ET L'AUTEUR DE DON QUICHOTTE. — GUADALAJARA ET SARAGOSSE.

EN quittant Madrid pour gagner *Alcala de Hénarès*, deux souvenirs inséparables vous y précèdent : ceux de Michel Cervantès et du cardinal Ximénès.

Le cardinal y a fondé une université jadis très célèbre, et devenue de nos jours le collège de Saint-Ildefonse. Au temps où François Ier, captif de Charles-Quint, vint passer trois jours à Alcala, l'université de cette ville comptait onze mille étudiants.

Cervantès, l'immortel auteur de l'immortel *Don Quichotte*, naquit à Alcala le 9 octobre 1547, comme le prouve le registre baptismal de l'église Sainte-Marie, dont nous traduisons l'extrait suivant :

« *Le dimanche, neuvième jour du mois d'octobre, l'an du Seigneur mil cinq cent quarante-sept, fut baptisé Michel, fils de Rodrigue de Cervantès et de sa femme, Doña Leonor. Il eut pour parrain Juan Pardo. Le Révérend señor bachelier Serrano, curé de Notre-Dame, le baptisa. Les témoins furent Baltasar Vazquez, sacristain, et moi, qui l'ai baptisé et ai signé de mon nom.*

» Bachelier Serrano. »

C'est dans une petite rue, aboutissant dans la campagne, que se trouve la maison où naquit l'auteur de *Don Qui-*

chotte ; sur une porte murée, on peut lire cette inscription :

> *Ici est né*
> *Miguel de Cervantès Saavedra,*
> *Auteur de Don Quichotte.*
> *Par son nom et par son génie,*
> *Il appartient au monde civilisé ;*
> *Par son berceau,*
> *A Alcala de Hénarès.*

Le lecteur s'attend-il à ce que je parle ici de la vie ou de l'œuvre du grand Cervantès ? Je préfère le renvoyer à mes *Etudes sur la Littérature espagnole*, où la question est approfondie aussi complètement que j'ai pu. Je me contente de signaler en passant ce fait que la plupart des Espagnols ne connaissent guère, dans l'histoire de leur littérature, que le récit des aventures du Chevalier à la triste figure. Le *Cid* lui-même est inconnu pour beaucoup ; mais *Don Quichotte* a le privilège d'être lu et goûté partout, et regardé comme le chef-d'œuvre des chefs-d'œuvre sous tous les rapports.

Après avoir vu les souvenirs d'Alcala, arrivons à Guadalajara. Ici le nom des Mendozas, les Médicis de l'Espagne, paraît seul vainqueur de l'oubli, mais accolé à maintes ruines, à maintes dégradations.

C'est dans le palais de l'Infantado que naquit le grand cardinal de Mendoza ; la façade gothique de cet édifice est ornée d'un grand écusson supporté par des satyres. Le *patio* (cour) est splendide, et dans l'intérieur on remarque surtout la *salle des Lignages (de los Linajes)*, dont le plafond en bois sculpté est couvert de dorures ; elle est transformée aujourd'hui en dépôt de marchandises, et présente un tableau des plus tristes.

Le tombeau des Mendozas se trouve dans la chapelle de San-Francisco, qui domine la ville ; c'est un caveau de caractère imposant, bâti sur le modèle du Panthéon de l'Escurial.

Je ne puis passer sous silence l'église de Santa Maria de la Fuente, où l'on vénère une image de la *Vierge des Batailles*, celle que portait, dit-on, à l'arçon de sa selle, le roi Alphonse, lorsqu'il combattait les Maures. A Séville, dans la *Capilla real*, on nous avait montré la statuette d'ivoire que le roi Ferdinand

PALAIS DES DUCS DEL INFANTADO, A GUADALAJARA.

portait dans les mêmes circonstances et de la même manière : on aime à voir ces reliques, témoignages éclatants de la foi et de la piété des grands monarques chrétiens.

De Guadalajara, une route agréable coupe les plaines fertiles de *Brihuega*, qui formaient jadis un lac ; puis elle traverse la vieille citadelle de Torija, côtoie de vertes collines, retombe dans une plaine immense, monotone, avant d'atteindre Médinacéli.

Ici nous retrouvons la route de Saragosse ; nous passons à

Siguenza et à Calatayud, et nous arrivons dans la capitale de l'Aragon, la ville célèbre entre toutes par le siège héroïque qu'elle a soutenu sous Napoléon Ier, et par le sanctuaire de *Notre-Dame du Pilier*, si populaire en Espagne.

Nous allons nous arrêter un moment dans cette illustre cité.

Après tout nous voici presque au terme de notre voyage au delà des Pyrénées. Nous avons pu apprécier, pendant des semaines, des mois et des années, l'accueil qui est fait là-bas à des Français.

Cet accueil vient surtout des catholiques, qui aiment cet envahissement pacifique de l'Espagne par les religieux ; les malheurs de la patrie ont, en effet, exilé tant de moines, tant de prêtres, qu'on en rencontre partout en Espagne : des trappistes à Saint-Pierre de Cardeña, auprès de l'antique tombeau du Cid ; des Chartreux à Miraflores, près Burgos ; des Liguoriens à Madrid, où ils desservent l'église du Palais de Justice ; des Prêtres des Sacrés-Cœurs de Picpus, à Miranda ; des Bénédictins, à Saint-Dominique de Silos ; des Jésuites, des Carmes, des Dominicains, des Capucins, des Passionnistes, des Augustins de l'Assomption.

J'ai été saisi par la pensée que, dans les desseins providentiels, ceux qui viennent comme des mendiants sur cette terre, y sont envoyés pour accomplir une réparation et expier de grands crimes.

Partout, sur mes pas, en effet, j'ai été frappé de la délicatesse avec laquelle des prêtres espagnols, en me faisant visiter leur pays, s'efforçaient de me dérober le spectacle des dévastations commises par nos soldats en 1808-1809. Ici les couvents détruits, partout les trésors enlevés, les tableaux de maîtres décrochés, les saints mutilés... Et il n'y a pas à s'en prendre aux violences d'une Révolution, comme celle de 93. Hélas ! c'est presque toujours le bras d'un soldat français qu'il faut accuser.

Je me rappelai cette parole d'un pieux pèlerin : « Il n'y aura de salut chez nous que lorsque nous aurons été en pleurant faire un pèlerinage à Notre-Dame del Pilar, ce sanctuaire autour duquel tant d'Espagnols sont morts pour nous empêcher de le piller, et qui, dévasté de ses richesses passées, porte encore de nombreuses traces des seize mille bombes tombées sur la cité. »

Or, nous étions au commencement d'octobre, et, le douze de ce mois, c'est l'anniversaire de l'apparition, à Saragosse, de la Sainte Vierge ; en d'autres termes, c'est la grande fête de Notre-Dame del Pilar.

Le 11, de bon matin, j'arrivai donc dans la capitale de l'Aragon, et à cette heure, le premier aspect n'en est pas des plus agréables. Les rues sont malpropres, et les façades des maisons brunies par le temps, sans avoir le caractère antique qui servirait d'excuse à ce manque de soins. Dans les hôtels, c'est un linge lourd et d'assez mauvais goût ; et, quant à la cuisine, sans être gourmet, il faut bien dire qu'ici comme ailleurs, elle est souverainement détestable.

Après tout, qu'est-ce que cela, quand on a la joie de se trouver aux pieds de *Notre-Dame del Pilar*, ou au milieu des splendeurs de la *Seo*, ou église cathédrale ?

Un mot sur les origines de la basilique du Pilar. Saint Jacques le Majeur, frère de saint Jean, évangélisait l'Espagne, et sa prédication portait si peu de fruits que, tout découragé, il s'était un jour agenouillé sur les bords de l'Èbre, pensant à la Sainte Vierge, qui habitait alors, avec son frère saint Jean, à Jérusalem.

Or, voici que la Vierge Marie, en personne, *en chair mortelle*, apparut à l'apôtre et le réconforta en lui promettant un succès admirable pour l'avenir et en l'assurant que l'Espagne conserverait jusqu'à la fin des siècles une foi inébranlable.

Et parce que Marie était apparue sur un pilier, on lui a donné le titre de *Notre-Dame du Pilier, del Pilar*.

Fidèle à l'ordre qu'il venait de recevoir, l'apôtre s'empressa de bâtir un oratoire à la Mère de son Dieu. Il fut aidé par les huit disciples qu'il avait convertis. Ce ne fut d'abord, on le comprend, qu'une modeste chapelle de huit pas de large sur seize de long; au chevet, qui confinait au cours de l'Èbre, il plaça le merveilleux pilier laissé par les anges et couronné d'une statue de Marie. Tout auprès il dressa un autel. Bientôt après, pressé de retourner en Judée, où l'appelait un ordre divin, saint Jacques consacra lui-même cet autel et ordonna prêtre un de ses huit disciples. C'est ainsi que le premier temple élevé en l'honneur de Marie, fut bâti de son vivant, puisque tout ceci se passait en l'an quarante de l'ère chrétienne. La Très Sainte Vierge avait alors cinquante-quatre ans, trois mois et vingt-quatre jours.

On a écrit, dit-on, quatre cents volumes sur l'histoire de ce petit temple, le premier élevé à Marie. Qu'il nous suffise de dire que, relevé plusieurs fois après la domination des Maures, il est devenu une immense basilique construite le long de l'Èbre, sur cent trente mètres de long(1) et soixante-neuf de large, surmontée de onze coupoles, dont la plus haute a quatre-vingts mètres.

La Sainte Chapelle, de bronze et de marbre, forme un autre temple au milieu de l'église. On y entre par seize portiques, ouverts entre les colonnes.

---

1. Notre-Dame de Paris en a quatre-vingt-dix.

Le pilier sur lequel repose la sainte image, est de jaspe, de ce jaspe sans doute, dont saint Jean fait le fondement de la cité céleste (Apoc. XXI, 17) ; il mesure un peu moins de six pieds de haut : une sorte de revêtement de bronze ciselé le recouvre tout entier, sauf une portion derrière la sainte image, et de la largeur d'une palme environ. C'est par là que la piété des fidèles peut l'aborder. A force de le baiser à cette place et d'y faire toucher les objets de

TOUR PENCHÉE DE SARAGOSSE.

dévotion, les lèvres et les mains pieuses y ont creusé depuis dix-huit siècles un sillon assez profond, comme celui que l'on remarque autour de la *Santa Casa* de Lorette. Sur cette colonne de jaspe repose l'image de la Reine du ciel, tenant dans ses bras son divin enfant Jésus, dont la main droite s'étend sur le sein de sa mère, tandis que la main gauche porte un petit oiseau. L'enfant est nu, mais la robe et le manteau de Marie sont d'or ciselé. Une ceinture de cuir resserre sa taille majestueuse, et toute cette statue, dans la pose et les détails, respire autant la grâce que la chasteté.

Des sculpteurs habiles ont voulu savoir de quelle matière ou plutôt de quel bois est cette belle statue : les uns prétendent y reconnaître le cèdre, les autres le pin appelé *abies*. Il est assez difficile de le déterminer, mais ce que chacun peut constater c'est l'étonnante conservation de ce bois précieux qui a défié la voracité des vers et des siècles.

Nous ne décrirons pas les ornements précieux et les richesses entassées en ex-voto par la reconnaissance des générations.

On ne laisse pénétrer dans ce sanctuaire très saint que les ministres sacrés qui ont un office à y remplir. Il y a cependant une exception : les petits enfants, à certains jours, peuvent être présentés à la Madone, et alors de jeunes enfants de chœur, placés en deçà de la grille d'argent qui sert de barrière, reçoivent des parents ce précieux dépôt. Quand il y a foule de pèlerins, on passe les nourrissons de bras en bras, on semble les jeter, et, si l'on en juge par là foi de ce peuple, on peut affirmer que Notre-Dame del Pilar les bénit et les confirme selon ses promesses dans la merveilleuse et solide foi des Espagnes.

Il y a, dans les sept nefs de la basilique, au moment où j'y entre, une multitude incalculable d'hommes et de femmes, qui sont arrivés de toutes parts, avec leurs costumes divers. Certains pèlerins sont là depuis trois ou quatre heures, immobiles sur le pavé nu, priant à genoux. S'il y a foule les jours ordinaires, à plus forte raison en cette solennité anniversaire de l'apparition.

Aussi la ville est pavoisée, et l'on peut dire que la province entière est en fête. Le matin, il n'y a guère d'autre manifestation que les éclats de la messe pontificale, chantée dans la basilique.

Mais, l'après-midi, une procession, le long de laquelle se déployaient des multitudes de bannières, parcourut la ville pour porter triomphalement la Madone. Les autorités civiles et militaires y assistaient. Les musiques se faisaient entendre par intervalles, et l'on voyait rayonner sur tous les fronts une joie et un enthousiasme pleins de noble fierté !

Le soir, une autre procession fut consacrée au Rosaire, et prit un autre aspect. On y porta des appareils de diverses formes, représentant des temples, des lanternes monumentales, des lions, des oiseaux, et enfin une vaste représentation de la basilique del Pilar ; toutes ces pièces assez originales, étaient remplies de bougies, et traversèrent, comme une illumination d'un ordre à part, les rues de la ville.

Je ne dirai rien des courses de taureaux complément nécessaire de toute fête espagnole, et je finirai ce chapitre par quelques détails sur la sortie des géants et des nains bossus, *gigantes y cabezudos,* comme dit l'affiche municipale.

Les géants, à Saragosse, sont de hauts mannequins, très bien dessinés et qui, pour figurer les étrangers accourus du monde entier à la fête, représentent d'abord les quatre parties du monde.

L'Afrique paraît sous la mine d'un Maure féroce ; l'Amérique a celle d'un sauvage, costume de Montézuma ; l'Asie a l'air d'un Chinois, et l'Europe a la figure d'une belle dame civilisée, toute blanche et portant une fleur.

Ces géants, légers pour leur volume, sont portés par des hommes vigoureux qui se tiennent cachés dans le mannequin et dont on voit les petits pieds courir sous le personnage.

Après les quatre parties du monde viennent les principaux personnages du *Don Quichotte* de Cervantès.

Cervantès est un auteur national qui tient en Espagne une place analogue à celle d'Homère en Grèce et à Rome. Il est admis que ses héros doivent figurer partout. Le fâcheux est que Cervantès tourne en dérision les beaux sentiments et dénigre cette chevalerie espagnole, à laquelle il a été mêlé; car il est un croisé de Lépante.

.. Donc les *géants* de Cervantès, Don Quichotte, Dulcinée du Toboso, etc., viennent réjouir le peuple qui les acclame. Autour d'eux, courent des personnages drolatiques, affublés assez artistiquement de très grosses têtes; ce sont les nains, *enanos* ou *cabezudos*.

Déguisés en postillons, cochers, Sancho Pança, etc., ils portent un fouet et sont poursuivis par des centaines d'enfants égayés par leurs têtes étranges. Ils se laissent insulter, et puis ils se jettent en courant sur ce petit peuple qui s'enfuit après avoir reçu quelques coups.

Ces processions comiques ont lieu le onze et le douze, en dehors des cérémonies religieuses. Souhaitons aux personnes trop sévères de ne jamais rencontrer autour des fêtes religieuses de distractions plus fâcheuses.

SARAGOSSE (suite et fin). — L'ARMÉE ESPAGNOLE.
— LA CATHÉDRALE DE « LA SEO ».

'EMPRUNTE au journal l'*Univers* déjà cité les lignes qui suivent, et qui compléteront ce que nous avons à dire sur la ville de Saragosse :

C'est à grand'peine que l'on s'arrache de ce lieu béni, après avoir jeté un dernier coup d'œil sur la Madone miraculeuse, sur la voûte du sanctuaire, sculptée en écailles et reposant sur de belles colonnes de marbre, sur les ornements et médaillons d'où pendent des drapeaux pris aux Maures, sur les *ex-voto* qui témoignent de la reconnaissance des fidèles et de la pieuse générosité des rois d'Espagne. A peine dans la rue, voici qu'une sonnerie militaire se fait entendre, et nous voyons défiler un régiment d'infanterie espagnol. L'allure est vive et la cadence irréprochable. A ce qu'il m'a semblé, le soldat espagnol est généralement d'une taille inférieure à celle du soldat français, mais on voit qu'il est souple et résistant. De fait, après la promenade matinale, il paraît alerte, dispos et de belle humeur. Ce qui étonne, ce sont ses espadrilles qui, ne protégeant que la plante du pied, laissent à nu le dessus, plongé dans la boue et l'humidité. Cela, d'ailleurs, fait contraste avec le reste de l'uniforme, très correct et même assez élégant. Il est superflu de dire que les officiers ne portent point d'espadrilles, qui ne servent au soldat lui-même que pour les marches. Quand on le voit se promener en ville — je suppose que les pieds ont été lavés — il est aussi bien chaussé de solides « godillots ».

Ce serait le cas de dire un mot du chiffre de l'armée, qui, étant en correspondance avec celui de la population, donne la mesure de l'accroissement de celle-ci ou de sa diminution. Qu'il suffise de dire que l'Espagne est loin d'en être venue au point où la France en est réduite, car, chez elle, bien loin que les décès l'emportent sur les naissances, le dernier recensement accuse sur le précédent (1877) un accroissement de population qui se chiffre par 931.287 habitants, le total étant pour l'Espagne, les Antilles, le golfe de Guinée et les îles Philippines, de 25.994.014, dont 12.934.748 hommes et 13,062.720 femmes. C'est qu'en Espagne la foi catholique n'a pas encore reçu les mêmes atteintes, encore qu'on y puisse signaler de dangereux symptômes. J'ai déjà noté le mouvement socialiste. Il y faut joindre la propagation des mauvaises lectures. C'est ainsi qu'à la vitrine d'une librairie j'ai vu flamboyer les titres des dernières œuvres de Zola, dont il se fait ici une traduction au fur et à mesure de leur publication.

Chemin faisant, nous observons de plus près l'aspect de la ville, qui est bien tel qu'il nous avait paru le soir de l'arrivée. Mais il convient de donner une mention spéciale à la belle et large promenade qu'offre l'avenue de la *Independencia*, admirablement plantée d'arbres sur une longueur de plus d'un kilomètre et qui, le soir, est le rendez-vous de toute la population, qui vient y montrer ses toilettes, ou plus simplement y prendre le frais. Sur les côtés, on voit resplendir les glaces de cafés superbes où, de midi à quatre heures, on peut voir attablés les bienheureux employés des diverses administrations qui y font la sieste. Inutile, en effet, d'aller par exemple à la poste durant toute cette période de la journée. Les bureaux sont fermés à midi et ne rouvrent qu'à quatre heures. Faut-il s'étonner que, pour avoir le droit de mener cette paisible existence, l'armée de fonctionnaires attachés à chacun des partis ministériels qui se succèdent au pouvoir ait créé en Espagne ce qu'on nomme la plaie de l'*empliumanie ?*

Ce que j'en dis n'est pas pour les cochers qui, eux, sont au poste à toute heure du jour et très avant dans la nuit. Mais les fiacres ordinaires ne sont pas très engageants, étant assez mal tenus et traînés péniblement par de vraies haridelles. Que s'il vous plaît de louer un landau pour une longue promenade, vous avez le choix entre deux genres de services : le premier avec chevaux magnifiques ; cocher et groom en grande tenue ; le second avec les mêmes chevaux fringants, mais, en plus, le cocher et le groom en grand costume de gala. En voyant arriver le matin à Notre-Dame del Pilar deux ou trois de ces équipages, nous nous étions figuré tout d'abord que c'était une noce ; le personnage qui nous détrompa nous apprit en outre que tout cet apparat ne coûtait pas trop cher et c'est ce que le prospectus du loueur me permit de confirmer ; mais ce qui n'est pas sur le prospectus, c'est la nuée de mendiants qui s'attache à ces équipages quand on les voit déboucher quelque part. Comment tenir la main fermée devant ces malheureux qui, d'ailleurs, après vous avoir assaillis de leurs plus humbles requêtes, vous comblent de leurs plus chaleureuses bénédictions. *Muchissimas grates, segnor... Vagan con Dios ustedes,* etc., et combien d'autres formules, dont ils ont un vocabulaire inépuisable !

La gloire de Notre-Dame del Pilar laisse un peu dans l'ombre une église bien supérieure quant au style architectural, aussi bien que pour les souvenirs et ornements dont elle est remplie. Surmontée d'une belle tour gothique, la *Seo* ou cathédrale est vraiment un chef-d'œuvre incomparable et indescriptible. Nulle part ailleurs, si ce n'est peut-être à Saint-Marc de Venise, et le Vatican mis à part, on ne trouverait pareille accumulation de richesses sculpturales appliquées, sans les déformer, ce qui est rare, aux piliers et aux voûtes gothiques des cinq nefs qui partagent l'immense vaisseau. Je ne saurais entreprendre de les décrire en détail, mais comment ne pas signaler au moins le beau Christ qu'on vénère dans une chapelle du fond de l'abside, et qu'un voile dérobe la plupart du temps à la vue des fidèles ; l'autel majeur, tout plein des plus belles peintures et des plus curieux souvenirs ; la chapelle de Saint-Pierre d'Arbnès, et — panoplie émouvante — fixées aux piliers de l'entrée de l'autel majeur, les épées qui servirent à massacrer cet héroïque martyr de l'hérésie ; le chœur avec ses belles stalles en chêne des Flandres sculptées, où l'on voit encore les armes de l'archevêque de Luna, qui fut l'anti-pape Benoît XIII, et où le sacristain montre avec un légitime orgueil des livres de chant, magnifiques in-folio où les offices sont notés sur des parchemins d'une admirable conservation ? Tout cet ensemble forme comme un superbe abrégé de l'histoire religieuse d'Espagne, et devant cet amas de chefs-d'œuvre amassés durant des siècles par la piété des rois et des peuples, on reste comme pétrifié d'admiration. Volontiers, on refuserait de rien voir après cela, pour ne pas heurter les sentiments qu'on emporte de cette contemplation. Pourtant, comment ne pas accorder au moins un regard à la fameuse *Torre Nueva* ou tour penchée (quatre-vingt-quatre mètres de hauteur sur douze mètres soixante de largeur à la base)? Elle penche tout d'une pièce vers le S. O et surplombe sa base de près de deux mètres cinquante centimètres. Récemment le bruit a couru qu'on allait la démolir. Il est certain qu'elle est actuellement entourée d'échafaudages et qu'on a dépendu les deux cloches qu'elle enfermait. Mais, en dépit de sa vieillesse (elle remonte à 1304), elle ne paraît nullement menacer ruines, et j'aime à croire qu'il s'agit plutôt de quelques réparations. Non loin de là se trouve le marché ou halle de Saragosse. J'y jette un coup d'œil. L'aspect de tous ces marchands et marchandes est pittoresque au dernier point, mais absolument sordide. A les voir, on comprend mieux pourquoi ce n'est pas la plus exquise propreté qui brille dans les rues de l'ancienne capitale du royaume d'Aragon. Aussi peut-elle rendre grâces à ses édifices religieux, qui restent son seul attrait et sa vraie gloire.

DE SARAGOSSE A BARCELONE. — LÉGENDE DE NOTRE-DAME DE MONT-SERRAT.

Ous voici sur la route de Barcelone. A peu près à mi-chemin nous rencontrons le pittoresque Mont-Serrat dont la crête se découpe en dents aiguës comme les dents d'une scie, ainsi que son nom l'indique : *mons serratus*, du latin *serra*, scie.

La légende rapporte que le Mont-Serrat se fendit au moment du dernier soupir de Notre-Seigneur Jésus-Christ sur la croix. Vous voyez en effet deux sommets principaux, et, entre eux, un ravin, au fond duquel bondit un torrent.

Mais il y a une autre légende beaucoup plus extraordinaire, dont je ne veux pas priver le lecteur, j'en emprunte le texte à un livre provençal, écoutez bien :

> Ah ! des embûches du démon,
> Délivrez-nous, ô Notre-Dame !

Savez-vous, heureux pèlerins, qui, par les sentiers pierreux venez en troupes prier la grande Notre-Dame avec tant d'amour et de foi ; le savez-vous comment autrefois se trouva dans les rochers la Vierge qui vous aime ?

Non, peut-être ? Pourtant qu'il en est beau, le récit ! Ecoutez un moment ; aussitôt je m'en vais vous le faire en ma langue maternelle.

Mère de Dieu, source de bonté, je vous supplie de me venir en aide ! Inspirez-moi, s'il vous plaît, si ma langue s'embarrasse !

I

IL y a longtemps, longtemps de ce que je vais vous conter. Depuis, combien de flots ont passé au Lobregatt, et sur la grande mer latine qui bleuit au loin ! Combien la rafale a déchiré de voiles blanches ! Elle en a englouti de pauvres carènes ! car il y a longtemps, longtemps de ce que je vais vous conter, puisqu'aujourd'hui même il y a dix fois cent ans.

Dans les gorges sombres du Mont-Serrat, pleines de bêtes fauves et d'oiseaux de proie et où ne s'aventuraient alors que quelque hardi chasseur de chamois, ou quelque rare berger avec ses chèvres, un ermite, un saint ermite du Bon Dieu, vint établir sa demeure.

On l'appelait Frère Juan Guarin.

Frère Juan Guarin donc, dans une caverne obscure des grands rochers, et que vous voyez encore entr'ouverte là-bas, au fond de l'épouvantable déchirure, avait choisi son refuge. Là, seul, toujours tout seul comme un ermite, il passait ses journées et une bonne partie de ses nuits souvent dans la contemplation des choses de Dieu. Il écrivait dans le livre de sa vie d'ermite, par ses prières et ses pénitences, de belles pages toutes brillantes de mérites.

Assez souvent il s'arrêtait debout sur quelque roc escarpé, et alors le grand livre de la nature épanouissait devant ses yeux ses panoramas majestueux, élevait doucement son âme bien haut, bien haut du côté du Paradis, comme la brise élève la calandre doucement, doucement, là-haut au dessus des nuages à perte de vue, dans la profondeur de la voûte azurée.

Quelles délices, quel bonheur, dans ces moments de célestes extases !

Frère Juan était le roi du Serrat, et il n'y a pas à douter que toutes les dorures et toute la joie des palais de Barcelone ne l'eussent décidé au change. Ah ! pas plus !

Hélas ! il croyait, le moine candide, monter un jour tout droit de l'ombre de sa grotte dans les splendeurs du Paradis !

Pauvre ! pauvre ! Il oubliait trop que ce sont les jours où le temps est le plus calme que se préparent les plus affreuses tempêtes, et que c'est dans les plus belles nuits d'été qu'on voit tomber des milliers d'étoiles. Il oubliait trop que le traître cornu qui fit trébucher Adam dans le filet de sa malice, ne cesse de rôder autour de nous pour nous y faire trébucher aussi en mettant des obstacles devant nos pas.

> Ah ! des embûches du démon,
> Délivrez-nous, ô Notre-Dame !

II

UN jour, ô jour de malheur ! un ermite étranger arrive dans les rochers.

A sa longue barbe blanche, à son aspect mortifié, à sa démarche écrasée, frère Juan le prend pour un saint accompli, pour un grand saint ermite... Il lui vint même à l'esprit que peut-être le grand saint Antoine, jaloux d'être encore un peu solitaire en ce monde, était descendu de son trône céleste au désert du Mont-Serrat.

Hélas ! il ne se doute point que sous ce capuchon qui ne se baisse jamais, il y a — vous ne devineriez point ce qu'il y a — il y a deux cornes crochues ! et au fond de ces deux yeux, qui font les mielleux, il y a tout le venin de l'infernale malice ; car, faut-il bien le dire ? l'ermite étranger n'est ni plus ni moins que le diable lui-même.

> Ah ! des embûches du démon,
> Délivrez-nous, ô Notre-Dame !

Fuis ! fuis ! pauvre frère Juan ! Mais non, Guarin, au lieu de fuir, fait comme l'alouette qui, venant voleter devant le miroir des chasseurs, tombe vite, la pauvrette, ensanglantée et morte.

L'imprudent, enchanté d'avoir désormais un compagnon si vénérable, va au-devant de lui, le reçoit comme un ange de DIEU, lui indique une grotte voisine de la sienne, et quand il s'y est établi, souvent il va le voir pour causer des choses de l'autre vie.

Chaque fois il s'en retourne émerveillé de la grande science, mais surtout de la sainteté du vieil ermite. Frère Juan se regarde auprès de lui comme une fourmi devant un bœuf. L'aveugle !

Il lui abandonne à tel point la confiance de son cœur, qu'il ne fait rien sans lui demander conseil, et que sur un seul signe il serait prêt à se précipiter dans les abîmes.

N'avez-vous jamais vu, dans vos courses à travers les montagnes, un pauvre oisillon quand un serpent l'allèche ? La pauvre bête du Bon DIEU, fascinée par la vue éblouissante de la couleuvre, décline lentement, si lentement qu'elle ne le sent presque pas. Puis, paff ! ah ! pauvre ! elle tombe tout à coup dans la gueule du monstre qui l'avale en tressaillant.

Pauvre Guarin, voilà bien ce qui t'attend, sans que tu t'en doutes !

Effectivement, quand le traître cornu s'est ainsi bien attaché son hôte, il cherche dans sa cervelle un engin pour achever son projet infernal en faisant tomber Juan dans quelque abominable péché. Vous allez voir comment il s'y prit, l'hypocrite ! Ah ! mon DIEU ! que la méchanceté de cet esprit tentateur est terrible !

> Ah ! des embûches du démon,
> Délivrez nous, ô Notre-Dame !

III

LA BAS, en la puissante Barcelone, dominait alors, dans tout l'éclat de sa grandeur, le comte Godefroy le Velu.

Il n'avait qu'une fille ; mais, à elle seule, elle en valait bien une douzaine.

Agréable et parfumée comme une fleur de mai, innocente et pieuse comme un ange, elle était la gloire et l'espoir de son père qui la regardait dormir et qui ne l'aurait point changée contre sa couronne de comte. Toute la ville s'extasiait devant la jeune princesse quand elle s'en allait à la grande église, et on entendait les *serenos* (chanteurs de nuit), glissant comme des ombres dans la nuit, sous les murs du palais de la chaste jeune fille, fredonner, aux heures d'ennui, le refrain qu'ils chantent aujourd'hui de sainte Eulalie à laquelle elle ressemblait.

> Celle-ci est Richilde, celle de Barcelone,
> De la riche cité le riche joyau.

Hélas ! les afflictions savent aussi le chemin des palais ; et la garde qui ne cesse de veiller à leurs portes, ne peut les empêcher d'y entrer. O mystère divin !

Un scarabée noir et dégoûtant grimpa sur cette rose embaumée, et...... la flétrit !!

Je veux dire que l'infernal esprit du Serrat établit sa demeure, ô malheur ! dans le corps de la pauvre Richilde.

Quand ses accès la prenaient, la pauvre enfant démoniaque était dans un pitoyable état ; hors d'elle-même, elle brisait tout ce qui lui tombait sous la main. Elle hurlait, mettait en pièces ses chaînes, comme un fil d'araignée, se jetait à terre ; et quand son vilain bourreau lui laissait un instant de repos, hors d'haleine, blême comme un suaire, elle semblait au moment de rendre l'âme. Pauvre Richilde !

Pauvre père ! jugez donc ! une démoniaque dans son palais ! Et sa fille ! sa fille unique ! sa Richilde auparavant si douce, si bonne que vous l'auriez avalée d'un trait comme un verre d'eau fraîche !!

Aussi le malheureux comte chercha, tourna d'ici, de là, fit prier tous les saints et saintes du Paradis de délivrer sa fille de ce mal, le plus effroyable de tous les maux. Rien n'y fit ! quelle désolation !

> Ah ! des embûches du démon,
> Délivrez-nous, ô Notre-Dame !

IV

UN jour que Godefroy venait de voir Richilde essuyer un assaut de malheur, n'y tenant plus, il somme l'infernale couleuvre :

— Ah ! vilain monstre ! Quand donc seras-tu las de me martyriser mon enfant ?

— Quand tu l'auras conduite à Juan Güarin, l'ermite du Mont-Serrat, répondit l'esprit menteur.

... Sans retard, le comte, plein d'espérance, ordonne le départ pour les rochers abrupts.

On cherche, et on trouve Juan Guarin dans sa caverne. Godefroy, se jetant à ses pieds, les yeux pleins de larmes, lui demande en grâce de délivrer sa fille, l'assurant qu'il ne tient qu'à lui, puisque le malin esprit a promis de la quitter dès que le saint ermite du Mont-Serrat aurait prié pour elle.

Mais frère Juan, comme tous les saints d'ailleurs qui se croient les derniers des hommes, proteste en assurant que ses prières ont peu de puissance, qu'il priera pourtant le plus et le mieux qu'il pourra, mais qu'il lui est impossible de garder Richilde au Serrat, qu'elle doit retourner avec son père.

Rien ne peut le vaincre ! Puis, soudain, il réfléchit un instant ; et — les saints, parfois, sont ronds comme un écu, — il vous plante là toute la compagnie et s'en va.

... Le comte et sa troupe descendaient tête basse, tous muets et attristés de voir que leur entretien avait si mal réussi.

— Maître, fit un des serviteurs, si vous laissiez la princesse par là, tout près ? J'aime à croire que le saint ermite en aurait pitié, qu'il la délivrerait...

— Tu as raison ! soupira le comte.

Et la pauvre enfant resta là, seule, assise sur un quartier de roc.

Des embûches du démon,
Délivrez-nous, ô Notre-Dame !

V

OU donc était allé pendant ce temps le solitaire ? Ah ! malheur ! Il était allé avaler, comme un verre de nectar, le plus fin poison que Satan ait jamais versé pour les lèvres humaines ! Le croyez-vous ? — L'aveugle ! — N'était-il pas allé demander conseil à son vieux compagnon pour savoir s'il pourrait délivrer la pauvre enfant du démon ?

Vous devinez bien qu'au lieu de le détourner de ce dessein, l'ennemi perfide, tressaillant en lui-même de voir que ses embûches étaient en si bonne voie, lui dit avec toute sa douceur d'hypocrite raffiné :

« Que c'était un devoir de charité de secourir cette âme en peine ; sinon un jour le Seigneur lui demanderait comme à Caïn : « Qu'as-tu fait de ta sœur ? »

» Que tout le monde, avec raison, le traiterait de lâche et de poltron, s'il reculait devant cette bonne œuvre.

» Que les occasions de faire le bien étaient rares ; il ne fallait point les laisser échapper quand elles se présentaient. »

Bref, c'est ainsi que le serpent infiltra dans les veines du frère trop crédule son venin mortel.

Vous savez que, dans l'arène, l'ardent matador caresse le taureau sauvage pour qu'il se laisse approcher. Alors, il l'excite, il l'aiguillonne, il le perce avec son cruel trident ; et quand la bête furieuse s'élance sur lui tête basse pour le percer de ses cornes, l'adroit jeune homme en profite pour le dépouiller d'un seul élan et à l'improviste de sa cocarde cramoisie.

C'est ainsi que le traître infernal vient de caresser et de piquer adroitement le pauvre Guarin, pour que, s'élançant dans le danger tête baissée, il puisse le dépouiller de la belle et éclatante cocarde de la sainteté.

Oh ! le vilain monstre !

> Ah ! des embûches du démon,
> Délivrez-nous, ô Notre-Dame !

VI

AINSI donc, frère Juan, ensorcelé par ces bonnes raisons dites avec un air d'amitié sans pareille, s'en retourna plein de confiance en lui-même et se demandant de quelle gloire il se couvrirait s'il venait à chasser le démon du corps de la princesse.

C'est ainsi que l'orgueil avait pénétré dans cette âme, jusqu'alors dans l'amitié du Seigneur.

Tandis qu'il roulait ces pensées dans son esprit, il arriva près de sa grotte ; mais quelle ne fut pas sa surprise en ne retrouvant plus ni Godefroy, ni Richilde.

A peine Guarin s'était-il aperçu de leur absence, que le comte Godefroy apparut, cherchant, mais en vain, sa Richilde. Interrogé sur le lieu de sa retraite, l'ermite répondit au malheureux qu'il ne savait ce qu'elle était devenue, qu'il craignait bien qu'elle ne se fût précipitée et que Satan n'eût emporté son âme dans les abîmes enflammés.

Pauvre père ! Les cris de sa douleur émurent les rochers abrupts. Il s'en retourna le cœur déchiré d'un tel malheur,

gémissant sans cesse : Richilde ! Richilde, ma fille ! Où es-tu ?
Richilde ! Richilde, ma fille !!

Cependant Dieu ne devait point laisser l'orgueil impuni.
L'humiliation infligée à Nabuchodonosor devait être la puni-
tion du moine oublieux de l'humilité. Satan était donc vainqueur, il avait enlevé au Seigneur un de ses serviteurs. Mais
si l'œuvre du démon est finie, DIEU va commencer la sienne,
en tirant, comme il le fait toujours, sa gloire de tout ce deuil.

C'est la Vierge puissante, c'est Notre-Dame de Mont-Serrat
qui va, de son pied virginal, écraser une fois de plus sur les
rocs la tête du serpent vainqueur. C'est l'étoile du matin qui
va luire sur les grands sommets dentelés, pour dissiper tant
de ténèbres et guérir tant de tristesse.

> Ah ! des embûches du démon,
> Délivrez-nous, ô Notre-Dame.

VII

EN 880, sept petits pâtres d'Olesa gardaient ensemble leurs
brebis et leurs chèvres folâtres le long des collines rocheuses...
C'était un samedi... Quand le soir eut tout couvert de ses ombres,
et que les anges eurent répandu là-haut, sous les pieds de DIEU,
une pluie de diamants, les petits pâtres virent, au milieu des
rocs effrayants, descendre et flamber une clarté céleste.

Pendant qu'ils regardaient stupéfaits, sans savoir ce que ce
pouvait être, ni d'où cela pouvait venir, voilà qu'un concert de voix
si ravissantes, qu'on ne saurait le dire, se fait entendre ; et les

brebis et les chèvres, oubliant le pâturage, sautent réjouies au bord des grands précipices. Puis, voilà encore qu'une brise suave, tout embaumée de fleurs, remplit les airs. — Les petits bergers n'en peuvent revenir... Et chaque samedi, du crépuscule à l'aube, la lumière brille de plus en plus belle, les chants s'ouïssent de plus en plus ravissants, les parfums embaument de plus en plus.

Les parents des bergerets, le conseil du pays et Goudemar, l'évêque de Manrèze, avertis de la merveille, se transportent au Mont-Serrat, un samedi soir. Ils voient des clartés, entendent les chants, respirent les parfums comme de coutume. L'évêque alors commande de rechercher la cause de cet éclatant miracle.

Toute la troupe se dirige vers l'endroit illuminé, et, dans une fente du rocher formidable, dans l'ouverture que l'on voit aussi là-bas, sombre, elle trouve... Ah ! vous devinez bien ce que c'est ? Elle trouve, ô bonheur ! « *une image de la Vierge, Mère de Dieu, aussi belle qu'antique !* » Elle trouve la sainte image brune de Notre-Dame de Mont-Serrat ; cette même qui, depuis lors, c'est-à-dire depuis mille ans, règne ici sur les grands pics.

Les cris d'enthousiasme de l'heureuse troupe font résonner les échos :

Et vive Notre-Dame !
Et vive Notre-Dame !

L'ivresse de sainte joie est si grande qu'il pleut de tous les yeux une averse de douces larmes.

Ah ! que les Catalans sont vifs et chauds dans leurs pieux élans ! Enfin, quand ils sont rassasiés de crier, de pleurer, d'admirer, de prier, l'évêque ordonne le départ. Il prend lui-même le saint trésor dans ses bras pour l'emporter à Monistral, au milieu des chants de triomphe.

La Vierge aimable, portant son bel Enfant Jésus, se laisse porter sans peine. Mais soudain elle devient si pesante qu'il n'est plus possible au porteur sacré de la transporter plus loin. Comprenant alors que Notre-Dame veut demeurer en cet endroit, il lui fait préparer une petite cabane de branches... et il la dépose dans ce pauvre abri, en attendant de lui élever une demeure digne de sa majesté. Ce toit de rameaux fut la première chapélle de Notre-Dame de Mont-Serrat; car elle se trouvait juste au même emplacement où l'on voit aujourd'hui la grande église blanche.

NOTRE-DAME DE MONT-SERRAT.
(D'après une gravure sur bois du XVIe siècle.)

Avant d'en conter davantage, il vous plaît sans doute d'apprendre comment et d'où était venue en Catalogne et à Mont-Serrat, l'image miraculeuse. Eh bien ! voici tout ce qu'on en sait :

C'est le grand saint Luc qui avait sculpté la statue, et c'est le grand saint Pierre qui l'aurait apportée à Barcelone. Puis, en 800 et quelques années, quand on entendit venir les armées dévastatrices des Sarrasins, dom Pedro, l'évêque de Barcelone, et le Goth Erigon, vinrent la cacher au milieu des roches escarpées.

Donc, pour reprendre notre récit, Notre-Dame était bien dans sa petite cabane de ramée. Mais qu'était devenu frère Juan ? Que faisait le pauvre comte ? Je m'en vais vous le conter tout de suite.

Ah ! des embûches du démon,
Délivrez-nous, ô Notre-Dame !

VIII

LE comte Godefroy ne pouvait se consoler de la perte si déplorable de sa malheureuse fille. Sept années, cette cruelle douleur déchira son pauvre cœur de père, quand le Bon DIEU, qui glisse toujours quelque rayon de joie au travers des brouillards de nos tristesses, le Bon DIEU lui fit don d'un beau poupon, si angélique que vous l'auriez becqueté comme un muscat de Rome.

Godefroy, un brin réjoui, envoie tous ses chasseurs avec ses chiens au grand désert, pour y chercher quelque proie, quelque sanglier ou quelque chamois, pour en régaler parents et amis le jour du repas baptismal.

Dès leur arrivée parmi les rochers effrayants, les chasseurs entendent japper leurs chiens, mais japper à qui mieux mieux.

Vite ils gagnent l'endroit, et que voient-ils ? Ils voient leurs lévriers tous à l'arrêt autour d'un étrange animal, tout velu, dressé sur ses quatre jambes, muet comme ces lions de pierre que l'on voit sur les portes cochères, et ressemblant — moins les cornes — à ces bêtes moitié chèvre, moitié homme que les païens vénéraient et qui sont peints dans les vieux livres.

Nos chasseurs, si courageux qu'ils fussent, furent saisis d'une frayeur terrible. Pourtant le plus hardi de la bande s'avance ; il jette une corde au cou du monstre, qui se laisse lier, et il l'emmène à Barcelone sans peine.

Toute la ville court pour voir une bête si curieuse. Le comte l'enchaîne à la porte de son palais dans un coin. Aux heures de repas on la conduit dans la salle, où, avec les chiens et comme eux, elle se repaît des miettes qui tombent.

Mais voici qu'un jour de grand gala, au milieu du repas, le beau poupon angélique, qui avait alors trois mois, se tourna vers la bête et — par la permission divine — se met à lui dire : « *Lève-toi, frère Juan Guarin ! Dieu t'a pardonné !* »

Aussitôt, devant toute la compagnie ébahie, Juan Guarin, — car c'est bien lui, se dresse en laissant échapper un long gémissement.

On fit vêtir Juan Guarin, et aussitôt on s'achemina vers Mont-Serrat, afin d'y remercier Notre-Dame. Mais là ne devait pas se borner les bienfaits de Marie.

Le long du chemin, on demande à Guarin comment il se faisait qu'il eût été ainsi changé en brute. Et le pauvre moine, tout rouge de honte comme une griotte, dit :

— Quand, abusé par l'esprit tentateur, — oh ! le maudit ! — je me fus rendu coupable d'orgueil, j'allais me jeter aux pieds de Marie. Alors Notre-Dame, la grande et bénie Notre-Dame — oh ! mon DIEU merci ! — m'inspira d'aller à Rome, à pied, pour demander pardon et pénitence au Saint-Père. Je parti aussitôt. Le Saint-Père me pardonna toutes mes fautes, puis il me dit :

— Retourne à ton désert escarpé ; tu y vivras d'herbes comme les bêtes, tu ne regarderas plus le Ciel que tu as tant offensé. Comme les bêtes, tu ne prononceras plus une seule parole jusqu'à ce que le Bon Dieu, par la bouche d'un enfant, te fasse connaître que ta pénitence est finie. C'est alors que la sainte paix descendra dans ton âme et que l'ange de Dieu éclairera ton sentier..

J'ai fait tout cela à la lettre sept années durant.

Ah ! des embûches du démon,
Délivrez-nous, ô Notre-Dame !

IX

LA troupe parvient à Mont-Serrat, et voici qu'au moment ou l'on arrive à l'endroit où la Vierge s'était arrêtée, à l'endroit où on lui avait élevé une petite cabane de ramée, on entend une voix angélique sortir du milieu des rochers.

Qu'aperçoit-on au milieu d'une caverne à peine éclairée ? — Richilde, Richilde vivante, rosée, souriante, comme avant d'être possédée.

Et toute l'assemblée de crier : Miracle ! Le comte ne peut en croire ses yeux ; il se jette au cou de sa fille et veut entendre raconter l'histoire de sa disparition.

« J'étais restée seule aux prises à des accès terribles. Voulant échapper aux tourments dont j'étais la victime, je me mis à fuir au milieu des roches escarpées. Épuisée de fatigue et de faim, je m'arrêtais à l'entrée d'un petit bois, où je m'endormis.

Durant mon sommeil, je crus apercevoir la benoîte Vierge, Mère de DIEU. Elle s'approcha de moi et me dit :

— Tu es bien malheureuse, mon enfant ?

— Oui, lui répondis-je en balbutiant.

Et la bonne Dame continua à me parler bien doucement, puis enfin elle me dit :

— Si tu veux te consacrer à moi et vivre loin du bruit du monde, dans le silence et la prière, je te délivrerai des maux qui t'accablent.

A peine avais-je donné mon consentement à la proposition de la Mère de DIEU, que je fus guérie.

La grotte que voici a été depuis lors ma demeure.

Ah ! des embûches du démon,
Tu nous a délivrés, ô Notre-Dame !

X

LE comte, pleurant de joie et ne pouvant se croire en possession d'un tel bonheur, veut ensuite conduire sa fille à Barcelone.

Richilde répond que c'est parmi les hauts rochers de Mont-Serat qu'elle veut continuer de vivre ; qu'il est bien juste d'achever sa vie, dans la reconnaissance et l'amour, aux pieds de Notre-Dame. Elle demande seulement à son père que, pour sa dot de religieuse, il bâtira une chapelle à la Vierge puissante, avec un petit ermitage pour elle à côté.

Godefroy bâtit une église superbe, ainsi qu'un beau monastère, où une nuée de nobles vierges viennent se sanctifier sous la direction de la sainte abbesse Richilde.

Frère Juan, complètement désabruti, s'élève de nouveau à grandes volées vers les cimes lumineuses de la sainteté, comme l'aigle qu'un traître coup de vent a précipité s'élève plus fort et monte plus haut.

Quatorze Papes, qui sait combien de rois et de saints, sont venus à Mont-Serrat; des armées de pèlerins s'acheminent encore chaque année vers les saintes hauteurs, vers la montagne effrayante.

Et voilà, bienheureux pèlerins, qui, par les chemins pierreux, venez prier la grande Notre-Dame avec tant d'amour et de foi, voilà donc comme jadis fut trouvée dans les rocs la Vierge qui vous aime.

Dites un petit *Ave* pour moi à la bonne Mère de DIEU ; et quand le démon vous tendra des embûches, souvenez-vous de mon récit. Ayez recours à Notre-Dame. Elle n'abandonne point ses dévots, l'aimable souveraine (1).

---

1. Traduit du provençal: *Lou Felibre de Nostro-Damo.*

Chap. Trente-quatrième.

UNE AVENTURE CURIEUSE EN CHEMIN DE
FER. — BARCELONE. — SON PORT ET SES
MONUMENTS.

’Ai signalé seulement entre Saragosse et Barcelone le Mont-Serrat avec sa légende. J’aurais pu parler de *Manrèse* et de *Lérida*, de *Martorell* et du *Pont du Diable;* mais le lecteur connaît suffisamment ces noms célèbres dans l’histoire politique ou religieuse. Si je reviens sur la route parcourue, c’est pour noter un incident tout à fait curieux et bien caractéristique qui donnera une idée de la lenteur des trains espagnols.

Il faut savoir que les express, quand express il y a, ne parcourent pas plus de trente kilomètres à l’heure sur n’importe quelle ligne de la Péninsule. J’ai déjà dit que vous ne devez jamais vous presser : vous ne manquerez jamais l’heure du départ, malgré le majestueux appel des employés : « *Señores viajeros, al tren !* » qui est répété bien longtemps avant que la machine se décide à se mettre en marche. Mais voici qui est plus fort :

Entre Lérida et la station suivante (dont j’ai oublié le nom), le train dans lequel je me trouvais s’arrêta tout à coup. Pourquoi ? C’est ce que nous nous demandions inutilement, car aucun accident, aucun obstacle qui pût interrompre le cours régulier du voyage. Les voyageurs, descendus de voiture, circulaient le long de la voie en causant et en fumant, sans se préoccuper davantage de ce retard inexpliqué, et cependant nous n'en restions pas moins en détresse. Ah ! cher lecteur, je vous le donne en cent, je vous le donne en mille, et puisque vous ne devinez pas, laissez-moi vous dire sans rire que nous attendions un contrôleur qui avait oublié de monter à la gare de Lérida, et qui venait à pied pour nous rejoindre. *Risum teneatis, amici !*

Bref, nous arrivâmes quand même à Barcelone, avec quelques heures de retard, sans doute, mais deux heures de plus ou de moins dans un trajet pareil est chose fort ordinaire en Espagne.

Barcelone ! le port le plus beau et le plus commerçant du royaume, quelque chose comme Marseille ou à peu près. D'ailleurs ces deux villes ont plus d'un point de ressemblance. La *Rambla* c'est la *Cannebière;* le *Monjuich* rappelle *Notre-Dame de la Garde ;* la population cosmopolite et les épaves de tous les étrangers en rupture de ban avec les lois et la police de leur pays, remplissent les rues, les quais et les carrefours de la cité phocéenne comme de la capitale de la Catalogne.

Savez-vous ce que l'on dit de Barcelone là-bas, dans le patois du pays ?

> *Barcelona*
> *Villa bona*
> *Si la bolsa sona*
> *Sona ó non sona*
> *Barcelona*
> *Siempre bona ! (1)*

Barcelone est une belle ville de trois cent mille âmes, qui

---

1. Barcelone — ville bonne — si la bourse sonne — qu'elle sonne ou non — Barcelone toujours bonne.

est en train de doubler, parce que la nouvelle ville, magnifiquement tracée, aura trois fois plus d'étendue que l'ancienne et

INTÉRIEUR DE LA CATHÉDRALE DE BARCELONE.

absorbera *Gracia*, *Pueblo-Nuevo* et les différents villages qui
lui servent de faubourgs.

A l'extrémité du boulevard toujours si animé de la *Rambla*, et en face de la mer, se dresse majestueusement sur sa colonne, richement ornée, la statue de Christophe Colomb. Des jardins et des promenades bien entretenues, des rues larges et aérées, tracées au cordeau, des maisons et des édifices de bon goût, donnent à Barcelone un cachet à part. La *Casa Lonja*, c'est-à-dire la Bourse est superbe. Le théâtre du *Liceo* passe pour le plus vaste du monde; il est somptueusement entretenu et décoré. La nouvelle Université est admirablement construite; grand nombre d'établissements de bienfaisance se font remarquer par leurs proportions grandioses et leur architecture de premier ordre.

Mais le bijou de Barcelone, qui mériterait seul une visite dans cette ville, c'est la Cathédrale, qui date des premiers siècles de l'Eglise. Élevée sur les ruines d'un temple païen, elle est de style roman mélangé de gothique et flanquée de deux tours qui encadrent sa façade. La nef principale est soutenue par des piliers d'une hardiesse étonnante. Quant aux verrières, elles sont de toute beauté. On remarque, dans une chapelle particulière, un Crucifix, toujours éclairé par un grand nombre de cierges; c'est un Christ en bois peint et un peu penché sur un côté : il se trouvait sur un navire espagnol à la bataille de Lépante, et il s'inclina ainsi, dit l'histoire, pour éviter un boulet de canon qui l'aurait frappé au cœur. A la voûte de cette même chapelle est suspendu le modèle de la galère sur laquelle Don Juan d'Autriche combattit les Turcs.

Je ne vous parlerai pas après cela des églises de *San Justo y Pastor*, de *Santa Maria del Mar*, de *San Pedro* ni de *San Pablo*, ni des autres qui sont cependant très belles.

Une route escarpée, arrosée par la mer, conduit au *Monjuich*. Elle est plantée d'arbustes, d'oléandres et d'aloès, garnie de maisons de campagne et de tavernes, et donne sous les canons de la citadelle. A mesure qu'on monte, l'horizon s'agrandit. L'œil, par un temps clair, peut apercevoir les Iles Baléares. Cette promenade est surtout fréquentée le dimanche; il s'y fait alors un étalage extraordinaire d'oranges, de gâteaux, de sardines et de fruits de toute sorte. On y voit des groupes assis sur le gazon, ou dansant au bruit des castagnettes et aux accords de la guitare.

Pendant l'été, de petits paquebots à vapeur traversent le port pour transporter à la plage de *Barceloneta* la foule des baigneurs. Des orgues mécaniques sur le pont de chaque bateau répètent à satiété des airs de toute sorte. Je n'ai jamais vu de ville, où il y eût plus de musique que Barcelone; non seulement sur les quais et sur les petits vapeurs, mais au coin de chaque rue, sous le vestibule des maisons, partout on rencontre des bandes de cinq musiciens ou plus offrant une sérénade aux passants, moyennant le modique tribut d'un petit sou.

J'ajouterai que je n'ai jamais vu de ville plus remplie de vagabonds, de voleurs et de chevaliers d'industrie que Barcelone. A ma grande confusion, j'avoue ici que je me suis laissé dépouiller en pleine rue par un de ces *hidalgos* qui, abusant de ma crédulité, exploita si habilement mon porte-monnaie, qu'il m'enleva, en un tour de main, quatre cent cinquante francs sans que je m'en aperçusse le moins du monde.

Allez à Barcelone, mais là, plus que partout ailleurs, *bervare of pickpockets*, prenez garde aux larrons : ils sont souvent dissimulés sous un costume aristocratique; ils portent un manteau superbe, dans lequel ils se drapent majestueusement; ils ont une figure honnête et franche, des yeux doux, des lèvres souriantes; mais ne vous fiez pas trop aux apparences, vous le regretteriez, trop tard, hélas! en apprenant à vos dépens la différence qu'il y a entre un vrai et faux *hidalgo*.

Soyons justes pourtant, et sachons reconnaître qu'en général l'Espagnol n'est pas trompeur et se distingue essentiellement de l'Italien par sa franchise, parfois rude et brusque, et par sa grande sincérité.

C'est en faisant ce compliment à l'Espagne, que nous la quittons. Aussi bien de Barcelone nous n'avons plus que quelques heures de chemin de fer qui nous séparent de la France. Nous passons à *Gérona*, nous arrivons à *Cerbère* et nous retrouvons la patrie.

APPENDICE.

E lecteur me pardonnera si j'ai omis, dans cet ouvrage, cer-
tains détails qu'il aura cherchés vainement en le parcourant;
je ne prétends pas avoir tout vu ou tout raconté. Il ne
manque pas, grâce à DIEU, de livres traitant de l'Espagne
et présentant ce pays sous les couleurs les plus pittoresques
et les plus variées; c'est à ces livres-là que je renvoie ceux qui voudront
pénétrer plus avant dans l'étude des mœurs et du caractère espagnol.

Toutefois je me permets d'emprunter à quelques auteurs des descrip-
tions de lieux et de monuments que je n'ai pas visités moi-même, et
qu'on sera bien aise de connaître à cause de leur célébrité.

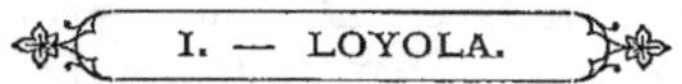

I. — LOYOLA.

La vallée, le paysage. — Premier aspect du sanctuaire. — Les souvenirs
et la légende. — L'église et le collège des jésuites. — Les inepties d'un
Figariste.

A L'HEURE où les jésuites, fidèles à leur vocation, sont traqués de toutes
parts, les catholiques, engagés comme eux dans la lutte contre la Révolution, ressentent d'une façon plus pressante le besoin de manifester la
sympathie qui leur est due. Il est donc naturel, quand on se trouve en
Espagne, d'aspirer à voir le lieu d'origine du célèbre fondateur de cette
milice incomparable. Revenus de Saragosse à Zumarraga, nous frétons
une voiture qui, en deux heures, doit nous mener au fond de la délicieuse
vallée où se trouve le sanctuaire. Il est près de cinq heures du soir
quand le véhicule se met en marche. Presque aussitôt nous nous trouvons encaissés entre deux chaînes de montagnes boisées mais d'aspect
quelque peu sévère, ayant à droite le lit profond d'un torrent aux eaux limo-
neuses qui court sur d'invraisemblables rocailles. De loin en loin, quelque masure ou quelque refuge de berger accrochés au flanc de la montagne
rompent seuls la charmante monotonie du paysage. Quelque cascade,
aussi, de part en part, joint sa musique impétueuse au bruit tranquille
du torrent, presqu'à sec sur tout le parcours. De ci, de là, un pont à
dos-d'âne, étroit et rustique, jette ses arches simples ou doubles de

l'une à l'autre rive du fleuve, et l'on y voit cheminer les rares troupeaux de moutons ou de porcs, qui sont, avec le maraîchage, la seule fortune des familles pauvres réfugiées au pied de ces montagnes. Par intervalle, on rencontre même des attelages de bœufs qui, lentement, la tête branlant sous le joug, remontent la côte, traînant après eux des fardeaux de bois ou de pierres. Peu à peu, en suivant les interminables méandres de la route, le crépuscule est venu, jetant au loin ses ombres: puis la nuit, dont les lanternes de la calèche traversent seules l'épais voile noir. Au galop des chevaux, l'on descend toujours, l'on descend encore, et il semble qu'on doive bientôt s'enfoncer jusque dans le fond de la terre. A la fin cependant, voici que, dans le lointain, quelques lumières scintillent. Bientôt le clocher d'une église et les toits de maisons se détachent sur le fond de brume. N'est-ce pas enfin Loyola, cette bourgade importante où nous entrons au grand trot, le cocher faisant joyeusement claquer son fouet? Sur la place publique, il y a foule et foule aussi sur le seuil des habitations pour voir passer les voyageurs. Mais notre attente est vaine; au lieu de s'arrêter, l'attelage redouble de vitesse, comme si les chevaux sentaient l'écurie prochaine. Une demi-heure encore, et, pour le coup, nous voici à Loyola. Devant nous se dresse le clocher du sanctuaire et, tout auprès, côte à côte pour ainsi dire, la demeure hospitalière de Miguel Arocena, dont l'hôtel ou *fonda* ne ressemble à aucun autre. Tout y est vaste, propre, avec un certain air d'austérité et une simplicité vraiment monacale. Dans les chambres, vastes et bien aérées, les murs bien blancs crépis à la chaux nous avertissent que nous sommes presque dans les cellules. Des images pieuses, des bénitiers, ne nous permettent plus d'en douter. Rien n'y manque, d'ailleurs, de ce qui importe au confort des voyageurs, et, dans les vastes corridors sur lesquels s'ouvrent toutes les chambres, on pourrait faire à l'aise de longues promenades. Mais il s'agit présentement de dormir, afin d'être dispos pour les dévotions matinales du lendemain. A l'avance, et si près de l'endroit où dormit Ignace, on se sent profondément ému. Le souvenir revient de tout ce qu'a fait dans le monde la Compagnie de Jésus, depuis plus de trois cents ans qu'elle sortit en germe de ce berceau; le souvenir aussi des amis personnels qui sont entrés dans ses rangs. Certes, la théorie de Taine, qui explique tout par les milieux, est dangereuse par ses excès; mais, ramenée à ses justes proportions, l'influence des milieux n'est pas contestable. On en a conscience quand on se trouve à Loyola.

Dès le matin du dimanche, le soleil se montre en tout son éclat; à peine s'est-il levé que, de tous les points des montagnes voisines, on voit arriver paysans en culottes courtes et paysannes en mantilles. Peuvent-ils mieux commencer la fête de la Nativité qu'en venant pèleriner ainsi au lieu de naissance de saint Ignace ? A leur suite, et remettant à plus tard le soin de visiter l'église, nous entrons dans la partie du couvent, reste de l'ancien château féodal où se trouve la chapelle, objet du pèlerinage. A l'entrée, sous la galerie circulaire, on lit cette inscription commémorative :

CASA SOLAR DE LOYOLA

AQVI NACIO SAN IGNACIO EN 1491

AQVI VISITADO POR SAN PEDRO Y LA SANTISSIMA VIRGEN

SE ENTREGO A DIOS EN 1521

Ce qui veut dire : « *Maison Solar de Loyola. Ici est né saint Ignace en 1491. Ici il fut visité par saint Pierre et la Très Sainte Vierge. Il se donna à Dieu en 1521.* » Nous sommes bien loin de ces dates, et pourtant il semble qu'en entrant dans cette demeure, on se rapproche du temps où elle fut le théâtre de ces prodiges. Sans trop nous arrêter aux étages inférieurs, nous montons au troisième, où se trouve la *Santa Casa*. Là, c'est un éblouissement de dorures et de lumières; séparée du sanctuaire par une grille, une vaste chambre sert de chapelle où s'agenouillent les pèlerins. Le plafond caissonné est couvert de dorures, de sculptures en bas-reliefs et de peintures qui représentent les principaux saints de la Compagnie. Trois autels sont dressés dans le sanctuaire; c'est à celui du milieu que sont exposés le portrait de saint Ignace et l'insigne relique (un doigt) qu'on a pu détacher de son corps gardé à Rome, au Gesù. Incessamment, de cinq heures à huit heures et demie du matin, les messes se succèdent aux trois autels et toujours aussi les pèlerins se renouvellent; la plupart s'approchent de la Table sainte; tous sont des plus édifiants par leur grande piété.

Après la courte réfection qui suit la messe, nous voici de nouveau à satisfaire une curiosité bien naturelle. Ce que nous avons vu d'ensemble tout d'abord, il nous faut maintenant le voir en détail, et nous croyions nous être bien acquittés de cet examen lorsque, à notre sortie, un frère de la Compagnie, se pressant sur nos pas, nous avertit qu'un Père désire nous parler. Devinant des Français, l'aimable religieux s'offrait à nous montrer toutes choses de plus près. Mais, au nom de l'*Univers* et de Veuillot, ce fut, sur sa figure, un épanouissement. J'en profitai pour demander des nouvelles de notre cher ancien collaborateur, aujourd'hui le P. José del Castillo, et quels ne furent pas mon chagrin et ma joie tout ensemble d'apprendre que six semaines plus tôt il était à Loyola, où il avait passé plusieurs mois en recherches dans les archives de la

Compagnie. Il saura du moins que son cher souvenir ne nous a jamais quittés.

Le R. P. Raphaël Perez, qui s'était fait si bienveillamment notre guide, est l'auteur d'un livre plein de science et d'intérêt, intitulé : *La Santa Casa de Loyola*, ouvrage historique enrichi de fort belles illustrations. C'est dire qu'il n'est pas un détail qui lui soit étranger dans tous les pieux objets et souvenirs dont est remplie la *Santa Casa*. Aussi quel intérêt et quel charme de l'entendre nous expliquer toutes choses ! Avec quel tendre respect nous vénérons tout spécialement l'endroit où naquit saint Ignace et celui où il fut étendu quand on le rapporta blessé de Pampelune ; la ceinture de saint Ignace, renvoyée de Rome et où se trouve l'anagramme du nom de IHS, un autographe du saint et un autre de saint François de Borgia ! Des deux côtés de l'autel, on voit deux bonnes peintures, représentant les apparitions de saint Pierre et de la Vierge à saint Ignace pour lui annoncer sa guérison. Les deux autres autels, dont j'ai parlé plus haut, sont consacrés : l'un à saint François-Xavier, l'autre à saint Pierre Claver, apôtres, l'un de l'Orient et l'autre de l'Occident. Parmi toutes les richesses de la sacristie, il faut surtout noter les innombrables reliques dont elle est, pour ainsi dire, tapissée.

Au second étage, autre sujet d'admiration et de vénération. En dehors d'un vaste espace où sont de nombreux confessionnaux à l'usage des pèlerins, on voit le bel oratoire de la bienheureuse Marie-Anne de Jésus, de Quito, et une chapelle plus vaste, dédiée à saint François de Borgia. Tout à côté, un oratoire plus petit dénommé *oratoire antique*, nous représente l'endroit où saint Ignace vint au monde ; c'est là que saint François de Borgia célébra sa première messe ; on y conserve un petit tableau qui appartint à la grande Isabelle, la triomphatrice de Grenade, laquelle l'avait mis en son oratoire privé. Il représente l'Annonciation.

Descendant un étage encore, nous nous trouvons en face d'une fenêtre ouverte dans l'épaisseur (plus de 1 m. 20) des murs de l'ancien château féodal ; c'est là qu'on admire surtout la parfaite conservation de ce côté du château, lequel formait jadis un quadrilatère. Les murs sont en pierres brutes à la base, et aux étages supérieurs en briques formant des dessins. Au-dessus de la porte à côté de laquelle on a placé l'inscription rapportée plus haut, l'écu des Loyola, sculpté dans le granit, est resté dans un parfait état de conservation. En présence de ces témoins matériels des temps disparus, le R. P. Perez nous conte un trait inédit et merveilleux de la vie de saint Ignace, conservé par

la tradition depuis qu'ont disparu les murs où l'on en pouvait saisir la
trace. C'est qu'à la naissance du saint, ce château, si fortement assis
sur des pierres inébranlables et formé de murs si solides, tressaillit
jusque dans ses fondements et une grande fente s'ouvrit au plus épais
de la muraille. N'était-ce pas un effort du démon pour écraser enfant
celui en qui, dans l'avenir, il devinait un si puissant ennemi ?

Les yeux et l'esprit tout pleins de ce que nous venons de voir et
d'entendre, nous voici dans l'église, superbe et vaste rotonde élevée

CHATEAU DE LOYOLA.

en 1683, par l'ordre de la reine Marie-Anne d'Autriche, veuve de
Philippe VI, sur le domaine de la famille de Loyola, tout auprès du
vieux manoir. Elle a été bâtie sur les dessins du fameux architecte
Fontana, venu tout exprès de Rome à cet effet. Tout autour de la
façade et se reliant au collège des Pères, dont les deux grandes ailes
encadrent l'église et le sanctuaire, règne une belle galerie circulaire, où
se dressent plusieurs statues des saints de la Compagnie, celles de
saint Ignace et de saint François de Borgia s'élevant des deux côtés
de l'entrée principale. Le portail, construit en marbre, est surmonté

d'un fronton triangulaire avec écusson armorié. A l'intérieur, une série de chapelles admirablement décorées, au-dessus desquelles de belles tribunes grillagées ouvrent sur autant de portes donnant accès dans le collège des Pères, rayonnent vers le centre, où s'élève une très belle coupole soutenue par huit grandes colonnes de marbre. L'autel majeur est particulièrement remarquable par la richesse des marbres et des mosaïques qui en forment l'ornementation.

A côté de ces merveilles, c'en est une autre que le vaste collège des jésuites attenant à l'église, et dont une des ailes n'a été terminée qu'il y a peu d'années, après le retour des jésuites. J'ai lu dans le *Temps* qu'à Loyola, « les jésuites possèdent un château qui est aussi grand que le Vatican. » Ceci donne la mesure de l'impartialité avec laquelle, dans certaine presse, on parle de tout ce qui a trait aux jésuites. Comparé au Vatican, Loyola en est-il seulement la vingtième partie ? Ce qu'il faut dire, c'est que les constructions en sont d'une belle étendue. Admis à le parcourir, j'en admire les vastes galeries, les jardins, les salles superbes où entrent à plein l'air et la lumière. Au centre, une fontaine intérieure distribue, pour tous les services, une eau d'une fraîcheur, d'une limpidité et d'une saveur dont je puis témoigner. A ce moment déjà, les journaux espagnols parlaient, sans trop en rien savoir, des innombrables jésuites venus de partout à Loyola pour la fameuse élection du général. Sans autrement s'en émouvoir, le R. P. Perez me dit simplement qu'en temps ordinaire, il n'y a pas moins de cent quarante ou cent soixante jésuites à la résidence de Loyola. Il me fait descendre jusqu'aux souterrains, où l'on peut faire assurément de vastes réserves, mais qui, je l'affirme, n'ont rien de mystérieux.

Est-il besoin maintenant de signaler la popularité dont jouissent les jésuites au pays de leur origine ? Elle s'est manifestée de tout temps, mais surtout depuis douze ans qu'ils sont rentrés en Espagne, et spécialement lorsqu'ils entreprirent, il y a quelques années, de bâtir la seconde aile de leur collège. Presque tous les charrois et travaux furent faits volontairement par les gens du pays, et l'on vit jusqu'à de pauvres enfants apporter leur obole de vingt et quarante sous pour aider à la reconstruction. C'est qu'en Guipuzcoa et dans toute l'Espagne, on n'a pas perdu le souvenir des bienfaits de tous genres que le peuple a tirés de la Compagnie de Jésus. Je rentrais en France, tout rempli moi-même de ces souvenirs qui remplissent l'histoire religieuse dans le monde entier depuis trois siècles, lorsque, dans le *Figaro* du 1er octobre dernier, en réponse à cette question saugrenue posée par une certaine Lucie Drouat : « Est-il exact que les jésuites aient été les précurseurs des théories anarchistes, socialistes, nihilistes ? » j'ai lu cette réponse plus stupide encore :

« En matière d'analyse, de doute, de scepticisme et d'athéisme, il est vrai que les jésuites ont tiré les premiers.

» M. Jules de Marthold a raison de le constater.

» Pascal a prouvé, dans ses admirables *Provinciales,* combien les jésuites ont contribué à détruire la foi chrétienne.

» Diderot, dans un des articles de l'Encyclopédie, a résumé fort clairement le rôle de dissolvant joué par les jésuites dans l'ancien état social. Ils ont contribué pour beaucoup à discréditer la religion et la royauté. »

Et plus loin, le même Robert Bernier (?), enrôlé par le *Figaro* pour éclairer son public de la science du boulevard, ne craint pas d'ajouter pour son compte que « le rôle des jésuites a été un rôle antisocial au premier chef. » Ce serait peine perdue de vouloir opposer l'histoire vraie à des niaises mais si perfides imputations. Plût à Dieu que le journal qui s'en fait si complaisamment l'écho n'eût pas apporté, dans la société moderne, un autre dissolvant que celui qui, venu de Loyola par saint Ignace, s'est, au contraire, attaqué dans le monde entier à toutes les erreurs qui menaçaient la foi et la société !

Auguste Roussel.

II. — BENIGANIM.

C'Est le nom d'un village espagnol au milieu des montagnes de la province de Valence. Dans la vallée et sur le flanc des montagnes, croissent des oliviers, des amandiers, des figuiers sauvages, mais surtout des vignes qui sont la richesse du pays. Les habitants, profondément catholiques, sont marqués au sceau d'une simplicité que réprouvera la sagesse de ce siècle. Depuis un temps immémorial, ils parcourent tous les jours les stations du Chemin de la Croix érigées par petits groupes sur une colline voisine. Les femmes, généralement, trouvent le moyen de dérober quelques moments aux travaux de la journée pour vaquer à ce saint exercice, et, lorsque vient le soir, un alguazil parcourt les rues du village avec une sonnette à la main; c'est l'heure des hommes et des jeunes gens. Ils trouvent, à la sortie du village, des croix pesantes en fer et en bois, les chargent sur leurs épaules; les plus fervents ôtent leurs chaussures, et tous, en procession, méditent les souffrances de l'Homme-Dieu en montant la colline, baisent la terre aux diverses stations, et reviennent chez eux pour prendre le repos nécessaire. Deux ou trois fois par semaine, pendant le Carême, ces hommes se partagent les chapelles ou ermitages de la colline, et là se disciplinent avec vigueur.

La Révolution a voulu implanter, là comme ailleurs, ses idées impies ; en 1868, elle a essayé de tout laïciser, jusqu'aux « serenos » ou veilleurs nocturnes, qui devaient remplacer par le cri : « Viva la Republica », l'invocation à la Vierge : « Ave, Maria purissima », qui précède encore aujourd'hui l'annonce des heures de la nuit et du temps qu'il fait. Un couvent de Franciscains, au sommet de la colline dont nous parlons, fut expulsé ; et un monastère d'Augustines déchaussées, qui avaient déjà tous leurs meubles dehors, fut sauvé par une sorte de miracle. Don Ricardo Garner, qui vit encore, et dont nous tenons ces détails, était alors Alcade du village. Il se rendit à Valence auprès du gouverneur et lui dit : « Les religieuses de Beniganim ne sortiront pas. — Comment, elles ne sortiront pas, et en vertu de quel privilège ? — Elles ne sortiront pas, parce que auparavant vous aurez à passer sur les cadavres de tous les habitants de Beniganim. — Vous prenez là une grande responsabilité », répondit le gouverneur.

De retour à Beniganim, l'Alcade rassemble le peuple sur la place publique, à l'ombre même de l'église du couvent.

« Est-il vrai s'écrie-t-il, que la Mère Inès est fille de Beniganim ? — Oui, oui. — Est-il vrai qu'elle s'est sanctifiée dans ce couvent et que ses reliques y reposent ? — Oui, oui, c'est vrai. — Est-il vrai que, pendant sa vie et après sa mort, ses premiers bienfaits ont été pour les habitants de Beniganim ? — Oui, oui, répond la foule. — Et vous voulez, reprend l'Alcade, qu'on chasse les religieuses, ses sœurs, et que l'on jette ses reliques au vent ? — Non, non, crie le peuple. — Eh bien, alors, êtes-vous disposés à mourir pour les défendre ? — Oui, tous, nous mourrons tous ; les religieuses ne sortiront pas. »

La nuit fut pénible et pleine d'angoisses ; les religieuses allaient frapper au sépulcre de celle qui est aujourd'hui Bienheureuse et lui disaient : « Inès, tu resteras seule si tu ne nous sauves ; Inès, nous partons toutes, entends-tu, et tu resteras seule. » Le lendemain, tout était changé, et on réinstallait dans le couvent tout ce qui avait été mis dehors.

Le gouverneur de Valence n'osa pas affronter la colère des habitants de Beniganim, parce qu'en effet tous, y compris les adversaires d'hier, par une contradiction inexplicable, étaient disposés à mourir pour sauver le couvent de la Mère Inès.

Mais quelle est donc cette femme qui provoque de tels sacrifices ?

Cette Inès est la Bienheureuse que Léon XIII vient de mettre sur les autels à la fin des Béatifications, celle dont le caractère de candeur et de simplicité tranche tellement avec l'orgueilleuse duplicité de notre siècle. Notre correspondant continue :

Elle naquit à Beniganim en 1625, entra au couvent des Augustines du même village en 1643, et mourut en 1696.

Avant son entrée en religion, elle donna des signes meveilleux de sainteté, mais, une fois religieuse, elle devint un prodige.

Elle était si simple qu'elle paraissait à peine avoir l'âge de raison lorsqu'elle traitait les questions du monde, mais quand il s'agissait de vertu et de perfection, elle parlait comme saint Thomas et conseillait comme saint Paul.

LA BIENHEUREUSE INÈS,
de l'Ordre des Augustines déchaussées.

Telle était la dureté de son entendement qu'elle ne put jamais apprendre à lire et qu'elle ne connaissait pas même une lettre. Un examinateur de l'Inquisition lui demanda un jour si elle savait les lettres. Elle lui répondit qu'elle en connaissait déjà une. Et comme il insistait pour savoir laquelle, elle lui dit : « Je ne sais pas comment on l'appelle, mais elle est ronde. »

Malgré cela, dans les dernières années de sa vie, elle récitait parfaitement au chœur l'office divin, avec le secours d'une petite image de l'*Ecce homo*, qui se conserve religieusement aujourd'hui dans l'oratoire du curé de Beniganim.

Les apparitions dont elle fut favorisée pendant son admirable vie, sont innombrables, et l'on peut dire que tous les dons gratuits, énumérés par saint Paul, se sont réunis en elle pour l'orner et l'embellir. Cela pour faire connaître au monde une fois de plus combien DIEU se complaît dans la simplicité de l'humilité du cœur !

Elle mourut chargée d'années, et, avec sa grande science du Ciel, à peine si elle connut la terre. Conduite bien différente certainement de celle de la presque totalité des hommes aujourd'hui !

Elle fit des miracles, oui, mais on peut dire que sa vie fut un miracle continuel.

Après sa mort, elle est devenue la consolation du peuple dans ses tribulations, comme elle l'avait été pendant sa vie, et de toute part on continue à l'invoquer; et son tombeau devient, chaque jour, de plus en plus glorieux.

Voilà pourquoi, il y a quelques jours, le vingt-six février, l'effervescence était grande dans Beniganim. C'était toujours à propos du couvent et de celle qu'on appellera longtemps encore la Mère Inès. La cérémonie de sa Béatification avait eu lieu le matin à Rome, et, dans l'après-midi, l'on attendait d'heure en heure la nouvelle. Elle n'arriva que le lendemain lundi, à dix heures du matin; les groupes qui s'étaient formés la veille devant l'église du monastère, s'étaient reformés plus nombreux; soudain les quatre cloches du couvent se mettent en branle à toute volée; les cloches de l'église paroissiale répondent, tout le peuple accourt, et, en pénétrant dans l'église, c'est un immense cri mille fois répété : « Viva la Beata Inès, viva la Beata Inès ! » L'amour et l'enthousiasme sont dans tous les cœurs, et les larmes dans tous les yeux. La musique du village exécute un magnifique « *Te Deum laudamus,* » mais jusqu'au soir, les enfants, dont la simplicité répond si bien à la simplicité de celle qu'on vient de béatifier, parcourent les rues en se faisant l'écho du premier cri échappé de plus de deux mille poitrines : « Viva la Beata Inès. »

Le lendemain devait avoir lieu la messe d'actions de grâces. Celui qui écrit ces lignes, frère, par la règle de saint Augustin, de la nouvelle béatifiée, fut prié ou plutôt reçut l'ordre de l'aumônier et du clergé de la paroisse, de chanter la messe. La messe terminée, nouvelles acclamations par la foule agenouillée, nouveaux enthousiasmes, nouvelles larmes, lorsque l'aumônier d'une voix étouffée par l'émotion, veut dire quelques mots à l'assemblée.

L'après-midi, à trois heures, bénédiction solennelle d'une pierre commémorative pour la pauvre maison où naquit la Bienheureuse, et qui sera bientôt transformée en chapelle.

Or les fêtes à Beniganim ne seraient pas complètes, si elles ne se terminaient par la « hoguera, » immense feu de joie qui demande plusieurs jours pour se consumer entièrement. Aussi, toute la journée du mardi, en dehors des offices, fut-elle consacrée par les enfants et les jeunes gens, à charrier le bois nécessaire. Tous les troncs d'arbres abandonnés aux environs du village ; des arbres entiers arrachés dans les forêts voisines ; de vieux palmiers sans sève; les oliviers à demi morts ; des voitures entières de sarments se succédèrent devant l'église du couvent jusqu'à onze heures du soir. Quelque peu étonné de voir déraciner des oliviers qui me semblaient devoir produire encore, j'en faisais la réflexion à l'Alcade pendant une courte promenade que nous faisions ensemble. « Voyez-vous, me répondit-il, les fêtes de la Mère Inès sont, pour les arbres, dans ce pays-ci, ce qu'est partout l'automne pour les poitrinaires. Tout ce qui est attaqué doit disparaître. C'est donc une garantie de santé pour les arbres qui restent autour du village de Beniganim. »

A huit heures du soir, les cloches sonnent. Toutes les rues de Beniganim sont illuminées et pavoisées d'oriflammes, la musique alterne avec les cloches, les enfants dansent, et tous acclament la Bienheureuse : « Viva la Beata Inès ! » A dix heures, cloches et musique se taisent pour faire place aux détonations des fusées artificielles, et aux chants de ce peuple qui ne se possède plus d'enthousiasme et de joie. A minuit, le calme règne partout. Aux dernières lueurs de la « hoguera » le « sereno » ou veilleur de nuit vient s'agenouiller aux portes de l'église du monastère, et comme doit le faire tout « sereno » catholique qui veut marcher en bonne compagnie, baise les marches extérieures et commence par saluer la Vierge immaculée : « Ave, Maria purissima, » puis il parcourt les rues du village. La nuit était sereine, mais combien plus tous les cœurs.

Les habitants de Beniganim n'oublieront jamais cette fête de famille si longtemps appelée de tous leurs vœux, pas plus que ceux à qui la bonne Providence a donné de la partager. Ils vont reprendre avec une ferveur nouvelle leurs chemins de croix et leurs disciplines, car ils savent plus que jamais la vraie science et la vraie sagesse.

Vox.
(Extrait d'une correspondance du journal La Croix.)

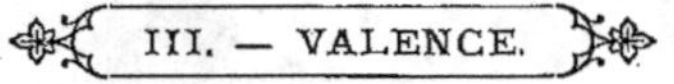

III. — VALENCE.

LE *Grao* est le port de Valence ; un tramway part de là et conduit à la ville facilement et agréablement.

Valence a des rues étroites et tortueuses ; mais, pendant l'été, on y est abrité des rayons du soleil, et l'été y est long, car la neige est chose inconnue dans ce pays-là.

De beaux palais se rencontrent un peu partout et surtout dans la *Calle de los Caballeros*, avec leur énorme portail carré, presque aussi large que haut. L'entrée sert de remise aux voitures, un escalier monte aux étages supérieurs. De nouvelles et magnifiques constructions s'élèvent un peu dans tous les quartiers. Il faut citer le palais du marquis de *Las dos Aguas*, avec une façade toute de marbre et une

Vierge magnifique placée sur la porte d'entrée principale. Détail singulier : quand le propriétaire est absent, un rideau s'abaisse et cache la statue.

Les places ne sont pas grandes, mais elles sont nombreuses. Il y a beaucoup à voir à Valence, à commencer par la cathédrale qui date

VALENCE.

de 1262. Sa grande tour se nomme *El Miguelete*, du nom de la grande cloche baptisée sous le vocable de saint Michel. La tour octogone a quarante-cinq mètres d'élévation et mesure en circonférence l'équivalent de sa hauteur. Il faut gravir ses deux cent quatre marches pour jouir du magnifique panorama de la plaine de Valence. De grandes fenêtres superposées sont percées dans la coupole ; cette disposition est unique dans son genre, je crois. Il faut tout voir dans les chapelles et surtout le trésor, les vieux ornements et les très curieuses affiches.

VALENCE. — PORTE SERRAÑOS.

Saint Vincent Ferrier, *San Vicente Ferrer*, est le patron de Valence : la maison où il est né existe encore ; les comtes de *Robres*, dont le brillant baron de *Sangarren* est aujourd'hui l'aîné, s'honorent de compter, parmi leurs illustres ancêtres, le saint protecteur de la ville du Cid.

Les portes de la ville sont des monuments imposants qui attestent l'ancienne splendeur de la vieille cité. C'est par celle *de los Serranos* qu'est entré le maréchal Suchet, qui fut fait duc d'Albuféra.

Sur la rive gauche du *Turia* s'étend la belle promenade de l'*Alameda*, où tout Valencien ayant voiture, coupé ou omnibus, ne manque pas de se montrer, de quatre à six heures, surtout le dimanche.

Les couvents sont nombreux ; les établissements de bienfaisance répondent à tous les besoins ; on rencontre peu de pauvres.

J'oubliais la jolie promenade de la *Glorieta*, près de l'ancienne douane, qui est devenue la fabrique de tabacs.

La végétation est superbe dans la *Huerta* de Valence. Le riz qui en provient est le meilleur du monde. Les fruits sont beaux mais un peu fades. Les melons et autres légumes de Valence, semés dans les environs de Saragosse, s'y améliorent et deviennent exquis.

Le système d'irrigation est parfait. On a conservé une vieille coutume qui date des Maures. L'eau étant, avec le soleil, ce qu'il y a de plus précieux dans ce pays, il existe une *Junte des Eaux*, composée des propriétaires de la plaine, nommés par les intéressés. Tous les dimanches, cette *Junte* se réunit sous le porche de la cathédrale ; on vient plaider devant elle et faire valoir ses réclamations, et elle juge immédiatement, sans appel et sans frais. On ne doit jamais entraver ni même entourer d'un obstacle quelconque le cours des canaux, et l'on cite à ce sujet le fait d'un riche banquier qui voulait se clore et avoir de l'eau chez lui. Il fit réunir les matériaux nécessaires, puis, un soir, il convoqua tous les maçons de Valence. Dans la nuit, son mur fut élevé. Le lendemain matin, on vit le canal d'irrigation entouré d'un barrage en amont : on se plaignit à la *Junte ;* mais le banquier rappela les termes de loi qui voulait que l'on eût fait une observation *pendant les travaux,* et que, si rien n'avait été dit, on ne pût les faire détruire. Or ils étaient terminés et on n'avait pas protesté : il profita du subterfuge.

(Extrait du livre de G. de Saint-Victor : *Espagne, Souvenirs, Impressions.*)

TABLE DES MATIÈRES.

www.ingramcontent.com/pod-product-compliance
Lightning Source LLC
LaVergne TN
LVHW020103060726
842526LV00004B/1005